高等院校医学实验教学系列教材

医学细胞生物学实验

第2版

主　编　孙　媛　程晓馨

主　审　刘　佳

副主编　王　茜　马景昕　张　朋

编　委　（按姓氏笔画排序）

马景昕（大连医科大学）　王　茜（大连医科大学）

王　婷（南京医科大学）　王　韵（陆军军医大学）

孔庆友（大连医科大学）　刘　佳（大连医科大学）

刘彦娜（大连医科大学）　刘晓宇（大连医科大学）

刘　铭（大连医科大学）　孙　媛（大连医科大学）

李　宏（大连医科大学）　吴茉莉（大连医科大学）

张开立（大连医科大学）　张　朋（大连医科大学）

罗　阳（中国医科大学）　程晓馨（大连医科大学）

科学出版社

北　京

内 容 简 介

医学细胞生物学的理论和技术是医学科学知识结构的重要组成部分。本教材涵盖了细胞生物学常用实验技术中与基础和临床医学关系密切的内容，设基本实验和综合实验上下两篇。上篇为基本实验，对每个基本实验的目的、基本原理、操作流程和实验结果作了比较详细的介绍；而下篇则根据学科的进展和未来发展趋势，结合自身的教学和科研体验，归纳出可操作性较强，体现出学科间交叉渗透特点的综合实验。因此，本教材既可以作为学生的教科书，也能成为他们日后的实验参考书。

图书在版编目（CIP）数据

医学细胞生物学实验 / 孙媛，程晓馨主编. —2 版. —北京：科学出版社，2018.1

ISBN 978-7-03-056331-6

Ⅰ. ①医… Ⅱ. ①孙… ②程… Ⅲ. ①医学–细胞生物学–实验–医学院校–教材 Ⅳ. ①R329.2-33

中国版本图书馆 CIP 数据核字（2018）第 008884 号

责任编辑：王 颖 / 责任校对：郭瑞芝

责任印制：赵 博 / 封面设计：陈 敬

科学出版社出版

北京东黄城根北街 16 号

邮政编码：100717

http://www.sciencep.com

北京厚诚则铭印刷科技有限公司印刷

科学出版社发行 各地新华书店经销

*

2012 年 3 月第 一 版 开本：787×1092 1/16

2018 年 1 月第 二 版 印张：13

2025 年 1 月第十次印刷 字数：355 000

定价：55.00 元

（如有印装质量问题，我社负责调换）

前　　言

医学科学的发展离不开生命科学相关领域的不断进步，而作为生命科学前沿学科的细胞生物学无疑对现代医学起重要的推动作用。诸如干细胞的分离、分化诱导与应用，新药的开发和疗效鉴定，癌症的分子诊断与生物治疗，以及疾病的个体化治疗等生物医学的热点问题，无一例外地得益于细胞生物学的理论和技术的支撑，并成为转化医学的重要组成部分。与医学十分类似，细胞生物学是实践性和实验性很强的学科，其理论和学说都建立在实验室的研究结果之上。

由于细胞生物学技术发展迅速，而且与基础和临床医学的关系十分密切，熟悉和掌握常用的医学细胞生物学技术是医学生所应具备的基本技能和自身素质的体现，也能使他们在未来的医学工作生涯中获益匪浅。基于上述考虑，本教程选择了一些与基础和临床医学密切相关的细胞生物学实验内容。

鉴于本书是医学生专业基础课实验教材，同时也考虑到可以作为研究生、教师与科研人员及其他学科工作人员的参考书，因此本书在考虑教材所要求的基础性与系统性的同时，还考虑到其内容的先进性和知识结构的合理性。编写人员在多年教学实践经验的基础上，根据近年来细胞生物学研究的进展和人才培养的需求，对教材的结构体系和教学内容作了较认真的思考和探讨。

教程设基本实验和综合实验上下两篇。上篇为基本实验，介绍了每个实验的目的、基本原理、操作流程和实验结果；下篇则根据学科的进展和未来发展趋势，结合自身的教学和科研体验，归纳出可操作性较强，体现出学科间交叉渗透特点的综合实验；最后配有介绍基本知识的附录。这样一来，学生们不但可以把本教程作为教材使用，还能当作日后的实验参考书，可谓一书多用。一本实验教程除具备先进性和适用性外，还要做到精益求精。尽管编写组成员为达到上述目标尽了最大努力，但因专业能力和编写时间有限，书中难免出现问题，请用书的师生们给予批评指正。编写的过程中，得到科学出版社的支持和配合，在此表示感谢。

主　编

2017年12月

前言

目 录

上篇 基本实验

下篇 综合实验

上篇　基本实验

第一章　显微镜的构造和使用

【相关背景】

显微镜是20世纪最伟大的发明物之一。通过显微镜，人们观察到一个全新的微观世界。显微镜是用来观察、记录和研究经过制片技术处理后被检物体细微结构的最主要的光学精密仪器，在细胞生物学领域中应用最为广泛。这对微观世界的探索及理论的研究起着极其重要的作用。用于普通光学显微镜观察的生物样品必须经过一系列的组织处理并制成1～10μm的切片，并经过特定的染色才可用于观察研究。普通光学显微镜可以观察染色的生物标本的结构，主要是因为光线通过染色标本时其颜色（光波的波长）和亮度（光波的振幅）发生变化，人的眼睛才能观察到。

近年来，随着多种现代生物学技术与光镜技术的结合，使光学显微镜展示出更新的活力。目前光学显微镜已发展成多种类型，用于各类不同的研究目的。在细胞生物学中常用的有普通光学显微镜、荧光显微镜、激光共聚焦显微镜、相差显微镜以及暗视野显微镜和微分干涉差显微镜。

实验1-1　普通光学显微镜的构造、使用方法及细胞基本形态结构的观察

【实验目的】

1. 掌握低倍镜和高倍镜的使用方法，初步学会油镜的使用。

2. 掌握临时制片和生物绘图方法。

3. 熟悉光学显微镜下细胞的基本形态结构。

4. 熟悉普通光学显微镜的主要构造。

【实验原理】

光学显微镜是用于观察微小生物及细胞结构的常用仪器。它利用光学原理，把人眼所不能分辨的微小物体放大成像，将两个正透镜恰当地调节组合，放大标本，以供观察。光镜的最大分辨率为0.2μm。

【实验准备】

1. 实验对象　头发交叉装片，字母装片，口腔黏膜上皮细胞，西红柿。

2. 实验试剂　0.9%生理盐水，0.1%亚甲基蓝，蒸馏水，二甲苯，香柏油。

3. 实验器材及仪器　普通光学显微镜，载玻片，盖玻片，镊子，消毒牙签，烧杯，吸管，吸水纸，擦镜纸，纱布，镜油瓶或二室瓶。

【实验内容与方法】

1. 普通光学显微镜的构造及使用　普通光学显微镜（简称光镜）是最常使用的显微镜，主要由三部分组成：聚光镜、物镜和目镜（图1-1）。光镜采用可见光作光源，分辨率为0.2μm，放大

倍率为 1000 倍，其他几种显微镜都是在此基础上发展起来的。

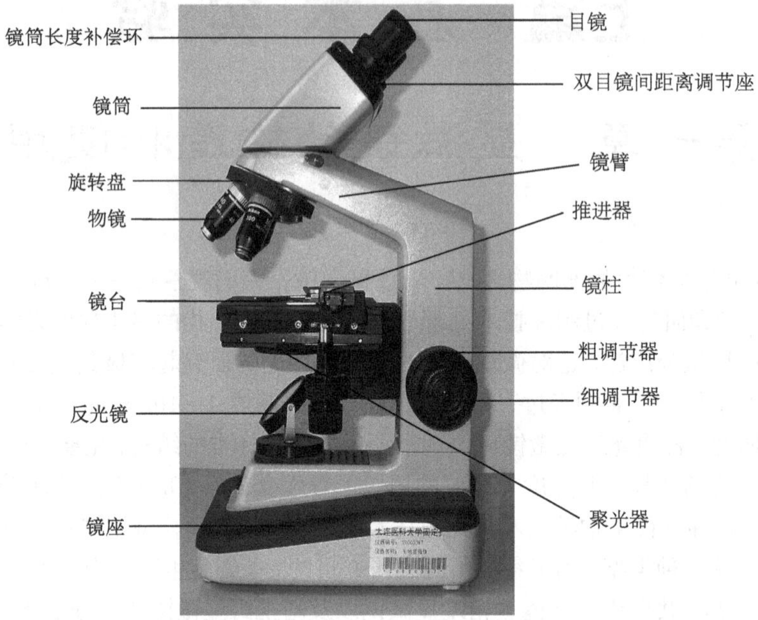

图 1-1 双目镜筒显微镜结构

（1）机械部分

1）镜座：是显微镜的基座，位于最底部。呈长方形或马蹄形，用以支持镜体和稳固显微镜。在镜座上固定有照明部分的反光镜或电光源。

2）镜柱：是镜座上方垂直的柱形粗大部分，上端与弯曲的镜臂相连。在其两侧有突出圆形螺旋，为对焦粗调节器和细调节器。

3）镜臂：紧接镜柱顶部并向前弯曲，上端与镜筒相连，也是取用显微镜时手握之处。

4）镜筒：是连于镜臂前端或上方的结构，呈圆筒状或矩形，顶部装有目镜（一个或两个）。

5）镜台（载物台）：与镜柱相连，为一块方形（或圆形）平板，用以放置玻片标本。 镜台中央有一圆形通光孔，由反光镜反射来的光线经此孔射向标本。镜台上有一可动的弧形弹簧夹，用以固定玻片标本。

6）推进器：位于镜台后部。在镜台左下方有上下两个同轴螺旋，转动时，可使推进器前后或左右移动。

位于推进器后方与侧面上有纵横游标尺（图 1-2），用以测量标本在视野中的位置和长度。它由主标尺 m 和副标尺 n 组成。主标尺刻有一毫米的分度；副标尺刻有 9/10mm 的分度，读数为 0.1mm。使用时首先看副标尺“0”的位置，然后看与主标尺相重叠的一致点，如图 1-2 所示，副标尺“0”的位置在 12mm 与 13mm 之间，而副标尺的 8 与主标尺的 20 完全重合在一起，则得知读数为 12.8mm。

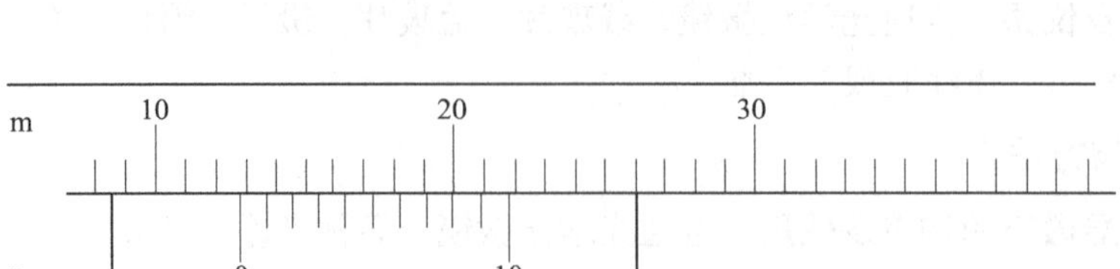

图 1-2 纵横游标尺

7）调节器：是装在镜柱上的大小两种螺旋，转动时可使镜台上下移动，以调节物镜和标本之间的距离，即调节焦距。

转动粗调节器时镜台升降幅度较大，能迅速调节物镜与标本间的距离，使物像呈现于视野中。

转动细调节器时镜台升降幅度小，一般在用粗调节器调焦的基础上或在使用高倍镜时，用它作比较精确的调节，从而得到完全清晰的物像，并能观察标本不同层次和不同深度的结构。在细调节器上有刻度，用以测量被观察物体的厚度，在 OLYMPUS-CHC 型显微镜的细调节器上有 180 个刻度，一刻度为 2.5μm。

在左侧粗调节器与镜柱之间有一窄环，称为松紧调节环，可控制调节器的松紧（松紧已调好，勿动）。

在右侧粗调节器与镜柱之间有一具小柄的窄环，此柄为粗调限位柄，可使粗调节器限定镜台只能在一定范围内升降，此环已锁好，初学者勿动。

8）旋转盘（物镜转换器）：连于镜筒下端，为一凸形圆盘，可以自由转动，其下方有 3～4 个螺旋口，可按顺序装上不同放大倍数的物镜。当物镜转到工作位时（即与光轴合轴），即发出“咔”的声音，否则无法观察标本（初学者勿随意拆卸物镜）。

（2）照明部分：在镜台下方装有一套照明装置，由反光镜或电光源、聚光器、光阑组成。

1）反光镜：是装在镜座上的小圆镜。有平、凹两面，可向任意方向转动。用以把光源的光线反射入聚光器中，再经过通光孔照明标本。反光镜的凹面镜聚光力强，适于光线较弱时使用，在光线较强时，宜选用平面镜。

2）聚光器：位于镜台下方，由一组透镜组成，可将光线汇集成束，以增强照明作用。会聚后的光线经通光孔射至标本上。在聚光镜的侧下方（右或左侧）有一小螺旋，转动时可升降聚光器。上升时，光线增强；下降时则光线减弱。

3）光阑（光圈）：位于聚光器下方，由一组金属薄片组成。其侧面有一小黑柄，移动时可使光阑开闭。当光阑开大，则光线较强，适于观察色深标本；光阑缩小，则光线较弱，适于观察透明（或无色）的标本。

光源：可以是天然光源或人工光源，随情况而定。

（3）光学部分：由物镜和目镜组成。

1）物镜：是决定显微镜质量、分辨力和放大倍数最关键的光学部分。物镜镜筒上刻有主要性能参数，按放大倍数不同，分述如下：

2）低倍镜：镜筒最短，镜面直径最大。筒上刻有 10 或 10× 字样，即放大 10 倍。另刻有 0.25 字样为数值孔径（简写为 N.A.），可反映该物镜的分辨力之大小，数值愈大，表示分辨力愈高。

3）高倍镜：镜筒较低倍镜镜筒长，镜面直径较小。筒上刻有 40 或 40× 字样，即放大 40 倍。尚刻有 0.65 及 0.17 字样，分别表示其 N.A.及物镜要求的盖玻片厚度。

4）油浸镜：镜筒最长，镜面直径最小。筒上刻有 100 或 100× 字样，即放大 100 倍。尚刻有 HL表示油浸镜；1.30 为 N.A.值。

5）目镜：是仅次于物镜的光学部件，它将物镜放大形成的中间像进一步放大，便于观察，但它并不能提高显微镜的分辨力。目镜位于镜筒上端，可装有一个目镜（单目镜筒）或两个目镜（双目镜筒），其上刻有 10× 或 15× 等字样，表示其放大倍数。目镜通常由两个透镜组成，上面与眼接触的为接目透镜；下面的叫视野透镜（在镜筒内，可不观察）。

显微镜的总放大倍数的计算是目镜放大倍数与物镜放大倍数之积。如目镜为 10×，物镜为 40，则物体放大倍数为 400 倍。

2. 显微镜的使用方法

（1）低倍镜的使用

1）显微镜的拿取与安放：使用时，打开镜箱，右手握住镜臂，左手托住镜座，保持平稳状态轻轻放在实验台上。如使用的为双目镜镜筒的显微镜应放在观察者的正前方；如使用的为单目镜筒的显微镜时，应放在观察者的左前方。显微镜距桌缘约 3～6cm。调节凳子的高度，使眼与目镜接近，以便观察并保持姿势端正。

2）对光：转动旋转盘，使低倍镜对准镜台上的通光孔，当听到“咔”的轻微碰击声时，说明目镜与物镜的光轴一致。打开光阑，上升聚光器，两眼睁开，经目镜观察，转动反光镜，使它朝向光源，直至目镜中所见视野范围内的光线均匀，亮度适宜为止。

3）置片：取头发或字母制片，使有盖片的一面朝上，放在镜台上，用弹簧夹夹住（无盖片的标本应使有材料的一面朝上）。然后用左手转动推动器螺旋，将标本移至通光孔中央。

4）调焦：俯首侧视低倍镜，转动粗调节器使镜台上升至距标本 0.5cm 处，根据显微镜类型选取下述方法继续操作：

使用单目镜筒：用左眼从目镜中观察视野，同时右眼要张开。再慢慢转动粗调节器，使镜台慢慢下降，直到视野中观察物象清晰为止。

使用双目镜筒：首先调节双目镜间的距离，使与观察者的瞳距一致。调节时分别用双手的拇、食指把住目镜下黑色横板（双目镜筒间调节座）的边缘，向外拉或向内推，此时双眼在两目镜上观察，直至看到一个大而明亮的视野为止，读出目镜筒间距数值。然后，旋转右镜筒长度补偿环的刻度值，使与双目镜筒间距数值一致并对准环下外侧的白色刻度线。再转动粗调节器，使镜台慢慢下降，直到右眼所观察的物象清晰。随后再旋转左镜筒长度补偿环，至物象清晰为止。通过以上操作，左右目镜的焦点已对好，此镜筒长就能保持物镜的放大倍数和同等焦距正确，并调节双目镜筒的距离和补偿观察者两眼的视度差。在操作时必须养成两眼张开，两手并用（右手操作调节器，左手操纵推进器）的习惯。

（2）高倍镜的使用：先从低倍镜下看清物象（如字母或头发的交叉点）并移到视野中央，然后可直接换用高倍镜观察。转换高倍镜时速度要慢，并从侧面观察，防止高倍镜碰撞玻片！转换好高倍镜后，从目镜观察，慢慢转动细调节器（切勿用粗调节器，以防压碎玻片、损坏镜头），直至物象清晰为止。观察时如光线较弱，可调节聚光器等，使光线适宜。如在视野内找不到物像，说明观察的目的物不在视野中央，或焦距不对，必须从低倍镜开始按上述过程重新操作。

（3）油浸镜的使用：把在高倍镜下观察的目的物，移至视野中央后，移开高倍镜，在盖玻片上滴一滴香柏油，换用油浸镜并使镜头浸在“油”中。观察时，只需略微转动细调节器，就能看清物像。

观察完毕后，转动粗调节器，使镜台下降，取下制片，在一块擦镜纸上滴加二甲苯，擦净镜头上的香柏油，再另换一块干净擦镜纸再揩擦一次。制片也按上法擦净。

3. 细胞形态结构的观察

（1）制作并观察人的口腔上皮细胞的临时装片

1）在洁净的载玻片中央，滴一滴生理盐水。

2）用消毒牙签的一端，在漱净的口腔侧壁上轻轻地刮几下。

3）把牙签上附有碎屑的一端，放在载玻片上的生理盐水滴中涂匀。

4）用镊子夹起洁净的盖玻片，将它的一边先接触载玻片上的生理盐水滴，然后，轻轻地盖在水滴上。然后在盖片的一侧加一滴 0.1%亚甲基蓝染液，在盖片的另一侧用吸水纸吸取，染色后细胞核被染成深蓝色，细胞质浅蓝色。

5）用显微镜观察细胞形状，细胞呈扁平鳞状。

（2）西红柿果肉细胞涂片制作：西红柿果肉细胞涂片似人口腔上皮细胞，但将生理盐水换成蒸馏水，且不必染色就可直接观察。注意植物细胞的大小和形态与动物细胞的不同。

【注意事项与常见问题】

显微镜是贵重精密仪器，要做到正确而熟练地使用，应注意如下事项：

1. 操作时注意事项

（1）在放置玻片标本时，应特别注意有盖片的一面朝上，切勿反放。反放对观察低倍镜影响不大，但当换用高倍镜或油浸镜时，不但在视野内找不到物像，而且易损坏物镜上的透镜及标本。

（2）在使用双目镜筒观察时，首先要调好双目镜间距与瞳间距一致，并调好镜筒长度补偿环的数值刻度。

（3）观察任何标本时，应先用低倍镜。如果用高倍镜观察，也要先在低倍镜下找到物像，并将所要详细观察的部分移到低倍镜视野中央，然后再转换高倍镜。如果要用油浸镜，也要先用低倍镜，然后用高倍镜，最后使用油浸镜。

（4）用低倍镜观察色深的标本适于用较强的光线；观察透明（或无色）的标本，适于用较弱的光线。

（5）观察时要两眼同时张开，两手并用。

2. 显微镜的维护

（1）按要求拿取显微镜，切勿单手提着行走，以免碰坏或使部件跌落。

（2）用前要检查，发现问题，立即报告老师。

（3）不得随意拆卸任何部件和转动已闭锁好的结构。

（4）光学部分和照明部分要用擦镜纸揩擦，不得手摸或用它物揩擦；机械部分用纱布揩擦。

（5）不得将临时制片的水、化学试剂和药品沾污镜头和镜台。

（6）当离开座位（观察示教镜或进行其他操作）时，要下降镜台，旋转物镜使之离开通光孔，并使三个物镜均朝向前方。

（7）使用完毕，应下降镜台，取下玻片标本，旋开物镜（同离开座位时相同），再使镜台上升，最后填写使用登记本，把显微镜放回原处。

【作业与思考题】

1. 绘出你所观察到的人口腔上皮细胞和西红柿果肉细胞图，指出各部分的名称。

2. 为什么在用高倍镜或油浸镜时，必须从低倍镜开始观察？并把目的物移至视野中央？

附：试剂配制

1. 0.9%的生理盐水　氯化钠 9g，纯水适量，先用纯水少量溶解，然后再加水至 1000ml。即配制成每 100ml 溶液中含 0.9g 氯化钠的生理盐水。

2. 0.1%亚甲基蓝染液　0.1g 亚甲基蓝溶入 100ml 蒸馏水即可。

实验 1-2　倒置相差显微镜的构造与使用

【相关背景】

相差显微镜是一种将光线通过透明标本细节时所产生的光程差（即相位差）转化为光强差的特种显微镜。光波有振幅（亮度）、波长（颜色）及相位（指在某一时间上光的波动所能达到的位置）

的不同。当光通过物体时，如波长和振幅发生变化，人们的眼睛才能观察到，这就是普通显微镜下能够观察到染色标本的道理。而活细胞和未经染色的生物标本，因细胞各部微细结构的折射率和厚度略有不同，光波通过时，波长和振幅并不发生变化，仅相位有变化（相位发生的差异即相差），而这种微小的变化，人眼是无法加以鉴别的，故在普通显微镜下难以观察到。相差显微镜成像原理即当同一种光通过细胞时，由于细胞不同部分对光的折射率不同，因此，通过细胞的光线和未通过细胞的光线便可以产生相位差。再通过特定的相差板使之发生干涉，并且利用光的衍射和干涉现象，把相差变成振幅差（明暗差），同时它还吸收部分直射光线，以增大其明暗的反差。因此可用以观察活细胞或未染色标本。倒置相差显微镜，其照明系统位于镜体上方，而物镜和目镜则位于下部。这样在集光器和载物台之间有较大的工作距离，可以放置培养皿、细胞培养瓶等容器，辅助以相差的光学系统，可以很方便地对培养中的细胞进行观察。

【实验目的】

1. 掌握倒置相差显微镜的基本操作步骤。

2. 了解倒置相差显微镜的特殊组件、位置及观察活细胞的原理。

3. 了解肿瘤细胞的一般形态和生长状态。

【实验原理】

倒置相差显微镜是相差显微镜和倒置显微镜的结合，它既具有倒置显微镜的倒置观察方式，同时，成像原理则与相差显微镜成像原理相一致。能直接对培养皿、培养瓶的标本进行显微观察。物镜在下，聚光器在上，被观察样品置于位于上方的聚光器之下，聚光器具有远大于物镜的工作距离。因此，适应于培养皿或培养瓶中样品的观察。

【实验准备】

1. 实验对象 培养皿（瓶）中的活细胞。

2. 实验器材及仪器 倒置相差显微镜。

【实验内容与方法】

1. 倒置相差显微镜的特殊组件 相差显微镜与普通光学显微镜的基本结构是相同的，相差显微镜由相差聚光器和相差接物镜两个主要部分组成。它与普通光镜相比多了两个部件，一个是在聚光器上增加一个环形光阑，使透过聚光器的光线形成空心光锥、聚焦到标本上。另一个是在物镜的后焦面增加一个相板，相板有一个环形区，其大小恰好通过环形光阑的直射光，相板各区镀以不同物质，使得通过环形区的光比通过相板其他部位的光超前或滞后 1/4 波长。相差显微镜的基本原理：把透过标本的可见光的光程差变成振幅差，从而提供了各种结构之间的对比度，使标本的各种结构变得更清晰可见。用相差显微镜可观察活细胞，并可在镜下连续拍摄记录体外培养细胞的活动，如细胞分裂、细胞迁移运动等过程。

2. 使用倒置显微镜观察细胞 倒置显微镜中最常用的显微镜就是倒置相差显微镜（图 1-3）。由于这种显微镜不要求染色，是观察活细胞和微生物的理想方法，并可提供带有自然背景色的、高对比度的、高清晰度的图像。体外培养的肿瘤细胞主要有两种状态。一种是能贴附在培养支持物上的细胞，叫贴壁型细胞，体外培养的细胞绝大多数都属于这种细胞。另一种细胞并不贴附在容器的壁上，而是悬浮在培养液中生长，叫作悬浮型细胞，这类细胞主要是血液原性或癌原性的细胞。一种细胞在培养中的形态并不是永恒不变的，它随营养、pH、生长周期而改变，但在比较稳定的条件下形态基本是一致的。在贴壁细胞培养中，镜下折光率高、圆而发亮的一般被认为是分裂期细胞。

肿瘤细胞有重叠生长的特征。

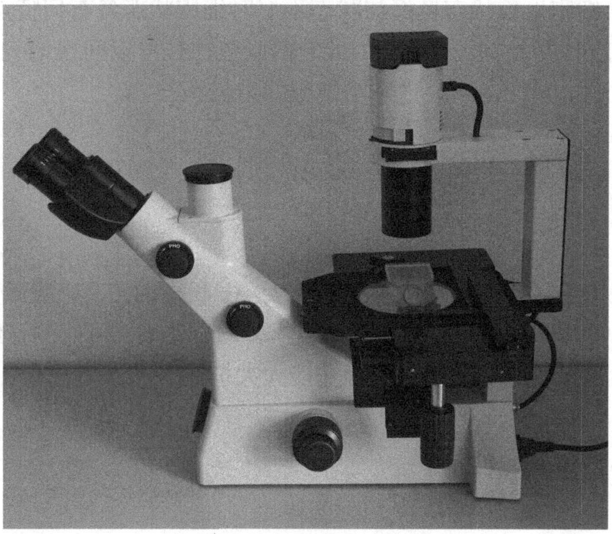

图 1-3　倒置相差显微镜

（1）打开镜体下端的电控开关。

（2）将细胞培养瓶从 37℃ CO_2 培养箱中取出，注意观察细胞培养液的颜色和清澈度。然后，将细胞培养瓶平稳地放在倒置显微镜载物台上。此时应注意不要将瓶翻转，也不要让瓶内的液体接触瓶塞或流出瓶口。旋转 4 孔转换器，选择放大倍数较小的物镜观察，并调节铰链式双目目镜，舒适为宜。

（3）调节光源：推拉调节镜体下端的亮度调节器至适宜。通过调节聚光镜下面的光阑来调节光线的强弱。通过双筒目镜观察，直至视野调到合适的亮度。

（4）调节载物台的高度进行对焦。在看到细胞层之后，再用细调节器将物像调清楚，注意观察细胞的轮廓、形状和内部结构，选择观察视野。

（5）取下观察对象，推拉光源亮度调节器至最暗。关闭镜体下端的开关。旋转 4 孔转换器，使物镜镜片置于载物台下侧，防止灰尘的沉降。

【注意事项与常见问题】

1. 所有镜头表面必须保持清洁，落在镜头表面的灰尘可用吸耳球吹去，也可用软毛刷轻轻地掸掉。

2. 当镜头表面沾有油污或指纹时，可用脱脂棉蘸少许无水乙醇和乙醚的混合液（3∶7）轻轻擦拭。

3. 不能用有机溶液清擦其他部件表面，特别是塑料零件，可用软布蘸少量中性洗涤剂清擦。

4. 在任何情况下操作人员不能用棉团、干布块或干擦镜纸擦试镜头表面，否则会刮伤镜头表面，严重损坏镜头，也不要用水擦试镜头，这样会在镜头表面残留一些水迹，因而可能滋生霉菌，严重损坏显微镜。

5. 仪器工作的间歇期间，为了防止灰尘进入镜筒或透镜表面，可将目镜留在镜筒上，或盖上防尘塞，或用防尘罩将仪器罩住。

6. 显微镜尽可能不移动，若需移动应轻拿轻放，避免碰撞。

7. 不允许随意拆卸仪器，特别是中间光学系统或重要的机械部件，以免降低仪器的使用性能。

【作业与思考题】

1. 贴壁细胞和悬浮细胞生长状态良好与状态不好时细胞状态各有何特点？

2. 由于培养基内有 pH 指示剂的存在，因此它的颜色往往可以间接地表明细胞的生长状态。当培养液呈橙黄色、淡黄色、紫红色时，请判断细胞的生长状态。

实验 1-3 显微镜测微尺的使用

【相关背景】

显微测微尺是用来测量显微镜视场内被测物体大小、长短的工具。测微尺分物镜测微尺（简称物微尺或台微尺）和目镜测微尺（简称目微尺），两者配合使用，可以测量细胞大小。测微尺将帮助我们对微观世界做出定量的分析，使显微镜功能大大扩充。

【实验目的】

掌握用测微尺测定细胞大小的原理和方法。

【实验原理】

目微尺是一个可以放在目镜内的特制玻璃圆片，圆片中央刻有一条直线，此线分为若干格。物微尺为一载玻片中央封固的小尺，长 1mm，被等分为 100 格，长为 0.01mm（10μm）。当测量细胞大小时，不能用物微尺直接测量细胞，而只能使用目微尺。因目微尺测量的细胞是经物镜放大后的像，而它每格所代表的实际长度随物镜的放大率而变，在测量时需要先用物微尺来标定，求出某一放大率时目微尺每格所代表的实际长度，然后再用以测定细胞大小。

将物微尺放在显微镜的载物台上，小心转动目镜测微尺，移动物微尺使两尺平行，起点线重合，然后找出另一处两尺刻度重合处，记录起点线到重合线之间的各尺的刻度数（格数），按下式计算，在该放大系统下目微尺每格所代表的实际长度：

$$目微尺每格所代表的实际长度=\frac{物微尺格数}{目微尺格数}\times 10\mu m$$

例如：目微尺是 100 格，其对应的物微尺是 80 格，则目微尺每格所代表的实际长度为 $80/100\times 10=8\mu m$。

测量某一细胞时，如果目微尺测得其横径为 5 格，则此细胞横径为 $8\times 5=40\mu m$。

【实验准备】

1. 实验对象 细胞装片。

2. 实验器材及仪器 普通光学显微镜，目镜测微尺和镜台测微尺。

【实验内容与方法】

1. 目镜测微尺的校正

（1）旋下目镜，将目镜测微尺有刻度的一面向下，放在视野透镜下方的环状光阑上，再旋上目镜（图 1-4）。

（2）把镜台测微尺放在载物台上夹好，刻度朝上，先用低倍镜观察，对准焦距。旋转目镜，使目镜测微尺与镜台测微尺的刻度平行，移动推动器，使两尺重叠，再使两尺的“0”刻度完全重合，定位后，仔细寻找两尺第二个完全重合的刻度，计数两重合刻度之间目镜测微尺的格数和镜台测微尺的格数。按下式计算，在该放大系统下目微尺每格所代表的实际长度：

目微尺每格所代表的实际长度 = 物微尺格数/目微尺格数×10μm。

因为物微尺的刻度每格长 10μm，所以由下列公式可以算出目镜测微尺每格所代表的长度。

例如目镜测微尺 5 小格正好与物微尺 2 小格重叠，已知物微尺每小格为 10μm，则目镜测微尺上每小格长度为=2×10μm/5=4μm。

用同法分别校正在高倍镜下和油镜下目镜测微尺每小格所代表的长度。

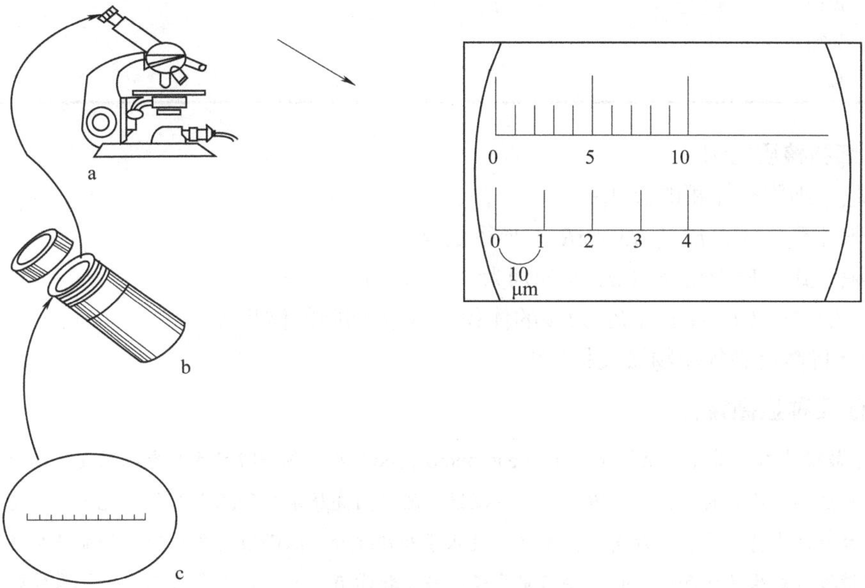

图 1-4 目镜测微尺的校正

由于不同显微镜及附件的放大倍数不同，因此校正目镜测微尺必须针对特定的显微镜和附件（特定的物镜、目镜、镜筒长度）进行，而且只能在特定的情况下重复使用，当更换不同放大倍数的目镜或物镜时，必须重新校正目镜测微尺每一格所代表的长度。

2. 细胞大小的测定

（1）取下物微尺，将制作的各种细胞临时装片置于载物台上。

（2）先在低倍镜下找到目的物，然后在高倍镜下用目镜测微尺来测量细胞的长，宽各占几格（不足一格的部分估计到小数点后一位数）。

（3）测出的格数乘上目镜测微尺每格的校正值，即等于该细胞的长和宽。

（4）一般测量细胞的大小需要在同一个标本片上测定 10～20 个细胞，求出均值，即得出被测定细胞的大小（包括长径和短径）的实际长度。

【注意事项与常见问题】

1. 本测微尺系精密玻璃制品，使用时应注意小心轻放。

2. 勿使平面接触硬物及手指。

3. 使用前后要用脱脂棉蘸酒精乙醚混合液清洁尺面。

4. 物微尺置于载物台，尺面朝上，调焦时，物镜头由下而上，以免压碎刻尺。

5. 长时间不用，应用柔纸包好放在干燥器内。

【作业与思考题】

1. 分别计算使用低倍镜（10×）和高倍镜（40×）时目镜测微尺每格代表的长度。

低倍镜：目镜测微尺每格代表的长度=　　×10（μm）=　　μm

高倍镜：目镜测微尺每格代表的长度=　　×10（μm）=　　μm

2. 测量10个细胞及细胞核的大小并记录：

编号		1	2	3	4	5	6	7	8	9	10	均值
细胞大小	长径											
	短径											
细胞核大小	长径											
	短径											

3. 计算细胞核质比例

计算细胞、细胞核体积的公式：

球的体积计算公式：$V=(4/3)\pi R^3$（半径是 R）。

椭球体积公式：$V=4/3\pi ab^2$（a、b 分别为长、短半径）。

核质比 $N/P=V\mathrm{n}/(V\mathrm{c}-V\mathrm{n})$（$V\mathrm{n}$ 为核的体积，$V\mathrm{c}$ 为细胞的体积）。

4. 为什么目微尺必须用物微尺标定？

附：其他几种显微镜简介

1. 荧光显微镜技术 荧光显微镜（fluorescent microscope）是以各种特定波长光源激发生物标本中的荧光物质，产生各种可见颜色荧光的一种显微镜。荧光显微镜一般采用高压汞灯和弧光灯作为光源，在光源和反光镜之间放一组滤色片以产生特定波长的激发光，光谱一般从紫外到红外，从而激发各种荧光物质产生不同波长的发射光。荧光显微镜技术是生物学和医学的重要研究手段，与生物学有关的荧光现象有三种：①自发荧光：通过激发光会使物体发出荧光，如叶绿素、维生素A等。②诱发荧光：通过诱导剂作用而发的荧光，如甲醛蒸气处理可诱发细胞和组织中生物单胺类产生荧光。③荧光染料染色荧光：如吖啶橙可以对细胞DNA、RNA同时染色，显示不同颜色的荧光，DNA呈绿色荧光，RNA呈橙色荧光。荧光染料可和抗体共价键结合，这种标记的抗体再和相应的抗原结合形成抗原抗体复合物，经激发后发射荧光，进行抗原定位。利用荧光显微镜可研究荧光物质在组织和细胞内的分布，以达到对细胞的特定物质进行定性、定位和定量观察的目的。如对生物组织、生理、病理、微生物、医药、食品、化学等诸方面的鉴定等。另外，由于荧光显微镜技术染色简便、敏感度高，而且图像色彩鲜明，所以是目前对特异蛋白质等生物大分子定性、定位的有力的工具。在细胞生物学研究中也被广泛应用。

（1）荧光显微镜的基本工作原理

1）荧光：普通光是由发光体质点的热运动所引起的辐射；而荧光是非温度辐射，是一种冷光。荧光有多种，如光化荧光（由光源激发而产生的荧光）、放射荧光（由放射性物质激发而产生的荧光）、生物荧光（生物体发出的荧光）、化学荧光（如磷的氧化时发出的荧光）等。荧光显微镜既是利用“光化荧光”这一原理设计制造，从而达到荧光显微镜技术的镜检目的。

由于荧光显微镜的光源是利用人眼不可见的短波光——紫外线，因而就大大提高了物镜的分辨率，图像与背景的反差亦甚为明显。

2）荧光现象：将荧光物体放到光谱中的各色区域，就可发现引起荧光最有效的光线是光谱上波长较短的区域，即近紫外线区域，波长约为320～400nm。这种现象的实质是分子吸收了短波光的能量（波长越短，光能越强），又以发光的形式以波长较长的荧光射出，而为人眼可见，这就是“荧光现象”。荧光接近可见光的红光端，大部分的荧光现象是符合这一规律的。荧光现象可分为两种：

第一次荧光现象：又称“固有荧光”或“自发荧光”即当某些物质在紫外线的照射下可发出可见光，如细胞内的叶绿素经紫外线照射后能发出红色的荧光。

第二次荧光现象：又称“继发荧光”或“诱发荧光”，即当某些物质经紫外线照射后不能或只部分发生微弱的荧光，因而就需要先用荧光素处理后，再经紫外线照射使之发生荧光，这是因为组织内吸附或溶解有荧光素的缘故。

荧光色素的种类甚多，大部分为制片技术中所用的染色剂。它对各种被检物体表现出不同的亲和性。因此，对荧光色素的选择、应用浓度及处理时间等诸方面都需摸索和积累经验（表 1-1）。

表 1-1　常见的荧光色素及应用条件

名称	浓 度（%）	处理时间（min）
吖啶橙	0.1～1.0	0.5～3
荧光红	0.1～1.0	0.5～3
伊红 Y	0.1	1～2
金色胺	0.1～1.0	0.5～3
酸性品红	0.1	1～2
罗丹明 B	0.1	1～10
罗丹明 6G	0.1～0.001	1～3
甲基绿	0.1～0.01	1～3
刚果红	0.1	1～2
中性红	0.1～0.005	5～数小时
硫酸黄连素	0.1～0.002	1～数小时

注：被检物体经荧光色素处理后，荧光色基本上与荧光色素的颜色相似，但在不同波长紫外线的激发下，其颜色也各异。

3）激发滤色镜：生物体的各种组织，不同的细胞、细胞器，微生物，病毒等，对激发光的选择是很重要的，这可利用不同的激发滤色镜来达到最佳的激发光源。在荧光色素的应用上也如此，必须应用适合某种被检物体的荧光素，才能获得满意的观察效果（表 1-2）。

表 1-2　激发滤色镜与荧光色素的应用

激发方法	激发光主波长	应用范围
紫外光激发	334nm	①一般病理、细菌、异硫氰荧光素染色、自发荧光等的观察
	365nm	②一般荧光抗体法观察
紫光激发	405nm	①邻苯二酚胺、5-羟基色胺等的观察
	435nm	②四环素染色牙齿和骨质的观察研究
蓝紫光激发	405nm、435nm 和 490nm	荧光抗体法：免疫学
	附近的连续光谱	①吖啶橙（黄）染色：癌细胞、血红蛋白、蛔虫等的观察
		②金色胺 O 染色：结合菌检查
		③奎吖因染色：染色体的观察研究
绿光激发	546nm	孚尔根染色：细胞内的研究

（2）荧光显微镜的装置：荧光显微镜在装置上的重要部件就是能提供充分的特定波长的光源装置，使被检物体得到理想的激发光而发出强的荧光。为达到这一要求，均借助滤光片把激发光的光谱限定在这一特定的波长区域内，而把伴随发出的可见光全部吸收或反射掉。此外，为了提高荧光镜检的效果，对聚光镜（透射式用）、载玻片、盖玻片和物镜均有一定的要求。

荧光显微镜的装置有透射式和落射式两种类型。

1）透射式：激发光来自被检物体的下方，聚光镜为暗场聚光镜，使激发光不进入物镜，而使荧光进入物镜。它在低倍下明亮，而高倍镜下则暗。透射式不适用于非透明的被检物体。

2）落射式：新型的荧光显微镜多为落射式，即在光路中具有分光镜，光源来自被检物体的上方，故对透明与非透明的被检物体都适用。由于物镜起到了聚光镜的作用，不仅便于操作，而且从低倍到高倍，可以实现整个视场的均匀照明，但它在低倍情况下则暗，而高倍则明亮。

2. 激光扫描共焦显微镜技术 激光扫描共聚焦显微镜（laser scanning confocal microscopy，LSCM）是近代生物医学图像仪器的最重要发展之一，它是在荧光显微镜成像的基础上加装激光扫描装置，使用紫外光或可见光激发荧光探针，利用计算机进行图像处理，从而得到细胞或组织内部微细结构的荧光图像，以及在亚细胞水平上观察，对生物样品进行定性、定量、定时和定位研究具有很大的优越性，为这些领域新一代强有力的研究工具。与传统的光学显微镜相比，大大地提高了分辨率，能得到真正具有三维清晰度的原色图像。并可探测某些低对比度或弱荧光样品，通过目镜直接观察各种生物样品的弱自发荧光。能动态测量 Ca^{2+}、pH，Na^{+}、Mg^{2+}等影响细胞代谢的各种生理指标，可应用于细胞动力学研究。LSCM 可处理活的样本，不会对样本造成物理化学特性破坏，测定参数更接近细胞生活状态。用于活细胞动力学参数分析、三维图像重建、胞间通讯研究、荧光定量测量和图像分析等方面，在整个细胞生物学研究领域有着广阔的应用前景。

在普通显微镜基础上 LSCM 配置激光光源、共轭聚焦装置、扫描装置和检测系统，整套仪器均由计算机自动控制，专用软件监控可执行各组件之间的切换。生物医学应用中 LSCM 的显微镜以倒置显微镜为主，便于活细胞检测。与普通光镜和荧光显微镜相比有一些明显的优点，其中主要有：

（1）普通显微镜的光源采用光谱范围较宽的卤素灯，由于照射光引起的散射和衍射的干扰，同时样本的每一个照光点均会受到色差影响，因而会影响成像的质量。激光是单色性好的平行光，LSCM 的光源所采用的是激光，基本消色差，焦深小，分辨率高，可以无损伤地对样品进行不同深度的断层扫描及荧光强度测定。

（2）普通荧光显微镜显示的是多层面的图像结构的叠加，分辨率低，结构不够清晰。LSCM 结构上因采用双针孔（pinhole）装置的独特设计，而形成物象共轭。激光经聚光镜焦平面上的针孔形成点光源，并经物镜在焦平面上对样品进行逐点扫描，样品上每个照射点反射后经过物镜折射到像焦平面的探测针孔处成像，然后经空间滤波后能有效地抑制同焦平面上非测量光点形成的杂散荧光，同时也抑制样品的不同焦平面发射来的干扰荧光。每个像点被光电倍增管（PMT）或冷电感耦合器件（cCCD）探测器接收。LSCM 扫描后会形成信噪比极高的光学横断面，分辨率要比普通光学显微镜高 1.4 倍，这是由于其光学系统物象共轭，形成光点图像是只有在物镜焦平面上的点，并经针孔空间滤波后的光点图像。LSCM 能以 0.1μm 的步距沿轴向对细胞进行分层扫描，得到一组光学切片，非同一焦平面的一组光学切片经三维立体重建后能构建样品的三维立体结构，因此可被形象地称为“显微 CT”。

（3）LSCM 具有高灵敏度、高分辨率和高放大倍数，使光淬灭的影响减少了，能提供普通光学显微镜无法显示的结构信息，并适用于达到毫秒级的快速变化检测。LSCM 最常用的功能是荧光检测、三维重建和显微操作等。其中荧光检测覆盖的内容极为广泛，通过多种荧光探针或荧光连接抗体，可对细胞内离子、pH、各种蛋白质分子进行动态测定。另外利用激光扫描还可以对细胞进行特殊操作，例如光刀切割法（cookie-cutter）作黏附细胞分选（adhered cell sorting），能杀灭不需要的细胞，保留所选细胞亚群继续培养；激光光陷阱技术（又称为光镊技术）对目标细胞进行非接触式的捕获和固定，并进行精确操作；激光作为光子刀可以用于细胞膜瞬间打孔和对线粒体、溶酶体、染色体和神经元突起的切割等显微细胞操作。

激光共聚焦荧光显微技术是一种无损的多层形态观测的新方法。其检测深度可达 100μm，制样简单、快速、图像直观。由于它是光学观察方法，因此其分辨率较电镜为低，约 0.2μm。另外，为了得到一定的反差，进行观察前，需对多组分聚合物体系中的某一（或某些）组分进行荧光标记。可得到比普通荧光显微镜更高分辨率、更高灵敏度的图像，并有效地保护标本。不仅在 *X-Y* 平面，同时在 *Z* 轴方向，可获得样品不同深度层面的信息，即光学切片或断层扫描，而无须破坏样品。另外，获得的图像信息通过相关软件的帮助，可对标本各深度层面的信息进行三维重建，可以得到表面及内部结构都非常清晰的三维图像。

3. 电子显微镜技术 电子显微镜（Electron microscope）是根据电子光学原理，用电子束和电子透镜代替光束和光学透镜，使物质的细微结构在非常高的放大倍数下成像的电子光学仪器。电子显微镜常用的有透射电子显微镜（transmission electron microscope，TEM）和扫描电子显微镜（scanning electron microscope，SEM）。透射电子显微镜作为高分辨率分析电子显微镜，从高分辨率图像观察、电子衍射分析及X射线能谱成分分析、通过会聚电子衍射进行的晶体结构的精密分析，到物质的电子结构以及结合状态的分析，在材料开发和物性研究中都发挥着巨大的威力。在物理学、化学、生物学、材料科学、矿物学、地质、选矿、冶金工程等领域有着广泛的应用。利用透射电子显微镜可以观察到细胞的精细结构，用于研究生命科学和生物医药学的各个领域。它还是病理学上的诊断工具。扫描电子显微镜作为一种有效的显微结构分析工具，可以对各种材料进行多种形式的表面的观察与分析。它具有分辨率高、景深长、成像富有立体感等优点。利用扫描电镜的图像研究法分析显微结构，其内容丰富、方法直观。与光镜相比电镜用电子束代替了可见光，用电磁透镜代替了光学透镜并使用荧光屏将肉眼不可见电子束成像。

电子显微镜由镜筒、真空系统和电源柜三部分组成。镜筒主要有电子枪、电子透镜、样品架、荧光屏和照相机构等部件，这些部件通常是自上而下地装配成一个柱体；真空系统由机械真空泵、扩散泵和真空阀门等构成，并通过抽气管道与镜筒相连接；电源柜由高压发生器、励磁电流稳流器和各种调节控制单元组成。

（1）透射电子显微镜工作原理：透射电子显微镜是把经加速和聚集的电子束投射到非常薄的样品上，电子与样品中的原子碰撞而改变方向，从而产生立体角散射。散射角的大小与样品的密度、厚度相关，因此可以形成明暗不同的影像。通常，透射电子显微镜的分辨率为 0.1～0.2nm，放大倍数为几万至百万倍，用于观察超微结构。透射电镜（TEM）样品必须制成电子能穿透的，厚度为 100～2000Å 的薄膜。成像方式与光学生物显微镜相似，只是以电子透镜代替玻璃透镜。放大后的电子像在荧光屏上显示出来。

透射电子显微镜在材料科学、生物学上应用较多。由于电子易散射或被物体吸收，故穿透力低，样品的密度、厚度等都会影响到最后的成像质量，必须制备更薄的超薄切片，通常为 50～100nm。所以用透射电子显微镜观察时的样品需要处理得很薄。常用的方法有：超薄切片法、冷冻超薄切片法、冷冻蚀刻法、冷冻断裂法等。对于液体样品，通常是挂预处理过的铜网上进行观察。

（2）扫描电子显微镜工作原理：扫描电子显微镜的电子束不穿过样品，从电子枪阴极发出的电子束，受到阴阳极之间加速电压的作用，射向镜筒，经过聚光镜及物镜的会聚作用，缩小成直径约几毫微米的电子探针。在物镜上部的扫描线圈的作用下，电子探针在样品表面作光栅状扫描并且激发出二次电子等多种电子信号。这些电子信号被相应的检测器检测，经过放大、转换，变成电压信号，最后被送到显像管的栅极上并且调制显像管的亮度。显像管中的电子束在荧光屏上也作光栅状扫描，并且这种扫描运动与样品表面的电子束的扫描运动严格同步，这样即获得衬度与所接收信号强度相对应的扫描电子像，这种图像反映了样品表面的形貌特征。扫描电镜样品制备的主要要求是：尽可能使样品的表面结构保存好，没有变形和污染，样品干燥并且有良好导电性能。

扫描电子显微镜的分辨率主要决定于样品表面上电子束的直径。放大倍数是显像管上扫描幅度与样品上扫描幅度之比，可从几十倍连续地变化到几十万倍。扫描电子显微镜不需要很薄的样品；图像有很强的立体感；能利用电子束与物质相互作用而产生的二次电子、吸收电子和 X 射线等信息分析物质成分。扫描电子显微镜的电子枪和聚光镜与透射电子显微镜的大致相同，但是为了使电子束更细，在聚光镜下又增加了物镜和消像散器，在物镜内部还装有两组互相垂直的扫描线圈。物镜下面的样品室内装有可以移动、转动和倾斜的样品台。

电子显微镜的应用，虽然对生物学的进展起着重要的作用，但我们仍不能忽略光学显微镜的作用。在科研工作中，可以将同一材料分别用光学显微镜、透射电子显微镜和扫描电子显微镜进行观察，把观察结果相互对照比较。这也是研究中常用的方法。

（程晓馨）

第二章　流式细胞仪技术与应用

【相关背景】

流式细胞仪技术（flow cytometry，FCM）是借助流式细胞仪测量液相中悬浮细胞或微粒的物理、化学以及生物学特性进行分析的方法。它将激光技术、计算机技术、细胞化学和免疫化学技术等技术集为一体，对细胞等生物粒子的理化及生物学特性（细胞大小、DNA 含量、细胞表面抗原表达等）进行定量、快速、客观、多参数相关的检测。该技术能够在功能水平上对单细胞或其他生物粒子进行定量分析和分选，并能够同时从一个细胞中测得多个参数，可以高速分析上万个细胞或其他生物粒子，具有速度快、精度高及准确性好等优点，是当代最先进的细胞定量分析技术之一。

实验 2-1　流式细胞仪结构原理及应用

【实验目的】

1. 掌握流式细胞仪基本工作原理及在生物医学的应用。

2. 熟悉流式细胞仪的结构和流式细胞仪的分析技术。

【实验准备】

1. 实验对象　制备荧光标记的活性高的细胞悬液。

2. 实验器材及仪器　流式细胞仪。

【实验内容与方法】

1. 基本结构　其结构一般包括 4 个系统：液流系统，光路系统，信号检测及分析系统，分选系统（图 2-1）。

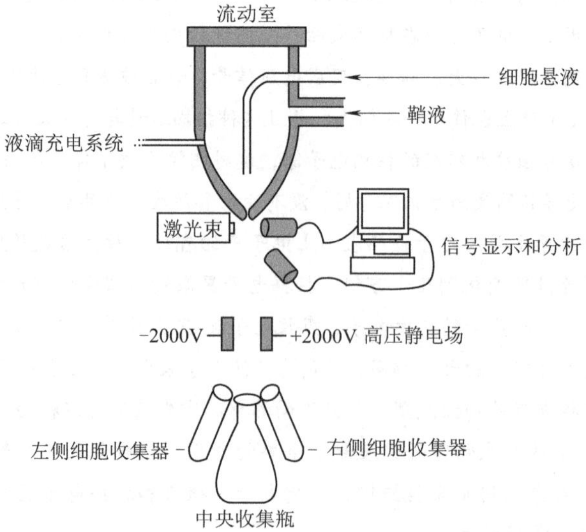

图 2-1　流式细胞仪结构简图

（1）液流系统：液流系统的作用是依次传送待测样本中的细胞到激光照射区，其理想状态是在特定时间内使一个细胞或粒子通过激光束，而且将细胞传送到激光束的中心。因此，必须在流动室内把细胞注入鞘液流中。流动室是液流系统的核心部件，台式机中流动室称为样品槽，大型机称之为喷嘴。流动室内充满了鞘液，根据层流的原理，在鞘液的约束下，细胞排成单列流出流动室的喷嘴口，形成被鞘液包绕的细胞液柱。细胞液柱聚焦于鞘液中心，细胞在此与激光相交。

（2）光路系统：包括激光光源与光束形成系统和光学系统。

1）激光光源与光束形成系统：待检测细胞预染的特异荧光物质需要合适的光源照射激发才能发出荧光，供收集检测。目前台式机 FCM，大多采用氩离子气体激光器。激光（laser）是一种相干光源，它能提供单波长、高强度及稳定性高的光照，是细胞微弱荧光快速分析的理想光源。激光光束在达到流动室前，先经过透镜将其聚焦，形成几何尺寸约为 22μm×66μm，即短轴稍大于细胞直径的光斑。这种椭圆形光斑激光能量分布属正态分布，为保证样品中细胞受到的光照强度一致，须将样本流与激光束正交，且相交于激光能量分布峰值处。

2）光学系统：FCM 的光学系统是由若干组透镜、滤光片、小孔组成，主要光学元件是滤光片。滤光片主要分成 3 类：长通滤片（long-pass filter，LP）、短通滤片（short-pass filter，SP）及带通滤片（band-pass filter，BP）。它们分别将不同波长的荧光信号送到不同的电子探测器。长通滤片允许特定波长以上的光通过，而特定波长以下光则不能通过。如 LP500 滤片，只允许 500nm 以上的光通过滤片，而 500nm 以下的光则被吸收或返回。短通滤片与长通滤片正好相反，该滤片允许特定波长以下的光通过，而特定波长以上的光则被吸收或返回。光电倍增管检测到的荧光信号常常是很微弱，因此需要加置带通（BP）滤片。带通（BP）滤片只能允许相当窄的一波长范围内光通过，该滤片设置于光电倍增管前，使得每个检测器只有一种指定波长的荧光信号进入而被检测，使光谱带宽接近荧光染料的发射峰值，从而提高光电倍增管检测到的荧光信号的纯度和强度。如：FITC（异硫氰荧光素）检测器前的带通滤片标志为 530/30，其含义是光谱发射波长：530±15nm，或者说允许通过的波长范围在 515nm 和 545nm 之间。

（3）信号检测与分析系统

1）散射光信号：当粒子经过激光照射区时会折射激光而产生散射光。散射光与任何细胞样品的预先制备技术（如荧光染色等）无关，而与细胞膜，核膜以及细胞结构的折射性、颗粒性等密切相关，细胞表面形貌和形状也对散射光产生影响。因此散射光被称为细胞的物理特性，反映了细胞的大小和内部结构特点。散射光分为前向角散射（forward scatter，FSC）和侧向角散射（side scatter，SSC）。前向角散射（FSC）光检测的是激光照射方向与收集散射光的光电倍增管轴向方向的散射光信号，与被测细胞的大小和面积有关，FSC 不受细胞荧光染色的影响，常用于免疫表型分析的信号处理。侧向角散射（SSC）光检测是收集与激光束正交 90° 方向的散射光信号，该散射光对细胞膜、细胞质以及核膜的折射率更为敏感，因此可提供细胞内精细结构和颗粒性质等方面的信息。

2）荧光信号：当荧光物质吸收到符合其波长范围的光能量后，其内部电子受激上升到高能级，然后受激电子迅速从高能级回到基态，同时释放过剩能量，成为光子，即发出荧光。如果实验中的多种荧光物质激发光波长都是相同（如 488nm），而发射光波长不十分接近，那么，我们可以同时检测两种或两种以上的荧光。如 FITC 和 PE 两种荧光物质就符合上述条件。488nm 的激发光虽然不是 PE 的激发光谱的峰值，但足以使 PE 发射出可检测到的荧光。更为重要的是 FITC 的发射光波长为 530nm，而 PE（藻红蛋白）的发射光波长为 570nm。两者的发射光波长足以使用不同的检测器同时检测。检测到的荧光信号的强度与粒子中被标记的分子数量成正比。单克隆抗体荧光染色可用于分析细胞表面抗原标记以确认细胞类型。如果识别细胞的混合群体中的不同亚群，我们可以使用不同的荧光染料以区分不同的细胞亚群。

3）信号存储：在流式细胞仪存储的数据一般是以 List mode（列表排队）方式存入的，采用

List mode 方式有两大优点：①节约内存和磁盘空间；②易于加工处理分析。

4）信号显示和分析：由于 List mode 方式数据缺乏直观性，数据的显示和分析一般采用直方图（histogram）、二维点图（dot plot）、等高线图（contour plot）、密度图（density plot）、三维图（3D plot）等。

单参数数据显示和分析：细胞的每一个单参数测量数据用直方图来显示，图中横坐标表示散射光或荧光信号相对强度值，其单位是道数，可以是线性的，也可以是对数的；纵坐标表示细胞数。

双参数数据的显示：双参数数据的显示是用于表达来自同一细胞两个参数与细胞数量的关系，常用的表达方法有二维点图、等高线图、二维密度图。在二维图中，*X* 坐标为某细胞一个参数的数值，而 *Y* 坐标为该细胞另一参数的数值。从双参数图形中可以将各细胞亚群区分开，同时可获得细胞相关的重要信息。

三参数数据显示和分析：由于计算机软件的发展，很多商品化的软件均提供三参数直方图功能，意指这一类直方图的三维坐标均为参数而非细胞数。这种立体图以点图为显示方式，同样可以作全方位旋转以便仔细观察。

多参数分析：当细胞进行了多色荧光标记，则其在流式细胞仪上被激光激发后，所得到的各种荧光信号与散射信号可以根据需要进行组合分析以获得所需的信息，这就是流式细胞仪的多参数分析。如可将混合细胞群中，每个亚群的染色模式与 FSC 和 SSC 数据结合分析，则不仅可以识别混合群体中的细胞种类，而且可以得到群体中各细胞种类的百分含量，并可以再分选。

（4）细胞分选系统：分选功能的实现使我们可以获取收集感兴趣的细胞以进行再分析。要分选细胞，首先要识别待分选的细胞亚群。需要在该亚群周围设定一逻辑门，也就是所谓的分选门。细胞的性质在进入液滴以前已经被测定了，如进行特定荧光标记等。如果要进行分选的细胞中被选定细胞的特性与所感兴趣的特性相符，则仪器对这个被选定的细胞液滴充以指定电荷，而未被选定的细胞所形成的细胞液滴以及不包含细胞的空白液滴则不被充电。携带有电荷的液滴向下落入高压静电场时将依所带电荷的极性发生偏转，落入收集器内，完成细胞分选。

2. 流式细胞仪工作原理 流式细胞技术（FCM）是一种最先进的细胞定量分析及检测仪器，是对在高速流动的鞘液包裹中的细胞、粒子等进行分析以及分选的技术。将待测细胞预先进行染色，然后制成单细胞悬液。待测样品在一定的压力作用下被压入流动室，而不含细胞的磷酸缓冲液在高压下从鞘液管喷出，鞘液管的入口方向与待测样品流成一定的角度，使得鞘液能够包绕着样品组成一个高速流动的圆形流束，待测细胞在鞘液的包被下排成单列经喷嘴喷出，形成细胞液柱。液柱与高速聚焦激光束相交，细胞受激光照射，产生散射光并激发荧光，光散射信号基本上反映了细胞体积大小；荧光信号经过一系列双色性反射镜和带通滤光片的分离处理，可形成多个不同波长的荧光信号，这些荧光信号的强度反映了所测细胞膜表面抗原的多少或其核内标记物质的浓度。散射光和荧光信号被光电检测器（前向光电二极管和 90°方向的光电倍增管）接受后转化为电信号，再通过模/数转换器，连续的电信号可被转换为计算机所能识别的数字信号。经加工、处理、并储存于计算机中，然后采用分析软件对数据进行统计处理和显示图像，如单个参数一般显示直方图，*X* 轴为测量强度，*Y* 轴为细胞数目。双参数或多参数数据则可以选择二维的散点图、等高线图、灰度图或三维立体视图等，当然也显示每个参数的直方图。上述分析结果可以显示在计算机屏幕上也可以将其打印出来，或将数据存储在硬盘上以备日后的分析。通过上述检测过程可快速准确得到细胞的多种信息，此为流式细胞技术的优点之一，既测量速度快，每秒钟能测数千个甚至上万个细胞，且可测量多个参数。流式细胞技术的另一特点是在分析的同时可分离出具有指定特征的细胞，即细胞分选技术。细胞的分选是通过分离含有单细胞的液滴而完成的。在流式细胞仪的流动室的喷口上配有一个超高频的电晶体，其充电后会振动，使喷出的液流断裂为一个个均匀的液滴，待分选的细胞就分散在这些液滴中。根据目的细胞的染色特点将这些液滴充以正负不同的电荷，当液滴流经带有几千伏特的高压电场时含有目的细胞的液滴会发生偏转，落入特定的收集容器中，从而实现特定细胞的分离。

3. 流式细胞术在不同领域的应用　流式细胞仪应用的灵活性可以满足研究的多种需要：细胞免疫功能、细胞凋亡、胞内细胞因子、胞内 Ca^{2+} 及 pH、多药耐药性、寄生虫、细菌、病毒、环境科学等等。流式细胞仪多参数分析配合细胞分选，可以提供样本的更多有效信息。细胞分选是确认细胞形态、进行后续分子生物学研究（如 FISH、PCR 等）或细胞功能性研究的理想手段。

（1）流式细胞仪的检测范围：包括各种细胞的相对计数及绝对计数，细胞体积的大小，细胞的表面积，细胞核浆比例，细胞中 DNA 的含量与细胞周期，RNA 的含量，特异性 DNA、RNA 序列检查，细胞表面、胞质及胞核中各种特异性抗原的定性及定量分析，细胞活性，细胞内酶活性、激素结合位点及细胞受体的检测，利用液体芯片技术还可同时对液体标本（如血浆）中的多种生物分子进行测定。

（2）流式细胞仪的临床应用

1）肿瘤学中的应用：流式细胞术可以检测肿瘤细胞增殖周期、检测肿瘤细胞表面标记、癌基因表达产物、进行多药耐药性分析、检测凋亡。

2）血液学中的应用：检测活化血小板、造血干细胞（$CD34^{+}$）计数、白血病与淋巴瘤的检测及免疫分型、网织红细胞计数、细胞移植的交叉配型和免疫状态监测等。

3）免疫学中的应用：可以进行淋巴细胞及其亚群分析、淋巴细胞免疫分型、检测细胞因子。

（3）流式细胞仪的科研应用：主要有细胞动力学功能研究、环境微生物分析、流式细胞术与分子生物学研究。

（4）流式细胞术常规检测时的样品制备

1）直接免疫荧光标记法：取一定量细胞（约 1×10^6 细胞/ml），直接加入连接有荧光素的抗体进行免疫标记反应（如做双标或多标染色，可把几种标记有不同荧光素的抗体同时加入），孵育 20～60min 后，用 PBS（pH7.2～7.4）洗 1～2 次，加入缓冲液重悬，上机检测。本方法操作简便，结果准确，易于分析，适用于同一细胞群多参数同时测定。虽然直标抗体试剂成本较高，但减少了间接标记法中较强的非特异荧光的干扰，因此更适用于临床标本的检测。

2）间接免疫荧光标记法：取一定量的细胞悬液（约 1×10^6 细胞/ml），先加入特异的第一抗体，待反应完全后洗去未结合抗体，再加入荧光标记的第二抗体，生成抗原-抗体-抗抗体复合物，以 FCM 检测其上标记的荧光素被激发后发出的荧光。本方法费用较低，二抗应用广泛，多用于科研标本的检测。但由于二抗一般为多克隆抗体，特异性较差，非特异性荧光背景较强，易影响实验结果。所以标本制备时应加入阴性或阳性对照。另外，由于间标法步骤较多，增加了细胞的丢失，不适用测定细胞数较少的标本。

【注意事项与常见问题】

1. 光电倍增管要求稳定的工作条件，暴露在较强的光线下以后，需要较长时间的“暗适应”以消除或降低部分暗电流本底才能工作；另外还要注意磁屏蔽。

2. 光源不得在短时间内（一般要 1h 左右）关上又打开；使用光源必须预热并注意冷却系统工作是否正常。

3. 液流系统必须随时保持液流畅通，避免气泡栓塞，所使用的鞘流液使用前要经过过滤、消毒。

4. 注意根据测量对象的变换选用合适的滤片系统、放大器的类型等。

5. 特别强调每次测量都需要对照组。

【作业与思考题】

1. 流式细胞仪基本工作原理是什么？

2. 查阅相关文献，熟悉流式细胞术在不同领域的应用。

实验 2-2　流式细胞仪检测细胞周期

【实验目的】

1. 掌握应用流式细胞仪测量细胞群体中 DNA 含量分布的方法。

2. 了解流式细胞技术在细胞生物学研究中的应用。

【实验原理】

细胞内的 DNA 含量在细胞周期的各个时期（G_0、G_1、S、G_2、M）中发生周期性变化。在 G_1 期细胞开始合成 RNA 和蛋白质，但 DNA 含量仍保持二倍体。进入 S 期后开始合成 DNA，此时细胞核内 DNA 的含量介于 G_1 和 G_2 期之间，即介于二倍体和四倍体之间。当 DNA 复制成四倍体时细胞进入 G_2 期并继续合成 RNA 和蛋白质，直到进入 M 期，因此单纯从 DNA 含量无法区分 G_2 期和 M 期。同样 G_0 和 G_1 期的 DNA 含量也无法区分。PI 荧光染料与 DNA 结合，其结合量与 DNA 含量成正比。利用 PI 标记的方法，通过流式细胞仪对细胞内 DNA 含量进行检测可将细胞周期各时相分为 G_1/G_0 期，S 期和 G_2/M 期。G_1/G_0 期时相的细胞 DNA 含量为 2N，G_2 /M 期的细胞中 DNA 含量为 4N，而 S 期的细胞 DNA 含量介于 2N 和 4N 之间。对细胞内 DNA 相对含量进行测定，可分析细胞周期各时相的百分比。

【实验准备】

1. 实验对象　HeLa 细胞。

2. 实验试剂　70%乙醇溶液（保存于 4℃），RNase-A（10mg/ml，−20℃保存），PI（650μg/ml，避光保存于−20℃），PBS（pH7.4，保存于 4℃）。

3. 实验器材及仪器　流式细胞仪，细胞培养设备，离心机，水浴箱，冰箱，微量移液器，离心管。

【实验内容与方法】

1. 实验步骤

（1）取对数生长期的细胞，按 1×10^6/ml 以 1ml 体积接种 24 孔板或 2ml 体积接种于 6 孔板内，进行所需的处理（比如加入药物），在特定的时间后终止培养，进行下一步的实验。

（2）48～72h 后，倒去培养液，用胰酶适度消化细胞，1000r/min 离心 10min 收集细胞。

（3）PBS 洗两遍，每次 1000 r/min 离心 10min，弃上清，加 0.5ml PBS 混匀。

（4）加入 5ml 70%预冷乙醇中，吹打均匀，4℃固定过夜（可长至 2 周）。

（5）1000 r/min 离心 10min 收集固定细胞，PBS 洗两遍。

（6）0.4ml PBS 重悬细胞，加入 RNase A 约 3μl 至终浓度 50μg/ml，37℃温浴 30 min。

（7）加入 PI 约 50μl 至终浓度 65μg/ml，在冰浴中避光染色 30 min。

（8）用 300 目（孔径 40～50μm）尼龙网过滤，转至流式检测管，上机检测，PI 用 488nm 氩离子激光器激发，由 630 带通滤光片接收，通过 FSC/SSC 散点图收集 10000 个细胞，采用设门技术排除粘连细胞和碎片。

（9）样品分析测定及打印，分析 PI 荧光直方图上细胞各周期的百分率。

2. 细胞周期分析 横坐标表示荧光强度，纵坐标表示细胞数量。在每个图的旁边都会配有一些这个图的相关说明，此图（图 2-2）中 Dip G_1：52.46 % at 48.83，表示 $G_{1/0}$期的细胞占总细胞的 52.46%，荧光强度在 48.83；Dip G_2：17.49 % at 94.98 同理表示 G_2/M 期的细胞占总细胞的 17.49%，荧光强度在 94.98；可以算一下，两者之间荧光强度的比 94.98/ 48.83 应该是约等于 2 的，这就是说 G_2/M 期 DNA 含量为 $G_{1/0}$期的 2 倍。同样 S 期所占百分比也会体现出来。

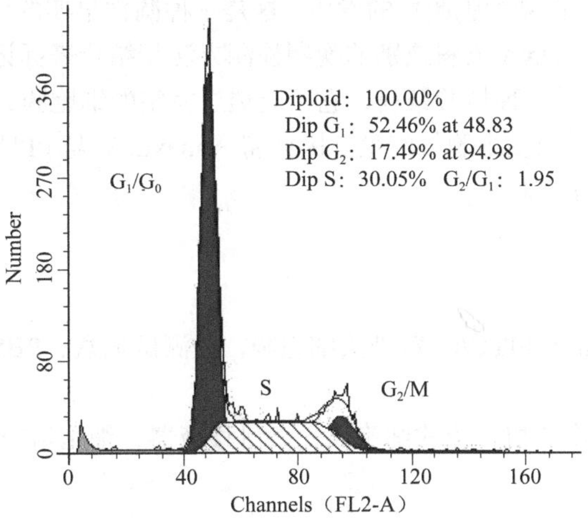

图 2-2 细胞周期流式图

在肿瘤病理学中，通常以 S 期细胞数量来判断肿瘤增殖状态。细胞增殖指数是指 S 期和 G_2/M 期细胞之和占总细胞数的百分比，它反映细胞的增殖能力。

【注意事项与常见问题】

1. 单细胞悬液浓度应约 10^6/ml，以免影响检测的结果。

2. 制备完成后的标本应用光学显微镜检查其质量（如细胞是否聚集或过多碎片），以保证得到足够的细胞含量。

3. 醛类固定会影响 PI 与核酸的结合。

【作业与思考题】

1. 标明你所测的样品中各周期时相的百分比。

2. 试讨论流式细胞仪在科学研究中的应用。

3. 本实验为何要采用对数生长期的细胞?

实验 2-3 流式细胞仪检测细胞凋亡

【实验目的】

1. 掌握用荧光探针对细胞进行双标记来检测正常活细胞、凋亡细胞和坏死细胞的方法。

2. 熟悉细胞凋亡现象及本质，流式细胞仪检测细胞凋亡的方法。

【实验原理】

细胞凋亡又称为程序性死亡，普遍存在于生物界，既发生于生理状态下，也发生于病理状态下。细胞凋亡对胚胎发育及形态发生（morphogenesis）、组织内正常细胞群的稳定、机体的防御和免疫反应、疾病或中毒时引起的细胞损伤、老化、肿瘤的发生进展起着重要作用。细胞凋亡早期改变发生在细胞膜表面，这些细胞膜表面的改变之一是磷脂酰丝氨酸（Phosphatidylserine，PS）从细胞膜脂双层的内侧翻转到外侧，使 PS 暴露在细胞膜的外表面。PS 带负电荷，正常主要分布于细胞膜的内表面，Annexin-V 是一种分子量为 35～36kD 的 Ca^{2+}依赖性磷脂结合蛋白，能与 PS 高亲和力特异性结合。将 Annexin-V 进行荧光素（FITC、PE）或 biotin 标记，以标记了的 Annexin-V 作为荧光探针，利用流式细胞仪可检测细胞凋亡的发生。这是一种凋亡早期的活细胞（悬浮细胞和贴壁细胞都适用）检测方法，可与 DNA 染料或别的晚期检测方法相结合来标记凋亡的发展阶段。碘化丙啶（propidine iodide，PI）是一种核酸染料，它不能透过完整的细胞膜，但在凋亡中晚期的细胞和死细胞，PI 能够透过细胞膜而使细胞核红染。因此将 Annexin-V 与 PI 匹配使用，就可以将凋亡早晚期的细胞以及死细胞区分开来。

【实验准备】

1. 实验对象 细胞。

2. 实验试剂 Annexin V-FITC/PI 双染法细胞凋亡检测试剂盒，PBS（pH7.4），蒸馏水或去离子水。

3. 实验器材及仪器 离心机，流式细胞仪，微量移液器，细胞培养用具。

【实验内容与方法】

1. 细胞收集 悬浮细胞直接收集到 10ml 的离心管中，每样本细胞数为（1～5）×10^6/ml 以 500～1000r/min 离心 5min，弃去培养液。（贴壁生长的细胞使用不含 EDTA 的胰蛋白酶消化后收集，胰蛋白酶消化时间不宜过长，以免引起假阳性）

2. 用冷 PBS 洗涤细胞两次（500～1000r/min 离心 5min 收集细胞）。

3. 用 400μl 1× Binding Buffer 悬浮细胞，浓度大约为 1 × 10^6 cells/ml。

4. 在细胞悬浮液中加入 5μl Annexin V-FITC，轻轻混匀后于 2～8℃避光条件下孵育 15 min。

5. 加入 10μl PI 后轻轻混匀于 2～8℃避光条件下孵育 5min。同时以不加 Annexin V-FITC 及 PI 的一管作为阴性对照

6. 在 1h 内用流式细胞仪检测。流式细胞仪激发光波长用 488nm，用一波长为 515nm 的通带滤器检测 FITC 荧光，另一波长大于 560nm 的滤器检测 PI。

7. 结果判断 凋亡细胞对所有用于细胞活性鉴定的染料如 PI 有抗染性，坏死细胞则不能。细胞膜有损伤的细胞的 DNA 可被 PI 着染产生红色荧光，而细胞膜保持完好的细胞则不会有红色荧光产生。因此，在细胞凋亡的早期 PI 不会着染而没有红色荧光信号。正常活细胞与此相似。在双变量流式细胞仪的散点图上（图 2-3），左下象限显示活细胞，为（FITC−/PI−）；右上象限是非活细胞，即坏死细胞，为（FITC+/PI+）；而右下象限为凋亡细胞，显现（FITC+/PI−）；左上象限为机械损伤的细胞（FITC−/PI+）。

【注意事项与常见问题】

1. Annexin V-FITC 和碘化丙啶染液应该避光存放和使用。

2. 碘化丙啶有毒，应小心保存和使用，为了您的安全和健康，请穿实验服并戴一次性手套操作。

3. 染色后宜尽快检测，时间过长可能会导致凋亡或坏死细胞的数量增加。

4. 荧光物质均易发生淬灭，在进行荧光观察时，尽量缩短观察时间，同时在操作和存放过程中也尽量注意避光保存。

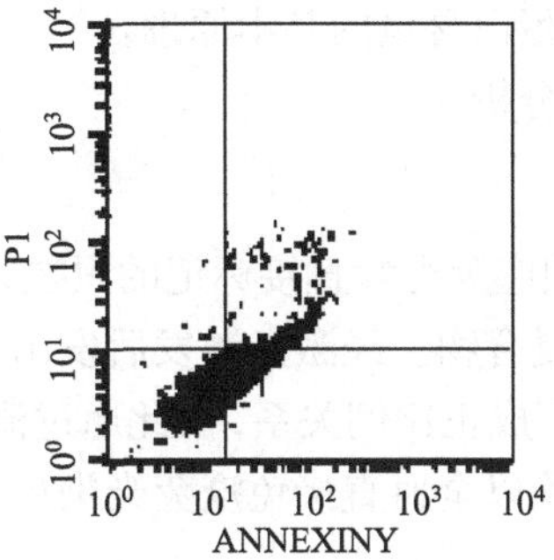

Quad	Events	% Gated
UL	8	0.19
UR	206	4.96
LL	2401	57.85
LR	1535	36.99

图 2-3 白藜芦醇处理后 uw228-3 细胞系凋亡检测结果

【作业与思考题】

1. 细胞凋亡与细胞坏死的区别。

2. 了解其他可用于细胞凋亡检测的方法及其原理。

附：Annexin V-FITC/PI 双染法细胞凋亡检测试剂盒组分

1. Annexin V 由 *E.coli* 表达，20μg/ml 储存在 Tris-HCl（20mmol/L），NaCl（50mmol/L）缓冲液中，含 1mg/ml BSA。

2. 1×Binding Buffer Hepes（10mmol/L）/NaOH（pH 7.4），NaCl （140mmol/L），$CaCl_2$（2.5mmol/L），经 0.2μm 孔径过滤器除菌。

3. 碘化丙啶染色液 25μg/ml 溶于 PBS（pH 7.4）中。

实验 2-4 流式细胞仪检测细胞中抗原——流式细胞术检测 T 淋巴细胞亚群

【相关背景】

T 淋巴细胞亚群与机体的免疫功能相关，当免疫功能紊乱时，T 淋巴细胞亚群在相对百分含量及绝对计数的数值检测上会出现异常。因此，T 淋巴细胞亚群的检测对监控疾病的发生发展、了解疾病的机制、指导临床治疗都有及其重要的意义。T 淋巴细胞，即 CD3 阳性细胞群体，介导机体的细胞免疫，可用来判断某些免疫缺陷和自身免疫性疾病，其数值的升高或降低均显示其机体的免疫系统的异常。T 淋巴细胞的辅助/诱导细胞亚群，即 CD3、CD4 双阳性细胞群体，其主要功能是辅助诱导其他免疫细胞，通过分泌的淋巴因子，增强和扩大免疫应答，CD4 细胞的减少，必导致免疫功能低下；CD4 细胞的过高，可导致免疫功能的亢进。T 淋巴细胞的抑制/细胞毒细胞亚群，即 CD3、CD8 双阳性细胞群体，可特异性杀伤靶细胞，具有抗病毒、抗肿瘤及重要的调节作用。

$CD4^+/CD8^+$的比值是重要的免疫状态监测指标，用于评价那些自身免疫失调或已知患有免疫缺陷的患者的免疫状态，其比例的降低与免疫系统损害的程度相关。

【实验目的】

1. 掌握流式细胞术检测细胞中蛋白含量的基本原理。

2. 了解流式细胞术检测结果的分析。

【实验原理】

T 淋巴细胞表面的 CD 分子与相应荧光素直接标记的鼠抗人 CD 分子单克隆抗体结合后，细胞表面形成带有荧光色素的抗原抗体复合物。经激光激发后发出与荧光素相对应的特定波长的荧光，其荧光强度与被测 CD 分子表达密度成正比例关系，由此通过流式细胞仪可检测结合有相应荧光素标记抗体的阳性细胞百分率。本实验以全血直接免疫荧光染色和 FCM 检测法为例。

【实验准备】

1. 实验对象 待检标本（肝素抗凝人全血）。

2. 实验试剂 荧光素标记的鼠抗人 CD 分子单克隆抗体（抗 CD4-FITC/抗 CD8-PE/抗 CD3-PE-Cy5），流式细胞仪专用红细胞裂解液，鞘液，清洗液。

3. 实验器材及仪器 荧光微球，流式细胞仪。

【实验内容与方法】

1. 标本采集与处理

（1）受检者的准备：检查对象生活饮食处于日常状态，空腹采血。

（2）采集部位：静脉采血。

（3）抗凝剂：EDTA 或肝素抗凝血。

2. 样本制备

（1）按照要求，分别向已编好号的试管中加入 20μl 单克隆三种不同荧光素标记的鼠抗人 CD3、CD4、CD8 抗体和荧光素标记的同型 Ig 作为同型对照。

（2）分别向试管中加入混匀的 100μl 抗凝血，混匀，避光，室温孵育 20～30min。

（3）加专用红细胞裂解液 2ml，溶血 5min；1000r/min 离心 10min，弃上清。

（4）用 PBS 洗 1 次（1000r/min，离心 10min）；用 0.5～1.0ml PBS 重悬细胞，上机检测。

（5）FCM 分析：测定前，用荧光微球校正仪器至前向角散射光（FSC）和所用荧光的变异系数（CV）均在 3%以下。冲洗样品管道后，输入同型对照样品，调节样品液与鞘液之间压力差为 5～10psi（随细胞浓度测定），使细胞样品液以稳定的层流通过喷嘴。与高度聚焦的荧光束垂直交汇。接受每个细胞与激光相遇后产生的前向角散射光（FSC）和侧向角散射光（SSC）及荧光，经计算机处理，以 FSC 为纵轴，SSC 为纵轴，二维图像显示细胞群分布。划出淋巴细胞密集区，图 2-4a 中 R1 为淋巴细胞，定为分析范围。分别作 CD3/SSC、CD3/CD4，CD3/CD8 二维点图（图 2-4b、c、d），画出象限标尺，调节三种荧光探测器电压，使对照管的对数荧光在左下象限的细胞数占总计数细胞的 97%以上，换上实验管，收获 2 万个细胞后，电子计算机自动计算出阳性细胞百分率及总细胞计数。图 b 中右下象限为 $CD3^+$细胞，图 c、d 中右上象限分别为 $CD4^+$、$CD8^+$细胞。

（6）结果判断：如图 2-4 所示，$CD3^+$T 细胞占总细胞数 66.86%，其中 $CD4^+$T 细胞占 56.58%，$CD8^+$T 细胞占 14.63%。

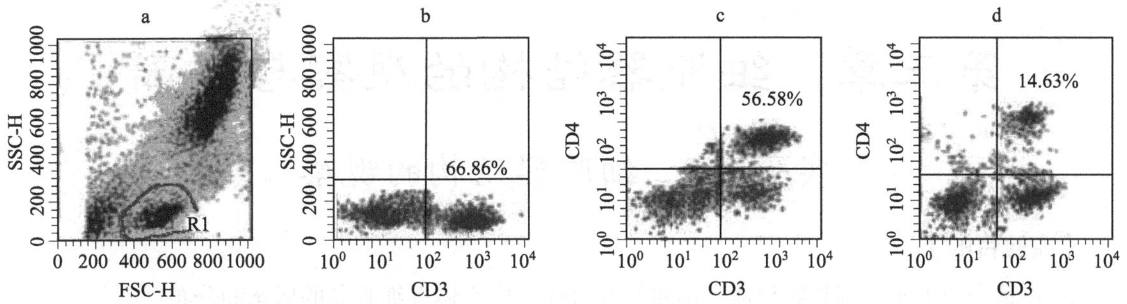

图 2-4　人外周血 $CD3^+$、$CD4^+$、$CD8^+$ T 细胞的二维点阵图（流式细胞术）

正常参考值：正常人外周血中 $CD3^+$T 细胞 60%～80%； $CD4^+$T 细胞 35%～55%；$CD8^+$T 细胞 20%～30%；$CD4^+/CD8^+$细胞比值为 1.5～2.0。

3. 应用与评价　T 细胞亚群的检测对观察机体细胞免疫功能有重要参考价值，而 $CD4^+/CD8^+$比值对评价机体免疫调节功能亦有重要意义。CD4 降低见于恶性肿瘤、遗传性免疫缺陷症、艾滋病、应用免疫抑制剂者；CD8 降低见于自身免疫性疾病或变态反应性疾病；CD4/CD8 比值升高见于自身免疫性疾病、变态反应等；CD4/CD8 比值降低见于艾滋病（常小于 0.5）、恶性肿瘤、再生障碍性贫血、白血病和某些病毒感染等。监测器官移植排斥反应时，CD4/CD8 比值升高预示可能发生排斥反应。

【注意事项与常见问题】

1. 血液样本量至少 1ml。

2. 血液样本应在采集后 6h 内处理，冷冻的标本不能用。

3. 样本白细胞计数应在（4.0～10.0）$\times10^9$/L 之间。若＞10.0×10^9/L，样本需要稀释，用 PBS 稀释；若＜4.0×10^9/L，应分离单个核细胞。

4. 溶血样本不能用。

5. 细胞浓度过低会直接影响检测结果，因此应确保上机检测前细胞悬液浓度为 1×10^5/ml。

6. 应使用蛋白封闭剂封闭非特异结合位点，常用的蛋白封闭剂为 0.5%牛血清白蛋白和 1%胎牛血清。

7. 设置对照样品，采用与抗体来源同型匹配的 Ig 对照。

8. 注意染色后避光，保证细胞免疫荧光的稳定。

9. 样品制备好后如不能立即上机检测，需置于 4℃冰箱避光保存。

【作业与思考题】

正常人外周血中总 T 细胞，$CD4^+$T 细胞，$CD8^+$T 细胞，CD4/CD8 比值各是多少？有何临床意义？

（刘　铭）

第三章　细胞器结构的观察与分离

实验 3-1　细胞器结构的观察

【实验目的】

1. 熟悉光镜下永久制片线粒体、高尔基复合体和中心体等细胞器的形态和分布。

2. 掌握细胞器的超微结构。

【实验原理】

在真核细胞中存在着多种具有特殊形态结构和功能的细胞器，如线粒体、高尔基复合体、内质网、溶酶体、中心体、微管、微丝和核糖体等。这些细胞器中有的经过特殊的染色后在光镜下就可被观察到，而有些细胞器由于体积非常微小只有在电镜下才可见到。

由于受到光波特性的限制，一般光学显微镜的分辨力较低，通常只能观察到 0.2μm 以上的物体结构，因此对细胞内许多微细结构无法看到。电子显微镜用电子束做光源，使分辨力达到 0.2～0.25nm，可观察到细胞内各种细胞器的微细结构。电子显微镜的出现对研究细胞内部结构以及细胞的各种活动规律起到重要作用。由于在电镜下所观察到的细胞结构是细胞器的微细结构，所以通常把其称为超微结构（ultra-microscopic structure）。

【实验准备】

实验对象：小鼠肾脏切片（Regand 染色法），小鼠肝脏组织的切片（琥珀酸脱氢酶四唑盐染色法），小鼠小肠切片（镀银法染色法），小鼠脊髓切片（甲苯胺蓝染色法），马蛔虫子宫切片（铁苏木素染色法），细胞超微结构电镜照片册。

【实验内容与方法】

1. 细胞器的光镜切片的观察

（1）线粒体的观察

1）将小鼠肾脏切片置于低倍镜下观察，视野中可见到许多圆形或椭圆形的肾小管横切面，每一肾小管的中央为管腔，管壁由紧密排列的单层上皮细胞组成，管壁细胞之间界限不甚清楚，但可根据核的位置大致确定细胞的范围。转换高倍镜或油镜观察，可见细胞核呈圆形，浅蓝色，内有一深染的核仁，核周围的细胞质中有许多蓝黑色颗粒或线状的结构，即为线粒体（图 3-1）。

2）首先在低倍镜下找到小鼠肝小叶的横切面，调清视野，然后转换到高倍镜或油镜观察。肝细胞为多边形的较大细胞，细胞的界限不太清楚，细胞中央不着色的部位或浅染区是细胞核，内有 1 个或多个核仁。在细胞核周围的细胞质中有许多染成深蓝色的线状、短棒状或颗粒状的结构，这就是线粒体（图 3-2）。

（2）高尔基复合体的观察：低倍镜下观察，可见到许多小肠绒毛为固有层和上皮共同凸向肠腔形成的叶状结构，上皮吸收细胞呈高柱状，核椭圆形，位于细胞基部。转换高倍镜或油镜仔细观察，可清晰看到细胞质中散在许多棕黑色颗粒状或短线状的结构，就是高尔基复合体（图 3-3）。高尔基复合体在细胞内的位置一般集中于细胞核旁的某一区域。

（3）尼氏体（Nissl’s body）的观察：甲苯胺蓝染色的小鼠脊髓切片，尼氏体即光镜下的粗面内质网。在低倍镜下观察，染成蓝色的大三角形、星形细胞就是脊髓前角神经细胞，染色较深的小细胞为神经胶质细胞。转换高倍镜观察，可见脊髓前角神经细胞的细胞质中许多蓝色颗粒或网状结构即为尼氏体（图 3-4）。

（4）中心体的观察：铁苏木素染色的马蛔虫子宫切片，在低倍镜下观察可见许多受精卵细胞，细胞的外面有卵壳，细胞与卵壳之间的腔叫卵壳腔。在某些卵细胞内，于核附近有圆形的小粒——中心粒，它与周围致密的细胞质——中心球，组成中心体。转换高倍镜观察，可见中心体的外围还有星状的放射细丝即星体（图 3-5）。

2. 观察细胞超微结构电镜照片　细胞超微结构特点如下。

（1）质膜（plasma　membrane）：细胞与外环境之间的界膜。经电镜高倍放大，质膜呈三层结构，即内外两层为电子致密层，厚度 2～2.5nm，中间有一层透亮层，厚度为 3.5nm。这三层结构又称为单位膜（unit membrane）。细胞内所有的膜性结构均具有单位膜的形式。在细胞膜外面有一层细丝状结构称细胞外被（cell coat），厚度为 25～200nm，主要成分为糖蛋白，是膜内糖蛋白分子伸展到细胞外面的糖链部分。在结构和功能上，细胞外被是质膜的一个组成部分，对细胞有保护、连接、支持、识别、免疫等功能（图 3-6）。

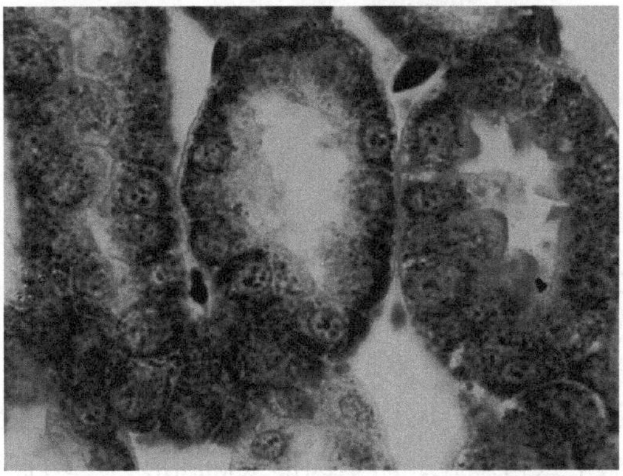

图 3-1　小鼠肾细胞示线粒体（油镜下）

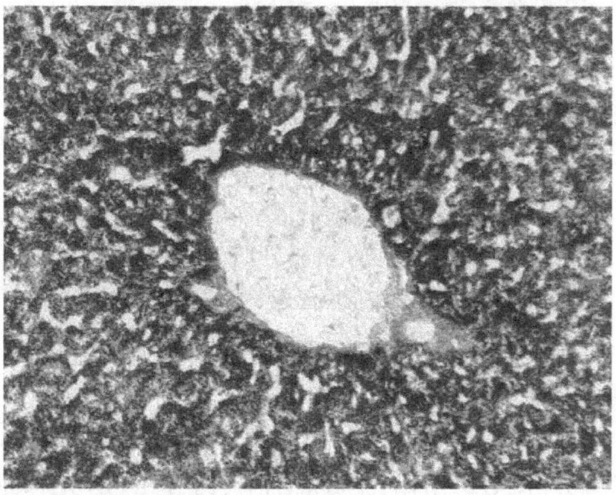

图 3-2　琥珀酸脱氢酶四唑盐法显示肝细胞中线粒体

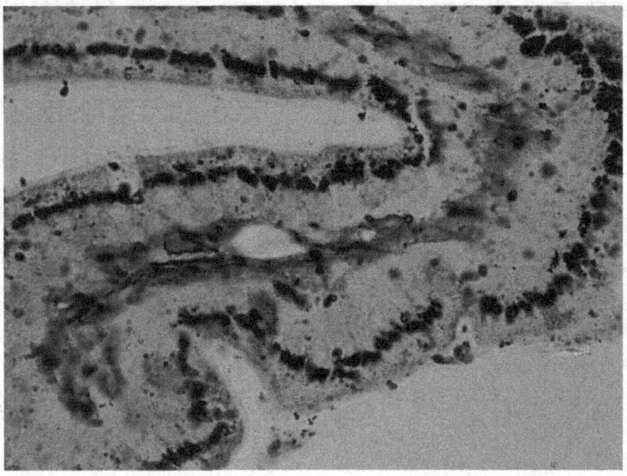

图 3-3　小肠上皮细胞显示高尔基复合体（镀银）

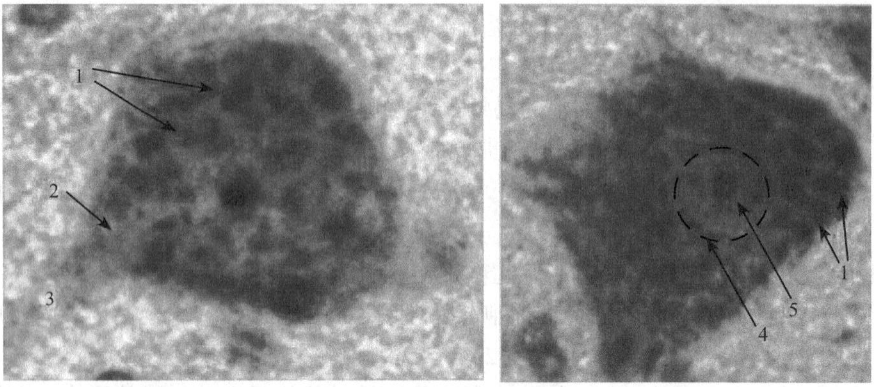

图 3-4　尼氏体的观察

1. 尼氏体；2. 轴丘；3. 轴突；4. 细胞核；5. 核仁

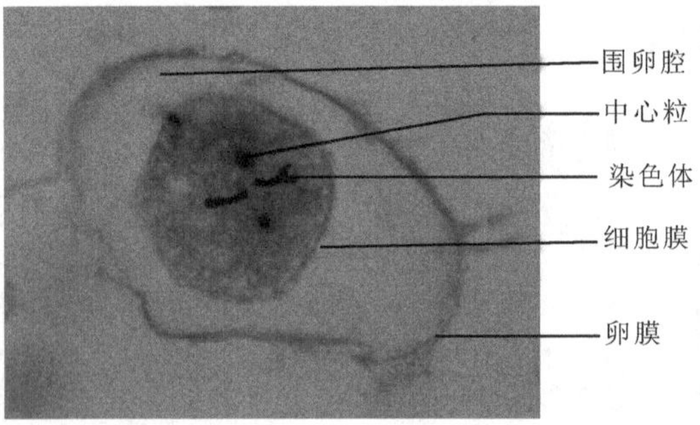

图 3-5　马蛔虫受精卵切片显示中心体

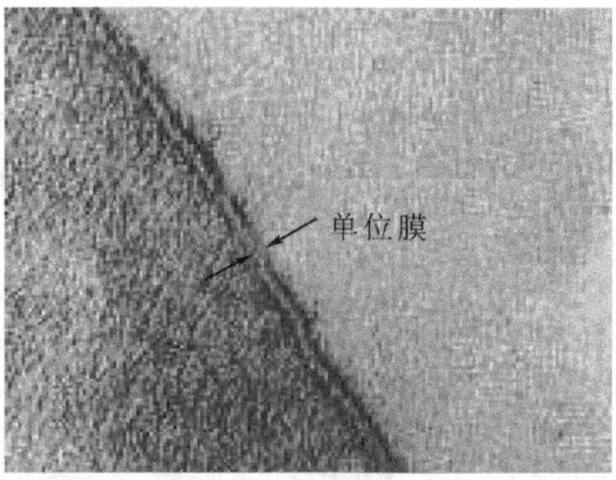

图 3-6　红细胞细胞膜（×280000）

（2）核糖体（ribosome）：是蛋白质合成的装配机，存在于几乎所有细胞（图 3-7）。主要化学成分是 RNA 和蛋白质。在电镜下，是无包膜的电子致密颗粒，略呈圆形或椭圆形，平均直径在 15～25nm。核糖体由大、小两个亚基组成。大亚基略呈半圆形，直径约 23nm，有一侧伸出三个突起，中心有一条中央管，沉降系数为 60S。其上有与氨酰-tRNA 结合的位点，还含有转肽酶活性部位。小亚基呈长条形，大小为 23nm×12nm，沉降系数为 40S，其上有蛋白质合成启动因子结合位点、起始氨酰-tRNA 结合部位和 mRNA 结合位点。在电镜下，核糖体常成群，呈环状或螺旋状存在，与 mRNA 结合，构成多聚核糖体 polyribosome）。附着于内质网上的称附着核糖体（bound ribosome），主要合成外输性蛋白质。散在于胞质中的称游离核糖体（free ribosome），合成细胞本身生长所需的蛋白质。

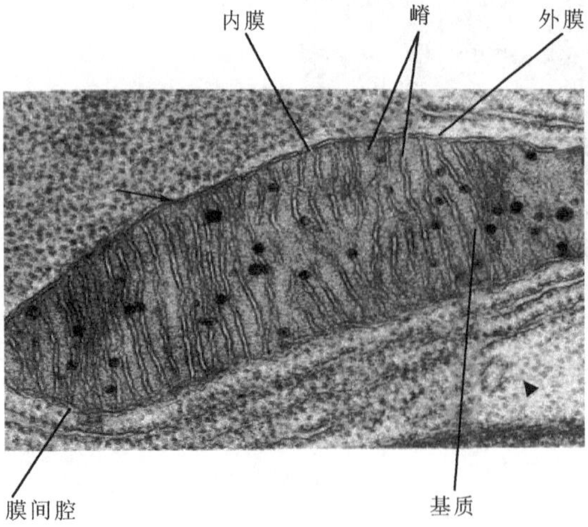

图 3-7　线粒体及核糖体（×45000）

大鼠肝细胞胞质内可见线粒体（黑“↑”），附着核糖体（黑“▲”）

（3）内质网（endoplasmic reticulum）：内质网是广泛分布于细胞质内的膜性管状或囊状结构，它的膜比质膜薄，约 6nm 厚度。根据其膜外表面有无核糖体附着，分为粗面内质网和滑面内质网两种类型：①粗面内质网（rough endoplasmic reticulum）：由厚约 6nm 的膜所构成相连的长形小管或扁平囊泡（图

3-8）。粗面内质网在分泌蛋白质的细胞中较发达，在细胞核周围可见有较密集的膜层结构即为粗面内质网，它们大都呈片状排列，呈平行排列的单层单位膜管道系统。局部呈管状、扁平囊状，末端膨大呈大囊泡状。粗面内质网可与细胞核膜相通连。在粗面内质网的膜外表面附着许多小颗粒，即核糖体。呈粗糙状态。粗面内质网主要合成各种酶原、黏蛋白、抗体、肽类激素等外输性蛋白质，并对新合成的蛋白质起着储存、运输、分隔的作用。②滑面内质网（smooth endoplasmic reticulure）：多为相互连通、迂回的、无规则排列的单层单位膜管道结构（图 3-9）。电镜照片上常呈小泡状或短管状，长管状结构较少见。膜的厚度小于 6nm，表面无核糖体附着。大多数细胞的滑面内质网，虽然形态十分相似，但化学组成、结合的酶系统、大分子结构都有差异，因而功能也不同。其主要功能与脂类的合成、糖原分解和解毒功能有关。

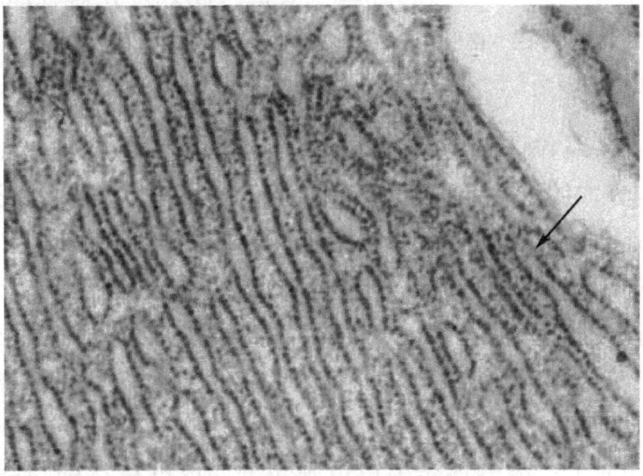

图 3-8　粗面内质网（×32000）

人胰腺外分泌细胞，胞质有呈板层状排列的粗面内质网（黑“↑”），扁池略有扩张，膜旁有核糖体

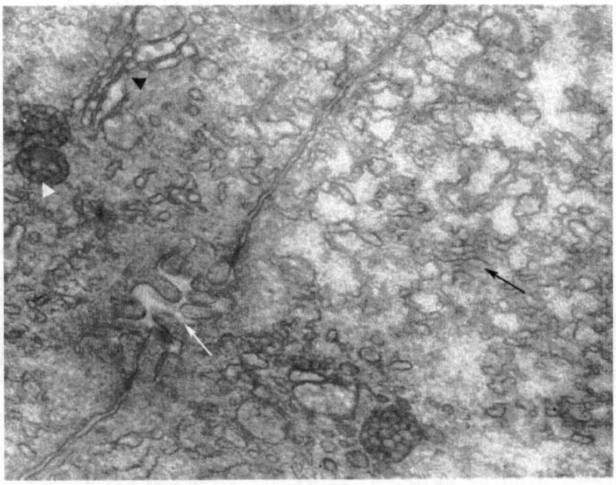

图 3-9　滑面内质网（×45000）

大鼠肝细胞胞质内可见由小管小泡组成的滑面内质网（黑“↑”），胞质内另可见多泡小体（白“▲”）及高尔基体（黑“▲”），相邻细胞间有胆管（白“↑”）

（4）高尔基复合体（Golgi complex）：电镜下观察到典型的高尔基复合体是由扁平囊（saccule）、大泡（vacuole）和小泡（vesicle）组成（图 3-10）。扁平囊的空间结构似一叠平行堆积的扁囊，扁平囊约 3～8 层，扁囊的间距为 20～30nm，囊腔宽约 6～9nm，平行排列。扁平囊的切面呈弓形，

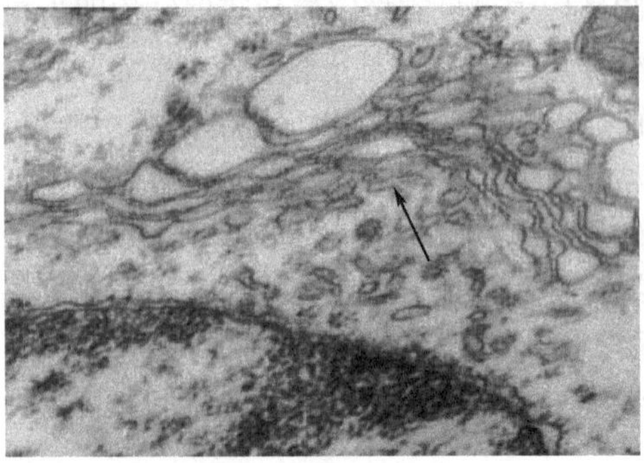

图 3-10 高尔基体（×30000）

大鼠肾小管上皮细胞，胞质内可见大泡、小泡、扁平囊组成的高尔基复合体体（黑“↑”）

中央较狭窄，边缘稍膨胀，内充满中等电子密度的物质。弓形的凸面能与粗面内质网所芽生的小泡融合，接受新合成的蛋白质，成为形成面（forming face），膜厚度为 6nm，与内质网膜相近。形成面所接受的物质经高尔基复合体浓缩之后，在弓形凹面处形成分泌颗粒，凹面称分泌面（secreting face）或成熟面（mature face），膜厚 8nm，接近质膜的厚度，可见扁平囊末端呈球形膨大，在分泌细胞中膨大部分不断脱离扁平囊，形成分泌泡。高尔基复合体的功能与细胞的分泌活动、蛋白质的加工、分选、膜的转化等功能有关。

（5）线粒体（mitochondria）：线粒体大多呈圆形、卵圆形和杆状，长度差别较大，从 2～5μm 不等，直径平均为 500nm。在电镜下，线粒体纵切超微结构呈长椭圆形，在周边可见两层单位膜结构。外膜光滑连续，围成密闭结构，内膜向内折叠形成许多嵴（cristae），内外膜之间的间隙称为外室或膜间腔，宽 6～8nm，电子密度低。内膜所包围的腔隙称为内腔，充满细颗粒状基质，电子密度较大。外膜厚约 6nm，表面光滑，有直径 1～3nm 的小孔。内膜结构复杂，厚 5～7nm。嵴有板状、管状两种基本形态。内膜和嵴上附有许多基粒，每个基粒由头部、柄部和基片三部分构成，用负染法在电镜下清晰看见。内腔的基质为无定形的或细颗粒状物质组成，包括各种酶系、基质颗粒、DNA、RNA、核糖体等。

（6）溶酶体（lysosome）：溶酶体是由单位膜包围而成的囊状细胞器，直径从 25nm～0.8μm 不等。膜厚 6nm 左右。内含多种水解酶，其中酸性磷酸酶为溶酶体的标志酶。初级溶酶体（primary lysosome）所含酶尚未与底物作用，它呈圆形或卵圆形，直径 25～50nm，含有电子染色均匀而致密的细颗粒状内容物（图 3-11）。初级溶酶体较集中地分布在高尔基体的分泌面附近。当初级溶酶体与异噬体（heterophagosome）、自噬体（autophagosome）以及细胞内多余分泌颗粒融合，便形成了各种次级溶酶体（secondary lysosome），呈现出多形态的结构（图 3-12）。不能再消化物质的次级溶酶体称为残余小体（residual body），它由单位膜包裹，大小差别甚大，内容物多样，常含有脂褐素、髓样体、脂滴等，但不含水解酶，这些残余物在电镜下呈现较高电子密度。

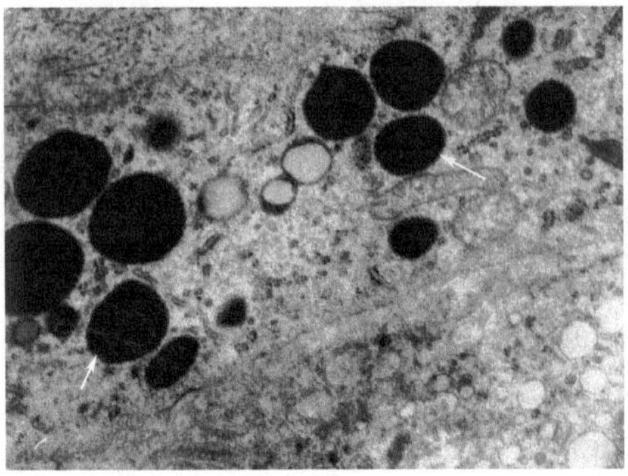

图 3-11 初级溶酶体（×25000）

人肾上腺皮质细胞，胞质内可见多个初级溶酶体（白“↑”），圆形，电子密度高

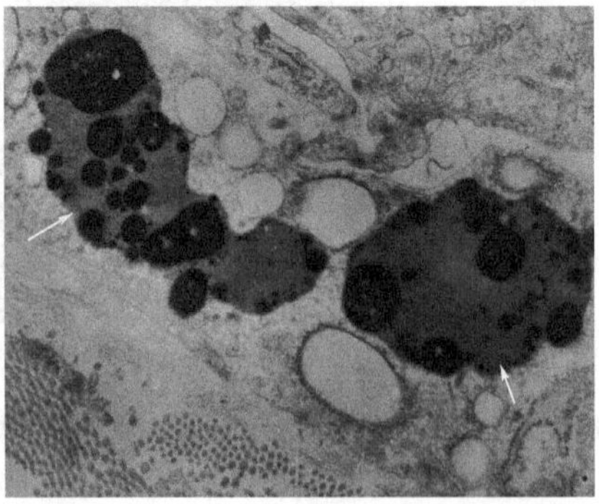

图 3-12 次级溶酶体（×24000）

人肠黏膜下层间质细胞中次级溶酶体（白“↑”），外形不规则，电子密度高低不一

（7）微体（microbody）：微体又称过氧物酶体（peroxisome），是由单位膜包裹的囊状细胞器，膜厚约 6nm，直径 0.3～0.5μm，常呈圆形或卵圆形。中央常含有电子密度较高、呈规则的结晶状结构，称类核体（nucleoid）。微体的形态和数量随动物种类、细胞种类不同而有较大差异。它的特征酶是过氧化氢酶，能分解多余的过氧化氢，调节和控制过氧化氢的含量，防止细胞中毒（图 3-13）。

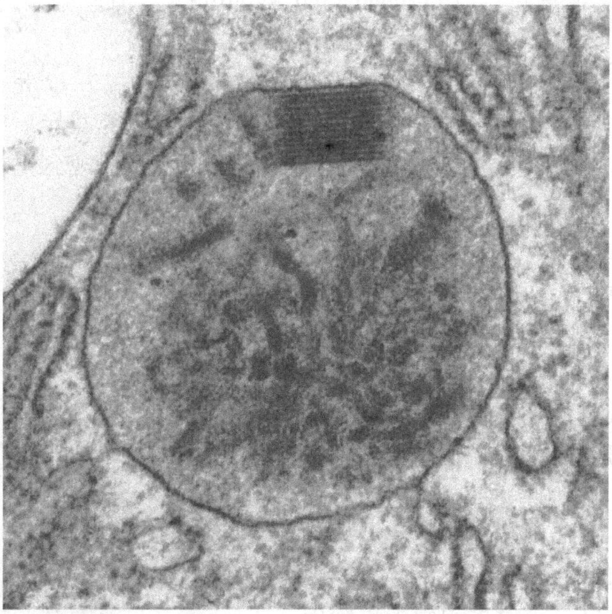

图 3-13　海洋软体动物 *Lepidochitona cinerea* 过氧化物酶体（有结晶和非结晶夹杂物）

（8）细胞骨架：是一种高度有序的结构，能在细胞内随着其功能状态不同不断重组，在细胞形态改变、细胞内物质运输、细胞器移动、染色体分离和细胞分裂中起着重要作用。细胞骨架包括微管、微丝和中间纤维，三者在细胞质中错综复杂地排列成网状结构。

微管（microtubule）：微管为不分支的均匀细管，普遍存在于真核细胞内，为非膜性结构细胞器，需用戊二醛溶液固定才能较好保存。电镜下微管是一中空圆柱状结构，外径 25nm，内腔直径 15nm，管壁厚度平均为 5nm，长度变化不定，约几微米。用 X 线衍射分析证明其管壁由 13 根直径为 5nm 的细丝呈螺旋状排列而成，这些细丝又是由直径为 5nm 的球形亚单位组装而成。仅有 13 根细丝围成的微管称单微管，存在于胞质，它的结构不太稳定，易受低温、Ca^{2+}和秋水仙素的影响而解聚，一旦这些外界因素消除，微管又可重组。微管的主要成分是微管蛋白，α、β 微管蛋白在细胞内以异二聚体的形式存在，是组装微管的基本单位。细胞质内有大量单管微管，参与细胞运动、维持细胞形态等功能。还可形成二联微管、三联微管，如中心粒、纤毛、鞭毛内的微管，与细胞器的位移、细胞运动有关。

微丝（microfilament）：微丝为直径约为 6nm 的实心纤维，由肌动蛋白组成，经常成束平行排列在细胞膜下。张力丝、肌丝等是不同种类细胞中微丝的存在类型。微丝与微管共同组成细胞支架，与细胞质的运动有关。

中间纤维（intermediate filament）：直径约为 10nm 的纤维。成分复杂，分为角质纤维蛋白、神经纤维蛋白、结蛋白、胶质纤维酸性蛋白、波形蛋白等五种，严格地分别分布在不同类型的细胞中，常用来作为鉴别细胞来源的指标。

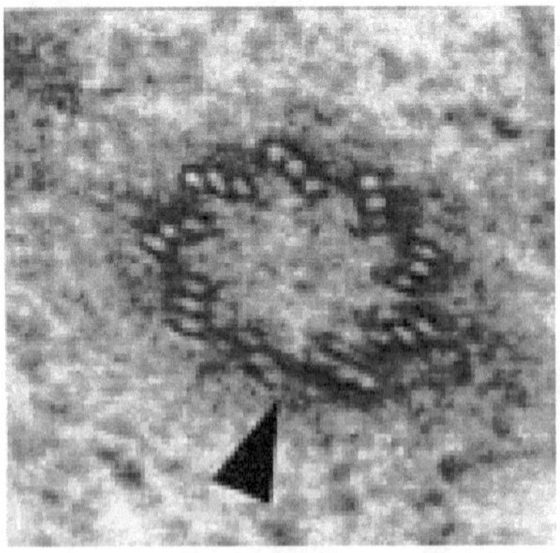

图 3-14 中心粒（×80000）

由九组三联微管（▲）组成

（9）中心粒（centriole）：中心粒是相互垂直的两个短筒状小体，长 150～400nm，直径 150nm，每个筒壁由 9 组纵行的三联微管有规律地围成风轮状的结构（图 3-14）。每组三联微管都包埋在电子密度较高的均质状物质之中。这些物质并向胞质放射状延伸，形成中心粒周围的卫星小体（pericentriolar satellite）。有丝分裂时的纺锤丝微管在此形成，参与染色体的移动。

（10）细胞核（nucleus）：一个完整的间期细胞，核的两层核膜、核孔、异染色质区、常染色质区都清晰可见。位于细胞核内且偏于一侧的无膜大块致密区是核仁，其内密度不均，呈海绵网状（图 3-15）。

核膜（nuclear membrane）：核膜是内膜系统的一部分。在切面上可见到两层并列的单位膜——核内膜和核外膜，两膜之间的腔隙称为核周隙。内外膜局部融合形成核膜孔。核内膜厚约 8nm，在核质面上附着电子致密的纤维层，厚度平均为 25nm，主要为多肽物质。核外膜类似于粗面内质网，膜厚度小于 8nm，比内膜略薄，胞质面有核糖体附着。核外膜常与内质网相连，使核周隙与内质网腔直接相通。核周隙宽约 20～50nm。核内、外膜彼此融合处称为核孔。电镜下观察常规制作的超薄切片，可见核孔由一薄层隔膜封闭，隔膜中央常有一个致密颗粒。如进一步放大，可见核孔是由颗粒和细丝构成，这些结构统称为核孔复合体（nuclear pore complex）。在内外核膜上有直径约为 10nm 的 8 对球形颗粒组成核孔壁，呈对称的八角形排列，核孔正中有一颗粒，借助于辐射的细丝与孔壁上的 8 对颗粒相连，8 对颗粒间也有细丝相连。核孔复合体是严格控制核质之间物质交换的结构。

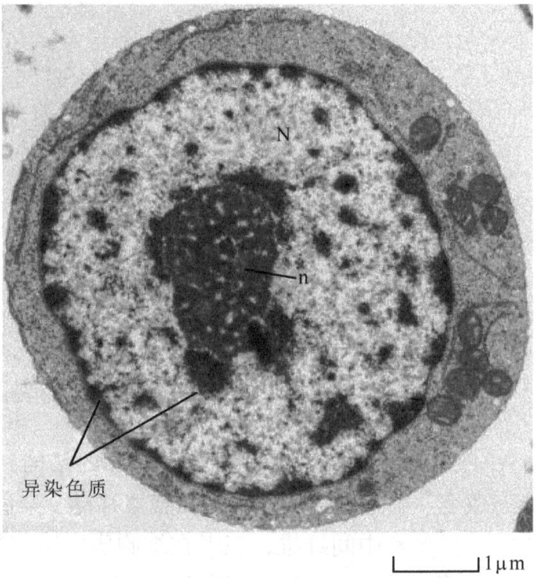

图 3-15 细胞核的结构

n 为核仁，N 为常染色质

染色质（chromatin）：在间期核中，染色质大部分呈分散细丝状、颗粒状和团块状。根据染色质卷曲和聚集的程度及在代谢活动中所起的作用，又分为常染色质和异染色质。整个内层核膜内侧呈块状致密区，是异染色质区，核内密度低区为常染色质区。常染色质（euchromatin）的电子密度均匀，着色浅，大部分分布在核中央，小部分可深入到核孔内侧，也有深入核仁内的。常染色质是在间期核中伸展的非卷曲部分，在代谢上很活跃。异染色质（heterochromatin）是由染色质细丝卷曲缠绕，形成大小不等的颗粒和团块，电子密度大，外无膜包裹。多聚集在核周围。按其分布可分为周围染色质、核仁相随染色质、分散染色质等。异染色质在代谢上不活跃。

核仁（nucleolus）：核仁是间期核中一种较恒定的结构，常呈圆形或卵圆形，无包膜。在电镜下（图 3-15），核仁具有较高的电子致密度，其结构如松散的粗线团，其外附有异染色质块，核仁的细微结构有四部分：核仁相随染色质、纤维区、颗粒区、核仁基质。核仁相随染色质由直径 10nm 纤维组成，包括核仁周染色质和核仁内染色质。纤维区多在核仁中心部分，是紧密排列的原纤维丝，即核仁丝，直径 5～10nm，其主要成分是 rRNA 和蛋白质。颗粒区常位于核仁的外围，含电子密度较大的颗粒，颗粒直径 15～20nm，是核糖体亚单位的前身。纤维区与颗粒区无严格界限。核仁基质为无定形基质部分。核仁是细胞内合成 rRNA 和装配核糖体亚单位的场所。

【作业与思考题】

1. 分别比较线粒体、高尔基复合体在光镜下的显微结构和电镜下的亚显微结构的区别。

2. 绘制光镜下小肠上皮细胞图，示意高尔基复合体的分布及形态特征。

3. 通过本实验，简述研究细胞超微结构对认识细胞的形态特征与功能的意义。

实验 3-2 细胞器分级分离

【相关背景】

细胞器是细胞中维持细胞复杂生命活动的功能性器官，为了研究各种细胞器的功能，首先就要将这些细胞器从细胞中分离出来。利用各种物理方法（研磨、超声波振荡、低渗）将组织制成匀浆，细胞中的亚组分即从细胞中释放出来。细胞内不同结构的细胞器大小密度存在差异，因此不同细胞器在介质中的沉降系数各不相同。根据这一原理，常用不同转速的离心法来分离不同的细胞器。分级分离的方法有差速离心和密度梯度离心两种。差速离心采用不同的离心速度和离心时间，使沉降速度不同的颗粒分批分离的方法。主要用于分离大小和密度差异较大的颗粒。密度梯度离心是样品在密度梯度介质中进行离心，使沉降系数比较接近的物质得以分离的一种区带分离方法。密度梯度系统要求梯度介质有足够大的溶解度，不与分离组分反应，不会引起分离组分的凝集、变性或失活。常用介质有蔗糖、甘油等。样品铺在密度梯度溶液表面，离心后形成若干条界面清楚的不连续区带。分离细胞器最常用的方法是将组织制成匀浆，在均匀的悬浮介质中用差速离心法进行分离，其过程包括组织细胞匀浆、分级分离和分析三个步骤，这种方法已成为研究亚细胞成分的化学组成、理化特性及其功能的主要手段。

【实验目的】

1. 掌握细胞器的分离原理。

2. 熟悉差速离心和密度梯度离心技术。

【实验原理】

组织经过匀浆化后，放在均匀的悬浮介质上，即可用差速离心法分离其亚细胞组分。球形颗粒在均匀的悬浮介质中的沉降速度取决于颗粒的密度、半径以及悬浮介质的黏度。细胞器分离常用介质是缓冲的蔗糖水溶液。它比较近细胞质的分散相，具有足够渗透压，防止颗粒膨胀破裂，对酶活性干扰小，在 pH7.4 的条件下细胞器不易发生聚集。

【实验准备】

1. 实验对象 小鼠的肝脏。

2. 实验试剂 生理盐水，0.25mol/L 蔗糖溶液，0.34mol/L 蔗糖溶液–0.5mmol/L $Mg(Ac)_2$ 溶液，0.88mol/L 蔗糖溶液–0.5mmol/L $Mg(Ac)_2$ 溶液，95%乙醇溶液，丙酮，PBS 液，甲基绿-派洛宁染液，中性红-詹纳斯绿染液。

3. 实验器材及仪器 高速冷冻离心机，天平，显微镜，吸管，Eppendorf 管，冰块，冰盒，载玻片，盖玻片，烧杯，玻璃匀浆器。

【实验内容与方法】

1. 细胞核的分离

（1）组织匀浆：将饥饿 24h 的大白鼠处死，立即剪开腹部，迅速取出肝组织浸入预冷的生理盐水，洗去血污，用滤纸吸干。称取 0.5g 肝组织，在小烧杯中剪碎，用预冷的 0.25mol/L 蔗糖溶液洗涤数次。将烧杯中的悬浮肝组织倒入匀浆管中进行匀浆，匀浆过程要在冰浴中进行。匀浆完毕，移入 1.5ml 离心管中。

（2）离心：低温离心机中进行。每次离心前一定要在天平（托盘天平）上将两离心管配平。第一次以 600*g* 离心 10min。将其上清液移入 Eppendorf 管中，盖好盖子置于冰浴中，留待后面使用（分离线粒体）。沉淀使用 1ml 预冷的 0.25mol/L 蔗糖溶液离心洗涤 2 次，每次 1000*g* 离心 10min。

（3）纯化：将沉淀用 5 倍体积 0.34mol/L 蔗糖溶液–0.5mmol/L $Mg(Ac)_2$ 溶液混悬，用长针头注射器再混悬液下轻轻加入 4 倍体积 0.88mol/L 蔗糖溶液–0.5mmol/L $Mg(Ac)_2$ 溶液。尽量使两种溶液明显分层。以 1500*g* 离心 15～20min。弃上清液，沉淀即为经过纯化的细胞核，用 PBS 溶液悬浮，4°C 保存。

（4）鉴定：将分离纯化的细胞核制成涂片，空气干燥。将干燥的涂片浸入 95%乙醇溶液固定 5min，晾干，滴加甲基绿-派洛宁染液染色 20～30min，丙酮分色 30s，蒸馏水漂洗，滤纸吸干水，镜检。核 DNA 呈蓝绿色，核仁和混杂的细胞质 RNA 呈红色。

2. 线粒体的分离

（1）分离：将分离细胞核时收集的上清液以 10000*g* 离心 10min。沉淀用预冷 0.25mol/L 蔗糖溶液悬浮，10000*g* 离心 10min，反复 2 次。

（2）鉴定：在干净的载玻片中央滴加 1～2 滴中性红-詹纳斯绿染液，用牙签挑取沉淀物均匀涂片。盖上盖片，染色 5min，镜检。线粒体蓝绿色，呈小棒状或哑铃状。

（3）观察每个视野中所见完整细胞核和线粒体的数量及纯度。

【注意事项与常见问题】

1. 注意低温操作，匀浆时充分破碎组织时间不宜过长。

2. 注意掌握差速离心的时间和速度。

【作业与思考题】

1. 线粒体提取分离过程中，为什么要在 0～4℃进行？

2. 将线粒体沉淀作一涂片，用姬姆萨染色，检查是否混杂细胞核和胞质碎片，估计分离所得线粒体的纯度。

3. 要获得高活性的线粒体，在线粒体提取、分离和活性鉴定的过程中需注意哪些问题？根据你的实际体会，写出操作注意事项及改进方法。

4. 分离介质 0.25mol/L 及 0.34mol/L 缓冲蔗糖溶液哪一种在下层？有什么作用？

5. 差速离心与密度梯度离心方法有什么不同？离心结束时亚细胞组分在介质中各呈什么样的分布？因而收集组分的方法有什么分别？

附：试剂配制

1. 0.85%生理盐水 称取 0.85g 氯化钠，溶解在少量蒸馏水中，稀释到 100ml。

2. 0.25mol/L 蔗糖溶液（含 0.003mol/L 氯化钙） 蔗糖 85.5g，无水氯化钙 0.33g，蒸馏水加至 1000ml。

3. 0.34mol/L 蔗糖溶液-0.5mmol/L $Mg(Ac)_2$ 溶液 11.628g 蔗糖，10.72mg $Mg(Ac)_2$ 溶于 100ml 溶液中即可。

4. 0.88mol/L 蔗糖溶液-0.5mmol/L $Mg(Ac)_2$ 溶液　30.096g 蔗糖，10.72mg $Mg(Ac)_2$ 溶于 100ml 溶液中即可。

5. 甲基绿-派洛宁染液的配制方法　2%甲基绿液配制：原装甲基绿一般都混有甲基紫，故配制甲基绿-派洛宁染液前，必须先将甲基紫除去。方法是：取原装甲基绿 3～5g，溶于100ml 蒸馏水中，入分液漏斗中，然后加适量的氯仿（甲基绿液：氯仿=1：1.5），充分摇匀，然后静置，待氯仿呈紫色时，弃去氯仿部分，保留水溶液部分，如此抽提甲基紫数次，直至氯仿无紫色为止。将甲基绿液保存于冰箱备用。5%派洛宁液配制：5g 派洛宁加入 100ml 蒸馏水中，置 40℃温箱中加温溶解，可以搅拌，待完全溶解后过滤备用。甲基绿-派洛宁染液配制：2%甲基绿水溶液 6ml，5%派洛宁水溶液 2ml，0.1mol/L 的醋酸盐缓冲液 16ml，蒸馏水 16ml，使用前临时混合。存于冰箱，可用数次。

6. 1：15 000 中性红水溶液　中性红 5mg 溶于 75ml 蒸馏水中。

7. 1%詹纳斯绿 B 染液　称取 1g 詹纳斯绿 B 溶于 100ml 蒸馏水中，稍加热（30～45°C）使之快速溶解，用滤纸过滤，即为 1%原液，装入棕色瓶备用。为了保持其充分的氧化能力，最好是临用前现配。

8. 1%中性红溶液　称取 0.5g 中性红溶于 50ml 蒸馏水中。

9. 中性红-詹纳斯绿染液　a 液：将 6 滴 1%詹纳斯绿水溶液加入到 10ml 无水乙醇中，然后再加入 2ml 1：15000 中性红水溶液，并用黑纸包好贮于冰箱中。b 液：在 10ml 无水乙醇中，加入 40～60 滴 1%中性红溶液。将 a 液和 b 液混合在一起，即成中性红-詹纳斯绿混合染液。此液临用前配制。

（刘晓宇）

第四章　细胞化学方法和细胞化学成分显示

实验 4-1　细胞化学基本理论

【实验目的】

熟悉细胞化学技术的类型和应用。

【实验原理】

细胞化学（cytochemistry）是在保持细胞原有形态结构的基础上，利用已知的化学反应原位显示细胞内的某种化学成分，然后通过显微镜进行定性、定位、定量研究的科学。细胞化学技术不是单一的技术，而是一整套有关联的技术，包括酶细胞化学技术、免疫细胞化学技术、放射自显影技术和细胞原位杂交技术等。

【实验准备】

显示各种化学成分的切片。

【实验内容与方法】

1. 细胞化学基本理论

（1）细胞化学技术要求

1）实验过程中保持样品的形态结构不发生改变。

2）保存细胞内化学成分及酶的活性。

3）显示成分的化学反应必须对将被显示的化学物质具有高度特异性和高度灵敏性。

4）反应所生成的产物要在原位沉淀、显色明显、不溶、不扩散，并在重复实验中结果一致。

（2）染色的作用

1）由于正常的生物组织是无色透明的，因此无法在光镜下进行观察。因此必须要对样品进行染色。

2）染色剂可以渗透到组织的间隙中，细胞中的蛋白质等成分可以吸附不同的色素；染色剂中的阳离子和阴离子可分别与细胞中的酸性、碱性物质相结合。染色就是根据这些原理，利用染色剂与细胞内含物的物理作用与化学作用，将细胞和组织染成各种不同的颜色。

3）由于染色剂的化学性质不同，以及固定材料时所用的固定剂不同，染色剂对被染色的组织有一定的选择性，从而使某些部位染色很清楚，而另一些部位可能完全不着色。例如，有些染色剂可染细胞核，有些染色剂可染细胞质。

（3）几种化学原理进行的染色方法

1）金属沉淀法：利用金属化合物在反应过程中生成有色沉淀，借以辨认所检查的物质或酶活性。

2）偶氮偶联法：用人工合成的酶底物在酶的作用下产生分解产物，后者与重氮盐结合形成不溶性的偶氮色素。

3）Schiff 反应法：细胞中的醛基可使 Schiff 试剂中的无色品红变为紫红色产物。这种反应通常用于显示多糖类（PAS 反应）和脱氧核糖核酸（Feulgen 反应）。

4）联苯胺法：过氧化物酶分解 H_2O_2 产生氧，后者再将无色联苯胺氧化成联苯胺蓝，进而变成棕色化合物。

5）普鲁士蓝反应：三价铁与酸性亚铁氰化钾作用，形成普鲁士蓝。

6）茚三酮反应：显示蛋白质。

（4）利用物理学原理进行的染色

1）脂溶染色法：借苏丹染料溶于脂类而使脂类显色。

2）荧光分析：借某些物质可被紫外线激发产生可见荧光而被显示。也可用荧光染色法将特定的荧光染料对细胞中的化学成分染色，在荧光显微镜下对这些成分进行直接观察。

3）放射自显影技术：用放射性核素标记化合物，使其在细胞中参与代谢，将带有标记的代谢产物通过放射自显影技术显示出来，借以探测物质代谢途径和细胞增殖周期。

（5）利用免疫学原理的染色方法：大分子物质具有免疫原性可制备特异抗体。用各种标记物如荧光素、辣根过氧化物酶和胶体金等标记该抗体，利用免疫学抗原抗体反应原理，用标记抗体显示相应抗原。

（6）细胞化学技术简介

1）酶细胞化学技术：通过酶的特异细胞化学反应来显示酶在细胞内的分布及酶活性强弱的一种技术。

2）免疫细胞化学技术（immunocytochemistry）：利用抗原和抗体的结合具有高敏感性和特异性的特点，用已知的经过标记的抗体检测组织与细胞中相应抗原的方法。

3）放射自显影术（autoradiography）：放射性核素在蜕变过程中发出带电粒子可使感光材料感光。利用这样的特性，用放射性化合物脉冲标记活细胞，经固定、切片后在暗处把感光乳胶覆盖于切片上，在此期间，由于放射性同位素衰变使乳胶曝光，根据银粒所在部位，就可知道细胞中放射性物质的分布。

4）细胞的原位杂交（in situ hybridization，ISH）：是由 DNA 或 RNA 的序列与互补的标记单链 DNA/RNA 探针结合形成标记的双链杂交分子，然后再应用与标记物相应的检测系统，通过组织化学或免疫组织化学方法，在被检测的核酸原位形成带颜色的杂交信号，在显微镜或电子显微镜下显示其细胞内定位。主要包括以下几种类型：

基因组原位杂交（genome in situ hybridization，GISH）：它主要是利用物种之间 DNA 同源性的差异，采用来自一个物种的总基因组作为标记探针，用另一物种的总基因组以适当的浓度进行封阻，在靶染色体上进行原位杂交，在封阻和标记探针之间封阻优先与一般序列杂交，剩下的特异性序列主要被标记探针所杂交。

荧光原位杂交（fluorescence in situ hybridization，FISH）：是一种利用荧光标记的已知序列的单链核酸作为探针，按照碱基互补配对的原则，与待测样本中互补的单链核酸特异性杂交结合，在荧光显微镜下检测标本上杂交荧光信号的位置，从而将特定的基因在染色体上定位的方法。

多彩色荧光原位杂交（multicolor fluorescence in situ hybridization，mFISH）：它用几种不同颜色的荧光素单独或混合标记的探针进行原位杂交，能同时检测多个靶位，各靶位在荧光显微镜的颜色不同，呈现多种色彩。

多色荧光染色体显带（rainbow cross-species FISH，Rx-FISH）：也称彩虹跨种系荧光原位杂交法，是采用多种荧光素标记与人类 DNA 有高度同原性的猿的 DNA 作为探针，杂交后使人类的 24 条染色体上呈现特异的带型。这样便可根据彩色的荧光条带进行核型分析。

原位 PCR（in situ PCR）：直接用细胞涂片或石蜡包埋组织切片在单个细胞中进行 PCR 扩增。可进行细胞内定位。

2. 观察切片

（1）糖原的显示 （小鼠肝，PAS 反应）：紫红色产物，颜色深浅与多糖含量成正比（图 4-1）。

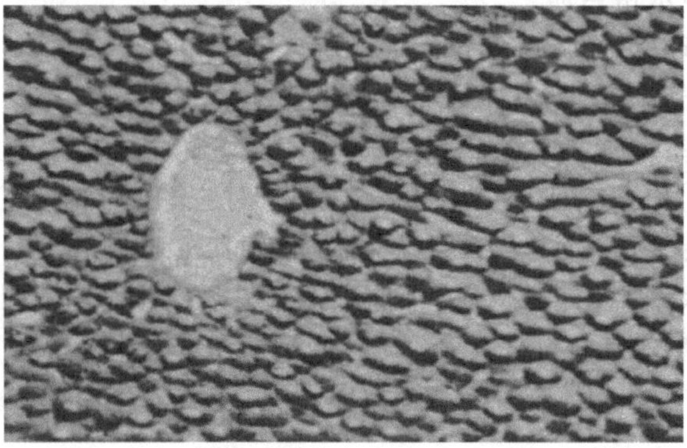

图 4-1　糖原的显示（小鼠肝，PAS 反应）

（2）DNA 的显示（小鼠肝，Feulgen 法）：细胞核呈现粉红或紫红色，核仁不被染色（图 4-2）。

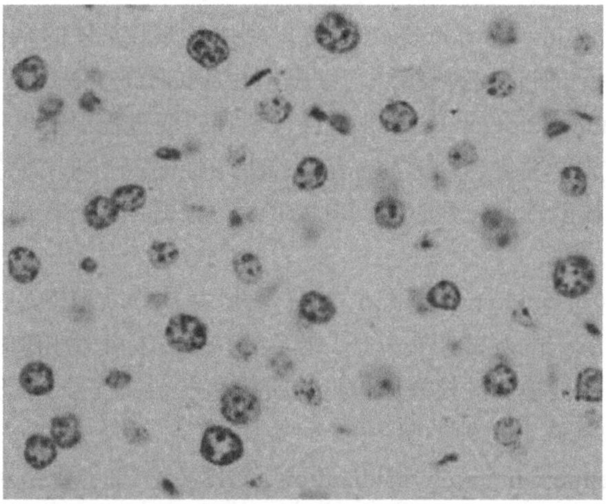

图 4-2　DNA 的显示（小鼠肝，Feulgen 法）

（3）脂滴的显示（小鼠肠系膜，苏丹染色）：脂肪细胞呈圆球形，内充满橘色脂类物质（图 4-3）。

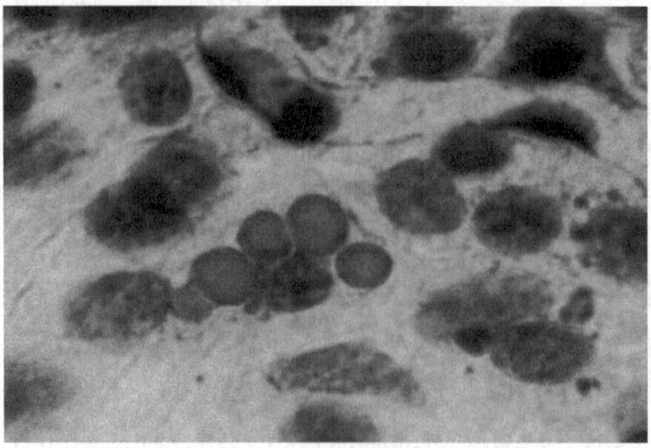

图 4-3　脂滴的显示（小鼠肠系膜，苏丹染色）

【注意事项与常见问题】

1. 根据所检测物质的性质及所采用的染色方法不同，选择合适的制片方法。

2. 取材越新鲜越好，以保持生物体的原状，使细胞内的化学成分尽可能保存下来。

3. 因所检测的物质不同选用不同的固定液及固定时间。

4. 染色方法要有较高的特异性，在染色的操作过程中，应采用已知含有或不含有所显示的物质的标本进行阳性和阴性对照。

5. 染色方法要具有一定敏感性。

6. 应使阳性物颜色鲜艳、深色，而复染的底色要浅淡。

【作业与思考题】

1. 列表总结你所了解的细胞化学实验方法的类型。

2. 概述细胞化学实验方法的研究进展。

实验 4-2　细胞中骨架蛋白的显示与细胞形态的观察

【相关背景】

真核细胞胞质中纵横交错的纤维网称为细胞骨架（cytoskeleton）。根据纤维直径、组成成分和组装结构的不同，分为微管（microtubule，MT）、微丝（microfilament，MF）和中间纤维（intermediate filament，IF）。微丝是肌动蛋白构成的纤维（F-action）。单根微丝直径约 7nm，在光学显微镜下看不到。

【实验目的】

1. 掌握细胞骨架微丝成分显示方法的原理及操作步骤。

2. 了解动物细胞骨架的基本形态结构。

【实验原理】

本实验用考马斯亮蓝 R250（Coomassie brilliant blue，R250）显示微丝组成的张力纤维。考马斯亮蓝 R250 可以染各种蛋白，并非特异染微丝。当细胞用适当浓度的 Triton X-100 处理时，微管结构不稳定，有些类型的纤维太细，光镜下无法分辨。因此，我们看到的主要是由微丝组成的张力纤维。张力纤维在体外培养的贴壁细胞中尤为发达，形态长而直，常与细胞的长轴平行并贯穿细胞全长。细胞松弛素 B（cytochalsin B）可与微丝的亚单位肌动蛋白结合，从而破坏微丝，改变细胞的形状。

【实验准备】

1. **实验对象**　洋葱，盖片培养的成纤维细胞。

2. **实验试剂**　6mmol/L 磷酸缓冲液（PBS，pH6.8），磷酸缓冲液（PBS，pH7.2）2%Triton X-100 液，M-缓冲液，3%戊二醛，0.2%考马斯亮蓝 R250 染料，100μg/ml 的细胞松弛素 B，DMEM 培养液。

3. **实验器材及仪器**　光学显微镜，镊子，小平皿，载玻片，盖玻片，吸水纸，吸管，37℃恒温箱。

【实验内容与方法】

1. 洋葱细胞骨架蛋白的显示

（1）取材：撕取洋葱鳞茎内表皮约 1cm^2 置于小平皿中，用吸管加 6 mol/L PBS 缓冲液约 3ml，使材料充分浸入到液体中，处理 5～10min。

（2）去垢处理：吸净浸泡材料的 PBS，加 3ml 去垢剂 1%Triton X-100，使液体充分浸泡材料，并立即放入 37℃恒温箱中处理 15min。

（3）冲洗：吸去 1%Triton，用 M 缓冲液轻轻冲洗三次，每次 5min。

（4）固定：用吸管将 M 缓冲液吸尽，加 1ml 3%戊二醛固定 10min。

（5）冲洗：吸去 3%戊二醛固定液，用 6mol/L PBS 缓冲液冲洗三次，每次 5min。

（6）染色：吸去 PBS 缓冲液，加入 0.2%考马斯亮蓝 R250 染料约 3ml，染色 5～10min。

（7）水洗：吸去染液，水洗两次。

（8）制片：在载玻片上加一滴水，将洋葱鳞叶表皮在栽玻片上展开吸去染料，加盖盖玻片。

（9）观察：将制好的片子置于光镜的低倍镜下，可见到规则排列的长方形洋葱表皮细胞轮廓，细胞内可见到被染成蓝色的粗细不等的分枝状结构，这便是细胞骨架。转高倍镜继续观察，调节细螺旋可见到细胞骨架的立体结构（图 4-4）。

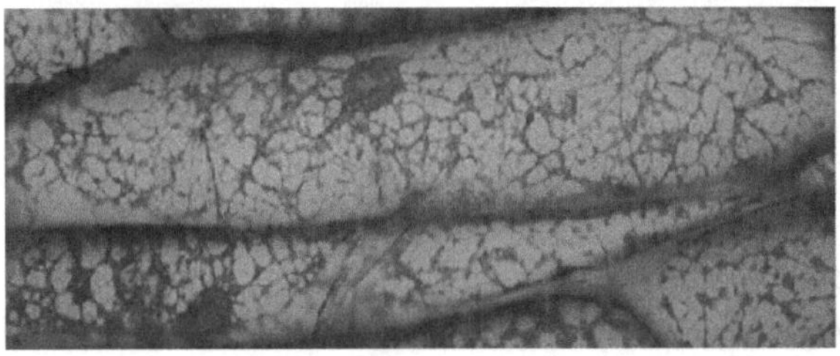

图 4-4　洋葱鳞叶细胞骨架

2. 成纤维细胞微丝的染色及细胞松弛素 B 对成纤维细胞微丝的影响

（1）细胞松弛素 B 对成纤维细胞微丝的影响

1）在平皿中放入三张盖片培养成纤维细胞，在超净工作台内将有成纤维细胞贴壁生长的一张盖片移入另一平皿中继续培养，用作对照。

2）在有两片的平皿内加 100μl/ml 的细胞松弛素 B 四滴，继续培养 30 min。

3）将用细胞松弛素 B 处理过的两张盖片取一张做染色处理，另一张用培养液洗五次（在平皿内换五次培养液，每次都要摇动），继续培养观察。2h 后细胞形态恢复，接近正常。

4）对恢复的盖片与第一张用作对照的盖片一同做染色处理。

（2）染色处理

1）将需染色的盖片放入盛有 PBS（pH7.2）的平皿内用吸管轻轻吹洗盖片，换液三次，每次 3min，洗去培养液。

2）将盖片移入 2%Triton X-100 液，置 37℃恒温箱内处理 20～30min，以提取骨架以外的蛋白质，使骨架图像清晰。

3）立刻将盖片移入 M-缓冲液，换洗三次，每次 3min。M-缓冲液有稳定细胞骨架的作用。

4）将盖片移入 3%戊二醛固定 15min。

5）将盖片移入 0.2%考马斯亮蓝染液中，染色 15min。然后小心地用自来水冲洗，空气干燥。

（3）观察结果：光镜下微丝聚集成的张力纤维束被染成蓝色（注意成纤维细胞中微丝分布的特点）。在没用细胞松弛素 B 处理的对照标本上，成纤维细胞多数有突起，微丝沿突起规则排列；用细胞松弛素 B 处理的标本，由于微丝被破坏突起缩回，多数细胞形状变圆；用药处理后又洗去药的标本，由于解除了药的作用，肌动蛋白重新聚台形成微丝，细胞形状恢复正常（图 4-5）。

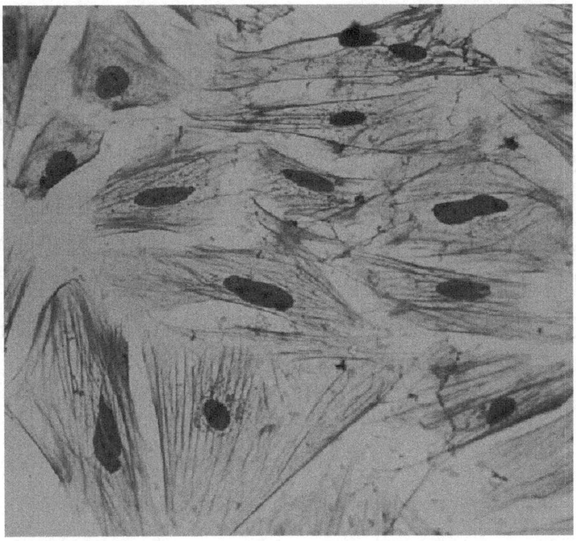

图 4-5　小白鼠成纤维细胞的细胞骨架

【注意事项与常见问题】

1. 撕取洋葱鳞茎内表皮不可带茎肉。样本要展开铺平。

2. 要掌控好去垢处理时间和温度；染色时间需合适。

3. 细胞盖片注意正反面，洗片时要轻柔，染色后应冲洗盖片背面，避免损伤细胞。

4. 恢复处理时间要足够，否则细胞不会恢复到未处理前的情况。

【作业与思考题】

1. 绘制洋葱表皮细胞骨架图。

2. 绘制进行不同处理的成纤维细胞中微丝的形态及分布图。

3. 结合所学的知识对实验结果进行分析。

附：试剂配制

1. 6mmol/L 磷酸缓冲液（pH 6.8）　取无水磷酸二氢钠 0.72g，氢氧化钠 0.07g，蒸馏水加至 1000ml。

2. PBS（pH 7.2）　氯化钠 80.0g，氯化钾 2.0g，磷酸氢二钠 11.5g ，磷酸二氢钾 2.0g，蒸馏水加至 1000ml。

3. 2%Triton X-100 液　Triton X-100（聚乙二醇辛基苯基醚） 2ml，M-缓冲液 98ml。

4. M-缓冲液　咪唑 50mmol/L 3.404g，氯化钾 50mmol/L 3.7g，氯化镁（$MgCl_2 \cdot 6H_2O$）0.5mmol/L 101.65mg，A{乙二醇双（α-氨基乙基）醚四乙酸}1mmol/L 380.35mg，EDTA（乙二胺四乙酸）0.1mmol/L 29.22mg，巯基乙醇 1mmol/L 0.07ml，4mol/L 甘油 292ml，蒸馏水加至 1000ml，用 1mol/L HCl 调 pH 到 6.8。

5. 3%戊二醛　戊二醛 25% 12ml，PBS（pH6.5）88ml；戊二醛 25%12ml，PBS（pH7.2）88ml。

6. 0.2%考马斯亮蓝 R250 染料　考马斯亮蓝 R250 0.2g，甲醇 46.5ml，冰醋酸 7ml，水 46.5ml。

实验 4-3　Feulgen 法显示脱氧核糖核酸

【实验目的】

1. 掌握 Feulgen 反应的基本原理。

2. 熟悉 Feulgen 法显示 DNA 的操作方法。

【实验原理】

Feulgen 反应是 1924 年由 Feulgen 和 Rossenbeck 开创的，DNA 是由许多单核苷酸通过磷酸二酯键聚合成的多核苷酸，每个单核苷酸又由磷酸、脱氧核糖和碱基构成。DNA 经 1mol/L 盐酸水解，其上的嘌呤碱和脱氧核糖之间的双键打开，使脱氧核糖的第一碳原子上形成游离的醛基，这些醛基在原位与 Schiff 试剂反应。Schiff 试剂是由碱性品红和偏重亚硫酸钠相作用，形成无色的品红液，无色品红与醛基结合形成紫红色的化合物。紫红色的产生，是由于反应产物的分子内含有醌基，醌基是一个发色基团，所以具有颜色。使细胞内含有 DNA 的部位呈紫红色阳性反应，因此凡有 DNA 的地方，都能显示紫红色。对照组预先用热三氯醋酸或 DNA 酶处理，抽提去除细胞中的 DNA 而得到阴性反应，从而证明了 Feulgen 反应的专一性。

由于酸解的条件下 RNA 较 DNA 更加稳定，其醛基难以游离，所以 Schiff 试剂染色时 RNA 不会着色。

【实验准备】

1. 实验对象 大蒜根尖。

2. 实验试剂 1mol/L 盐酸，Schiff 试剂，亚硫酸水，Carnoy 固定液，5%三氯乙酸，0.5%固绿酒精溶液，45%醋酸。

3. 实验器材及仪器 显微镜，恒温水浴锅，温度计，镊子，刀片， 剪刀，冰箱，温箱，天平，载玻片，盖玻片，吸水纸，镜头纸，青霉素小瓶，吸管，烧杯，量筒。

【实验内容与方法】

1. 材料准备 取大蒜若干头，置于盛有水的培养皿内使其长出新根。待根尖长 1cm 时，剪下根尖，在 Carnoy 固定液内固定 24h 以上备用，固定时以 4℃进行为宜。

2. 水解 实验时，从冰箱取出预先固定好的大蒜根尖，分装于若干个青霉素瓶中，用自来水洗 3 次，蒸馏水水洗 3 次，换 1mol/L HCl 洗一次，倾去，换入预热 60℃的 1mol/L HCl 3ml，放入恒温水浴锅中在（60±0.5）℃下水解 8～30min（水解时间视材料而定）。然后吸去热 1mol/L HCl，换入冷 1mol/L HCl 洗 1 次，再用蒸馏水将根尖洗 3 次。

3. 染色 吸净水分，加入 Schiff 试剂避光染色 40～60min，用亚硫酸水漂洗 2～3 次，每次 5min，然后经自来水流水冲洗，再用蒸馏水洗 2 次后准备压片。

4. 制片 取一根尖置于载玻片上，用刀片切下生长区部位（染成紫红色部位），加一滴 0.1%固绿水溶液染 1min（将细胞质染成绿色），吸去固绿液，加一滴清水或 45%醋酸水溶液，加上盖玻片，用拇指轻压使细胞分散均匀，镜检。

5. 观察 对照组预先用 5%三氯醋酸（90℃）处理 15min，然后再依次进行实验步骤 2～4 制片观察。

结果：细胞中凡有 DNA 的部位应呈现紫红色的阳性反应。

【注意事项与常见问题】

1. 掌握好水解时的温度和时间。水解是本实验成败的关键之一。温度应保持在（60±0.5）℃之间。如果温度过高或时间过长，造成水解过度，碳与醛基之间的键被破坏，醛基流失到水解液中，不能呈现颜色反应；反之，不能出现潜在的醛基，亦不能呈现颜色反应。

2. 大蒜根尖水解时，吸去热 1mol/L HCl 后，需要换冷 1mol/L HCl 洗 1 次，以降低根尖的温度，防止因为温度高导致 schiff 试剂分解，影响效果。

3. 未经水解的对照切片在 schiff 试剂中最多不要超过 1h（40min 即可），时间过长，试剂本身的酸性也会使 DNA 水解，从而出现假的阳性反应。

4. 亚硫酸水最好在每次实验前临时配制，以便保持较浓的 SO_2。

5. 操作过程中，用镊子镊取根尖的生长区部位，切勿夹取根冠部位。

【作业与思考题】

1. 简述 Feulgen 反应的染色原理。

2. 绘图表示 Feulgen 反应的染色结果，并验交 Feulgen 反应的压片 1 张。

附：试剂配制

1. Schiff 试剂　称 1g 碱性品红于 200ml 煮沸的重蒸馏水中，5min 后断电使其冷却至 55～50℃，过滤到一个棕色的试剂瓶中，加入 1mol/L HCl 20ml，继续冷却至 25℃，加入 1g 偏亚硫酸氢钠，摇动瓶子使其溶解。密闭瓶口，置黑暗低温处或冰箱内（4℃左右），18～24h 后检查，试剂如透明无色或呈浅黄色时即可使用，这就是 Schiff 试剂溶液。如有不同程度的红色未褪，可加入 1g 活性炭，强烈震荡 1min，仍在低温下静置过夜，然后用滤纸过滤后使用。密封瓶口，包以黑纸，在 5℃以下冰箱内可以保存半年。

2. 亚硫酸水　在 200ml 蒸馏水中，加入 10ml 1mol/L HCl 和 10ml 10%偏亚硫酸氢钠水溶液（或 1.0g 固体）。此液在临用前配制，否则会因 SO_2 的逸出而失效。

3. Carnoy 固定液　3 份无水乙醇溶液加入 1 份冰醋酸，混合即可。

4. 0.5%固绿乙醇溶液　95%的乙醇溶解。

实验 4-4　甲基绿-派洛宁显示核酸

【实验目的】

了解甲基绿-派洛宁显示核酸反应的原理，掌握有关的操作方法。

【实验原理】

1899 年 Pappenheim 首创了甲基绿-派洛宁染色法。1902 年 Unna 对这一方法进行了改良。1940 年 Brachet 研究证明甲基绿和派洛宁对 DNA 和 RNA 有选择性的染色效果。甲基绿-派洛宁（methyl green-pyronin）为碱性染料，细胞经甲基绿-派洛宁混合液处理后，其中的 DNA 和 RNA 出现不同的呈色反应，一般认为这是由于带有负电荷的核酸对碱性染料派洛宁和甲基绿具有亲和力，且这两种染料的作用有选择性，甲基绿结合聚合程度较高的分子 DNA 而使其呈蓝绿色，派洛宁结合聚合程度较低的分子 RNA，而使其呈红色。由此对细胞中的 DNA 和 RNA 进行定位、定性和定量分析。

【实验准备】

1. 实验对象　洋葱鳞茎表皮。

2. 实验试剂　Unna 试剂（甲基绿-派洛宁染色液），5%三氯醋酸，70%乙醇，0.1%RNA 酶，蒸馏水。

3. 实验器材及仪器　显微镜，镊子，载玻片，盖玻片，吸水纸。

【实验内容与方法】

1. 用镊子撕取洋葱鳞茎内表皮一小块，置于载玻片上。

2. 滴一滴 Unna 试剂，染色 30min。

3. 蒸馏水洗两次，吸水纸吸去多余的水分。

4. 盖上盖玻片，镜检。

对照片：

（1）撕取洋葱鳞茎内表皮，经 5%三氯醋酸 90℃水浴处理 15min。再经 70%乙醇洗片刻，然后按步骤 1～4 制片观察。

（2）撕取洋葱鳞茎内表皮，用 0.1%RNA 酶室温处理 10～15min。蒸馏水洗，吸干，然后按步骤 1～4 制片观察。

【注意事项与常见问题】

1. 甲基绿批号不同，染色效果差别很大。甲基绿常混有甲基紫，影响染色效果，应先把药品放在分液漏斗中，加入足量的氯仿，用力振荡，然后静置，直到洗脱甲基紫为止，最后干燥备用。

2. 空间构型不完整的 DNA 也能与派洛宁结合，显示红色。故用该法所得的红色反应来显示 RNA 的存在并不具有专一性，需做对照试验：利用专一性的 RNA 酶使嗜派洛宁染色性消减，这种反应具有专一性，借助该反应才能说明被染上红色的确是 RNA，故做对照实验是必要的。

【作业与思考题】

1. 简述甲基绿-派洛宁显示核酸反应的原理。

2. 绘图示细胞中 RNA 和 DNA 的分布。

附：试剂配制

1. Unna 试剂（甲基绿-派洛宁）染色液 甲液：5%派洛宁水溶液 6ml；2%甲基绿水溶液 6ml；蒸馏水 16ml；乙液：1mol/L 醋酸缓冲液（pH=4.8）16ml，甲、乙两液分别置 4℃冰箱备用，用时甲乙两液混匀。

2. 5%三氯乙酸 三氯乙酸 5g 溶于 100ml 蒸馏水中。

3. 1mol/L 醋酸缓冲液（pH=4.8） A 液：冰醋酸 6ml 加蒸馏水至 100ml；B 液：醋酸钠 13.5g 加蒸馏水 100ml；取 A 液 40ml+B 液 60ml 混匀即为 pH=4.8。

实验 4-5 苏木素-伊红染色显示细胞核和细胞质

【相关背景】

染料的染色原理分化学作用和物理作用，化学作用即染料的性质有酸、碱、中性之别，那么组织中的碱性部分（如细胞质）易和酸性染料亲和而发生作用，组织中的酸性部分（如染色质）易和碱性染料亲和而发生作用。物理作用指吸附或溶解作用。组织蛋白和某些染料有相互吸附的作用。染料染色时常需媒染剂、促染剂和分化剂，某些天然染料（如苏木精），本身无着色性，要与其他物质结合后才具有着色性，这些被结合的物质称为媒染剂，如许多铁盐、铬盐及钾盐等。促染剂是促进染料着色性的物质，如冰醋酸是伊红的促染剂。分化剂能使切片上需要显示的结构清晰，而使不需要显示的结构脱去颜色的物质，如 1%盐酸-乙醇。

【实验目的】

1. 掌握苏木精-伊红染色方法。

2. 熟悉染色的基本原理。

【实验原理】

组织切片可应用的染色方法很多，应根据不同的检查目的而选用不同的染色方法。而最为常用的染色法为 H.E 染色，即苏木精-伊红染色方法。苏木精（苏木素、苏木紫）（hematoxylin）为从苏木中提取。苏木精本身不是染料，不能直接染色，必须经氧化才能染色。可以在空气中自然氧化，但需时很长，所以一般都是加氧化剂（如碘酸钠）氧化。同时，被染材料又须经媒染剂作用后才有着色能力，所以在配制苏木精染液时，都加有媒染剂。苏木精液主要着染细胞核。有数种不同配方的苏木精液。伊红（曙红）（eosin）又分几种，如伊红Y、伊红B等。伊红对细胞质、肌纤维、胶原纤维具有着色性。一般用0.5%伊红/70%乙醇液或1%伊红水溶液。由于苏木精着染细胞核，伊红着染细胞质，所以这种方法称为苏木素与伊红对比染色法（简称H.E.对染法）。这种方法染色广泛，对组织细胞的各种成分都可着色，便于全面观察组织构造，而且适用于各种固定液固定的材料，染色后不易褪色可长期保存。经过HE染色，细胞核被苏木素染成蓝紫色，细胞质被伊红染色，呈粉红色。

【实验准备】

1. 实验对象　石蜡组织切片，冰冻组织切片。

2. 实验试剂　二甲苯，乙醇系列，Mayer苏木精液，0.5%伊红乙醇溶液（或1%伊红水溶液），1%盐酸-乙醇，蒸馏水，冷丙酮。

3. 实验器材及仪器　盖玻片，小镊子，大镊子，树胶，滤纸，纱布，染色缸，显微镜。

【实验内容与方法】

1. 石蜡切片H.E.染色（常规H.E.染色）

（1）切片脱蜡、复水：与固定的组织块脱水、透明的步骤相反，石蜡切片先在二甲苯中溶去石蜡，再经过各级浓度递减的乙醇溶液，下行至水。把玻片放入盛有二甲苯的染色缸中以溶去石蜡（5～10min），再经第二缸二甲苯（5～10min）。经100%、95%、90%、80%、70%各级浓度乙醇入水，每级3～5min。

（2）苏木精液染色：滴加苏木精染液，染色5～10min；流水冲洗1min，去除附着的多余染液；1%盐酸-乙醇1～3s，稍水洗1～2min；返蓝（用温水或1%氨水等）5～10s，使切片由淡红色变为灰蓝色；流水冲洗3～5min，蒸馏水洗1～2min。

（3）伊红液染色：滴加0.5%伊红染液，染色1～3min；蒸馏水洗1～2s。

（4）脱水、透明：在70%、80%、90%的乙醇溶液中每级各1～2s，再经95%、100%Ⅰ、100%Ⅱ梯度乙醇溶液，每级各5min。在二甲苯Ⅰ、二甲苯Ⅱ中分别透明10min。

（5）封片：从二甲苯Ⅱ中取出载玻片，待二甲苯未完全挥发，快速在组织切片上滴加适量中性树胶，上面再加盖玻片（倾斜放下）封固。

2. 冰冻切片HE染色

（1）冰冻切片置于冷丙酮中固定10min，风干。

（2）稍水洗1～2s。

（3）以下步骤同石蜡切片步骤2～5。

结果：细胞核呈蓝色至深蓝色，细胞质呈淡红色或红色（图4-6）。

【注意事项与常见问题】

1. 石蜡切片染色前，应彻底脱蜡。由于要染色的切片尚包在石蜡之中，而所用的染色液都为水溶液，因此在染色之前，必须再度复水。

2. 如果组织片中有水分，则光不易通透，在显微镜下观察不清组织的结构，所以必须经过脱水；透明剂能增强组织的折光系数。

3. 封片目的是便于保存，并可应用合适折光率的封藏剂使组织结构能在镜下很清晰地显示出来。

4. 封盖片内无气泡，盖片周围无溢胶。

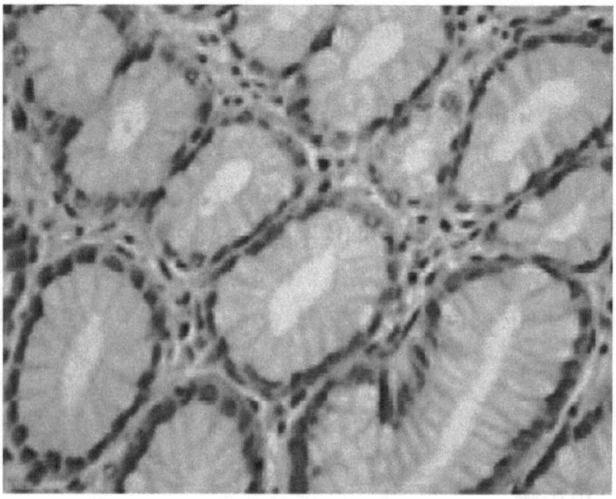

图 4-6 胃癌组织切片 H.E.染色

【作业与思考题】

1. 为什么生物体的组织要经过如此烦琐的步骤才能观察其组织结构?

2. 查阅文献，有哪些文章采用石蜡包埋切片和 H.E.染色?

3. 通过查阅文献，谈一下石蜡包埋切片和 H.E.染色的用途。

附：试剂配制

1. Mayer 苏木素 1g 苏木素、0.2g $NaIO_3$、50g 明矾、1g 柠檬酸、50g 水合氯醛、1000ml 蒸馏水。把苏木素、明矾、碘酸钠加入 1000ml 蒸馏水溶解，过夜放置，以便苏木素充分溶解。加入柠檬酸，水合氯醛，煮沸 5min 后冷却。

2. 1%盐酸溶液 浓盐酸 1ml、70%乙醇溶液 99ml。

3. 0.5%伊红乙醇溶液（或 1%伊红水溶液） 伊红 0.5g、蒸馏水或 80%乙醇溶液 100ml、冰醋酸 1 滴。

（张开立 吴茉莉）

第五章 酶细胞化学

实验 5-1 酶细胞化学的基本原理

【相关背景】

酶细胞化学技术（enzyme cytochemistry）是通过酶的特异细胞化学反应来显示酶在细胞内的分布及酶活性强弱的一种技术。酶的分布可在光学显微镜下观察，随着电镜技术的发展，也可以用电镜来观察酶的分布，称为电镜酶细胞化学技术（electron microscopic enzyme cytochemistry）。应用光镜和电镜酶细胞化学技术可以研究细胞器的结构与功能、细胞的生理与病理过程以及细胞器的相互关系。近年来，酶细胞化学技术的原理与免疫组织化学或细胞化学技术结合，在研究细胞中大分子定性和定位方面得到更为广泛的应用。

【实验目的】

1. 掌握酶细胞化学的原理和方法。

2. 观察几种常见酶在细胞中的分布。

【实验准备】

实验对象：几种常见酶显示的组织细胞制片及电镜照片。

【实验内容与方法】

1. 酶细胞化学的原理和方法

（1）酶细胞化学的原理：酶是生物催化剂，它能催化体内各种生物化学反应，绝大部分酶的本质是蛋白质。酶的催化作用具有高度的特异性。显微镜下无法直接观察到细胞内的酶，酶细胞化学技术的原理是在一定条件下，使组织细胞内的酶与其底物相互作用，形成初级反应产物，再用捕捉剂在酶的作用部位进行捕捉，使其在显微镜下可见。酶的显示方法很多，根据反应原理，主要包括金属盐沉淀法、偶氮偶联法、吲哚酚法、四唑盐法和底物标记法等。

1）金属盐沉淀法：酶的活性可以使孵育底物分解，其生成的基团与金属离子结合而沉淀，最后使酶活性所在处形成不溶性的有色沉淀。

2）偶氮偶联法：酶使底物（萘酚化合物）分解，萘酚释放，后者与重氮盐（重氮盐是芳香族胺与亚硝酸的反应产物经重氮化作用过程形成）结合形成不溶性的偶氮色素，其显示处即为酶的活性所在。

3）吲哚酚法：酶活性促使吲哚酚释放吲哚基，后者很快被氧化为不溶性靛蓝产物。

4）四唑盐法：底物被某些氧化酶或者脱氢酶氧化脱氢，产生的氢离子传递给四唑盐，后者被还原形成有色沉淀物。

5）底物标记法：用同位素、色素、金属标记酶的底物，在酶的作用下，底物分解后沉淀于酶所在部位，通过各种方法对比进行检测。

（2）酶细胞化学的反应过程：在生物化学中，酶的种类可分为水解酶、氧化还原酶、转移酶、裂合酶、合成酶和异构酶六大类。可用酶细胞化学显示的酶主要是水解酶和氧化酶，现以水解酶为例，展示酶细胞化学反应过程：

初级反应：底物被磷酸水解酶作用后分解产生磷酸。

$$底物 \xrightarrow{磷酸水解酶} H_3PO_4$$

最终反应：磷酸与金属捕捉剂结合形成反应产物磷酸铅（黑色、高电子密度）。

$$H_3PO_4 \xrightarrow{捕捉剂(Pb^{2+})} Pb(PO_4)_2$$

酶细胞化学反应实际上由两项反应组成：前面的酶反应相当于细胞内自然条件下发生的酶促反应，后面的捕捉反应则是为了使酶反应可见而人为造成的。捕捉反应的目的是使酶反应产物形成在显微镜下可见的最终反应产物，即最终反应产物具有光镜下可见的鲜明颜色，或在电镜下可见的高电子密度。捕捉反应主要有金属盐沉淀、色素形成和嗜锇物质生成法。如：金属盐沉淀法将重金属作为捕捉剂，使酶反应产物直接或间接与之结合生成金属盐沉淀。在色素形成和嗜锇物质生成法中，捕捉底物在酶作用下转化成色素沉淀于酶作用部位，在光镜下可见；或者捕捉底物转化成嗜锇物质，经锇酸作用后形成高电子密度的锇黑，在电镜下可见。

（3）酶组织化学检测时必须注意的问题?

1）酶细胞化学实验过程中，酶活性的保存是最关键的问题。温度对酶活力影响很大，高于 37℃时酶往往失去活性，因此显示酶常用新鲜组织的冰冻切片或者临时制片的方法。pH 对酶活性影响也很大，所以酶的作用液常常选用适合酶活性发挥的一定 pH 的缓冲液来配制。固定液对酶也有影响，酶细胞化学一般选用较温和的固定液。

2）底物和辅助试剂必须以同等的速度进入所有的细胞及其所有的部分。

3）如有可能仅用一种酶便可分解底物。

4）辅助试剂必须做到既不要影响酶的反应，也不要影响底物的进入。

5）酶反应产物必须快速地被辅助试剂俘获。

6）最终产物必须快速沉淀，例如它在水溶液或在脂类物中必须是实际上的不溶性，而且它必须是无晶形的（至少是微晶形的）稳定的。

7）参与反应中的底物必须不被限制，并且不被吸附到酶反应部位的其他结构上。

（4）几种常见酶的生理作用和细胞化学定位

1）酸性磷酸酶（acid phosphatase，ACP）主要存在于巨噬细胞，定位于溶酶体和高尔基体的成熟面附近（GERL）。活性变化直接体现溶酶体的功能状态。

2）三磷酸腺苷酶（adenosine triphosphatase）简称 ATP 酶，是一类能将三磷酸腺苷（ATP）催化水解为二磷酸腺苷（ADP）和磷酸根离子的酶，这是一个释放能量的反应。分布于肌球蛋白、生物膜、线粒体等处。

3）过氧化物酶（peroxidase）利用过氧化氢作为电子受体来催化底物氧化作用的酶，主要存在于细胞的微体中。

4）琥珀酸脱氢酶（Succinatedehydrogenase，SDH），黄素酶类，是线粒体内膜的结合酶，属膜结合酶，是连接氧化磷酸化与电子传递的枢纽之一，可为真核细胞线粒体和多种原核细胞需氧和产能的呼吸链提供电子，为线粒体的一种标志酶。

5）细胞色素氧化酶（cytochrome oxidase）或细胞色素 C 氧化酶（cytochrome C oxidase）或末端氧化酶（terminal oxidase）是呼吸链中的末端氧化酶，位于线粒体膜中，催化将电子从细胞色素 C 传到 O_2 的反应，在控制电子传递中起着很重要的作用。

6）5′-核苷酸酶（5-nucleotidase，5-Nase）只水解 5′-核苷酸，生成核苷及无机磷酸。这种酶分布较广泛，所有的生物细胞膜包括微生物在内，均具有 5′-Nase。它被广泛应用于分析细胞匀浆的组分时，鉴定细胞膜的纯度，是细胞膜的主要标志酶。酶活性的显示是由底物中的腺苷酸水解后释放的磷酸基被重金属捕捉后，生成电镜下可观察的电子高密度的沉淀物。

7）酯酶（esterase）催化水解各种酯键的一类酶。通常还包括催化水解羧酸酯和磷酸酯的二类酶。在催化羧酸酯的酯酶中，最常见的如脂肪酶，可催化水解甘油三酯为甘油和脂肪酸，富含于胰脏中，也含于胃液、小肠和脂肪组织中。磷酸酯酶可催化水解磷酸酯键，该酶又可分为磷酸单酯酶和磷酸二酯酶。磷酸单酯酶有专一性较低的酸性磷酸酯酶和碱性磷酸酯酶，用于医学临床的诊断。磷酸二酯酶包括催化水解核酸的一系列酶，如5′-磷酸二酯酶、3′-磷酸二酯酶、核糖核酸酶（RNase）、脱氧核糖核酸酶（DNase）等。

8）各种细胞器含有与其功能相关的不同酶，因此可以利用各细胞器的特异功能酶作为其标志，用酶细胞化学技术来研究细胞器的结构与功能。

各种细胞器的标志酶：

溶酶体：酸性磷酸酶、胞嘧啶单核苷酸酶。

线粒体：细胞色素氧化酶、琥珀酸脱氢酶。

内质网：核苷二磷酸酶、葡萄糖-6-磷酸酶。

高尔基体：①焦磷酸硫胺素酶（TPP酶）的细胞化学反应，可特异地显示高尔基体的trans面的1～2层膜囊；②烟酰胺腺嘌呤二核苷磷酸酶（NADP酶）的细胞化学反应，是高尔基体中间几层扁平囊的标志反应；③胞嘧啶单核苷酸酶（CMP酶）的细胞化学反应，常常可显示靠近trans面上的一些膜囊状和管状结构，CMP酶也是溶酶体的标志酶。

微体：过氧化氢酶。

细胞膜：5′-核苷酸酶、碱性磷酸酶。

2. 观察切片和电镜照片

（1）酸性磷酸酶的显示（小鼠巨噬细胞，改良的Gomori硝酸铅法）：酸性磷酸酶活性部位呈棕黑色。

（2）碱性磷酸酶的显示（小鼠小肠，Gomori钙钴法）：碱性磷酸酶活性部位呈黑色。

（3）琥珀酸脱氢酶的显示（小鼠骨骼肌，硝基蓝四唑盐法）：琥珀酸脱氢酶活性部位呈蓝色。

【作业与思考题】

1. 绘图表示琥珀酸脱氢酶在细胞中的分布。

2. 酶显示实验时，应注意哪些问题？

实验5-2　碱性磷酸酶显示及用途

【相关背景】

碱性磷酸酶（alkaline phosphatase，AKP，ALP）广泛存在于机体组织，常见于具有活性转运功能的细胞，如毛细血管及小动脉的内皮、肝内胆小管、肾近曲小管的刷状缘、小肠绒毛上皮等，正常值为3～13U/L（金-阿法），主要用于阻塞性黄疸、原发性肝癌、继发性肝癌、胆汁淤积性肝炎的检查。患这些疾病时，肝细胞过度制造ALP，经淋巴道和肝窦进入血液，同时由于肝内胆道胆汁排泄障碍，反流入血而引起血清碱性磷酸酶明显升高。但由于骨组织中此酶亦很活跃，因此，孕妇、骨折愈合期、骨软化症、佝偻病、骨细胞癌、骨质疏松、肝脓肿、肝结核、肝硬化、白血病、甲状腺功能亢进时，血清碱性磷酸酶亦可升高，应加以鉴别。显示碱性磷酸酶的方法有多种，最常用的是金属沉淀的钙钴法。

【实验目的】

1. 掌握碱性磷酸酶定位的原理及操作步骤。

2. 熟悉碱性磷酸酶在细胞中的分布。

【实验原理】

碱性磷酸酶钙-钴显示法的原理是碱性磷酸酶在有激活剂（Mg^{2+}）存在和碱性条件下（pH9.2～9.8），将磷酸盐底物分解，释放出磷酸根离子，磷酸根离子被孵育液中高浓度的钙盐所捕获，在有酶活性存在处生成磷酸钙沉淀物。因磷酸钙无色，须与硝酸钴反应，用 Co^{2+}置换 Ca^{2+}，从而生成磷酸钴沉淀，因其无色，需再和黄色硫化铵作用形成黑色的硫化钴沉淀物，显示出细胞内碱性磷酸酶活性所在部位。

【实验准备】

1. 实验对象 小白鼠小肠冰冻切片。

2. 实验试剂 碱性磷酸酶作用液（孵育液），2%硝酸钴，1%硫化铵（临用前配）。

3. 实验器材及仪器 冰冻切片机，解剖剪，镊子，恒温水浴锅，显微镜，染色缸，载玻片，盖玻片，吸水纸，擦镜纸。

【实验内容与方法】

1. 新鲜小鼠小肠组织冰冻切片及丙酮固定后或石蜡切片脱蜡后至蒸馏水。

2. 置 37℃新配制的碱性磷酸酶作用液（孵育液）30～120min。

3. 蒸馏水漂洗 1～2min。

4. 浸入 2%硝酸钴溶液 3～5min。

5. 蒸馏水漂洗 1～2min。

6. 1%硫化铵溶液 30s～1min。

7. 流水冲洗 5min 以上。

8. 常规脱水、透明并封固。

9. 镜检。

结果：碱性磷酸酶部位呈灰黄、灰黑到黑色，色深者表示酶的量多。

对照实验：

标本与作用液反应前先用高温（50～80℃）处理 30min，使酶失去活性，做好标记，其他步骤相同。也可在对照组的作用液中不加 β-甘油磷酸钠，而以蒸馏水代替。

【注意事项与常见问题】

1. 取材要迅速，立即低温冷冻或固定，否则容易引起酶的扩散。

2. 制备切片，以恒冷箱冷冻切片为好。因该法制作酶的破坏较少，反应及显示时间可以大大节省。

3. 如果采用的是丙酮固定的切片，由于制作切片破坏了许多酶的活性，因而孵育切片的时间需延长，但应仔细观察切片的背景，不要有其他非特异性的沉淀，如为石蜡切片，孵育时间可在 5h 左右。

4. 必须做对照片，以排除出现假阳性。

5. 孵育液可以连续几次使用，但应注意液体的挥发，如挥发过于严重，可添加适量的蒸馏水。

【作业与思考题】

1. 简述实验的原理，记录分析实验结果。

2. 说明阴性对照在实验中的作用。

附：试剂配制

1. 钙钴法显示碱性磷酸酶孵育液（pH 9.2～9.4）

2%巴比妥钠（巴比妥钠 2g，蒸馏水加至 100ml）	5ml
3%β-甘油磷酸钠（β-甘油磷酸钠 3g，蒸馏水加至 100ml）	5ml
2%硝酸钙（硝酸钙 2g，蒸馏水加至 100ml）	10ml
2%硫酸镁（硫酸镁 2g，蒸馏水加至 100ml）	5ml
蒸馏水	25ml

依次混合后，pH 应为 9.2～9.4。

2. 对照片处理　在孵育液中以 10ml 蒸馏水代替甘油磷酸钠。

3. 2%硝酸钴水溶液　硝酸钴 2g，蒸馏水加至 100ml。

4. 1%硫化胺水溶液　硫化铵 1ml，蒸馏水 99ml。

实验 5-3　联苯胺法显示过氧化物酶及应用

【相关背景】

过氧化物酶是一种氧化还原酶，它除了分布在髓性白细胞外，还广泛存在于各种组织细胞中。它的种类很多，如在牛奶中有乳-过氧化物酶、红细胞中的谷胱甘肽过氧化物酶、酵母中的细胞色素 c 过氧化物酶等。过氧化物酶是机体中的抗氧化酶，通过过氧化物酶的作用可清除过氧化氢，防止其在细胞内聚集；参与肝、肾对有毒物质的解毒；对细胞的氧张力具有调节作用；可能参与核酸、脂肪和糖代谢。

【实验目的】

1. 掌握过氧化物酶呈色反应的原理和方法。

2. 熟悉过氧化物酶在细胞内的分布情况。

3. 了解过氧化物酶的应用。

【实验原理】

过氧化物酶在分解 H_2O_2 的过程中，必须经由过氧化物而来的氧进行氧化作用的。在反应中有两种底物，即受氢体与供氢体，前者的代表是过氧化氢，后者的代表是联苯胺类的药。过氧化物酶的反应通式如下：

$$AH_2（供氢体）+H_2O_2（受氢体）=A（供氢体的氧化物）+2H_2O$$

过氧化物酶将底物中的 H_2O_2 分解，产生新态氧，使无色的联苯胺氧化为蓝色的联苯胺蓝。

【实验准备】

1. 实验对象　小鼠。

2. 实验试剂　0.5%硫酸铜，0.2%联苯胺（含有 H_2O_2），1%番红。

3. 实验器材及仪器　载玻片，滴管，剪刀，镊子，牙签，显微镜。

【实验内容与方法】

1. 骨髓或血涂片　用颈椎脱臼法处死小鼠，剪开大腿上的皮肤和肌肉，取出股骨，剪断股骨，用牙签挑取骨髓，放置于载玻片上制成涂片，或剪小鼠尾部，取血制成血涂片，晾干备用。

2. 在晾干的涂片上滴一滴 0.5%硫酸铜，固定 1～2min。

3. 倾去硫酸铜，滴加 0.2%联苯胺冲掉硫酸铜，再加一滴新的联苯胺，染 2～6min。

4. 用自来水或蒸馏水冲洗，滴加 1%的番红复染。

5. 流水冲洗，晾干、镜下观察。

结果：过氧化物酶反应阳性，呈蓝色或棕色颗粒，细胞质为红色。

【注意事项与常见问题】

1. 做好玻片标记。

2. 注意联苯胺的使用安全。

3. 涂片应新鲜制作、厚薄适宜。

【作业与思考题】

根据实验结果描述过氧化物酶在细胞内的分布情况。

附：试剂配制

1. 0.5%硫酸铜液　硫酸铜 0.5g，蒸馏水加至 100ml。

2. 0.2%联苯胺（含有 H_2O_2）　联苯胺 0.2g，蒸馏水或 95%乙醇加至 100ml，3%过氧化氢 2 滴，此液临用时配制。

3. 1%番红　番红 1.0g，蒸馏水加至 100ml。

实验 5-4　詹纳斯绿显示活体细胞线粒体

【相关背景】

活体染色是能使生物有机体的细胞或组织特异性着色，但对活样品又没有毒害作用的一种活体染色方法，其目的是显示生活细胞内的某些结构，而不影响细胞的生命活动和产生任何物理、化学变化以致引起细胞的死亡。活体染色技术可用来研究生活状态下的细胞形态结构和生理、病理状态。通常把活体染色分为体内活体染色与体外活体染色两类。体外活体染色又称超活染色，它是由活的动、植物分离出部分细胞或组织小块，以染料溶液浸染，染料被选择固定在活细胞的某种结构上而显色。活体染料之所以能固定、堆积在细胞内某些特殊的部分，主要由于碱性染料的胶粒表面带有阳离子，酸性染料的胶粒表面带阴离子，而被染部分本身具有阴离子或阳离子，这样，它们彼此之间发生吸引作用，染料就被堆积下来。活体染色法可以显示出活细胞内的某种天然结构存在的真实性，但并非任何染料均可用于活体染色。理论上应选择那些对细胞无毒性或毒性极小的染料，且使用时需要配成稀淡的溶液。一般说来，最为适用的是碱性染料，这可能是因为它具有溶解在类脂质（如卵磷脂、胆固醇等）的特性，易于被细胞吸收。詹纳斯绿 B（Janus green B）和中性红（neutral red）两种碱性染料是活体染色剂中最重要的染料，对于线粒体和液泡系的染色分别具有专一性。

【实验目的】

1. 掌握詹纳斯绿活体染色的原理和方法。

2. 了解光学显微镜下线粒体基本形态结构。

【实验原理】

线粒体是细胞内一种能量转换的重要细胞器，是细胞进行呼吸作用的场所。细胞的各种生理活动所需要的能量，主要是通过线粒体呼吸作用来提供的。活体染色是应用无毒或毒性较小的染色剂真实地显示活细胞内某些结构而又较少影响细胞生命活动的一种染色方法。詹纳斯绿 B 是线粒体的专一性活体染色剂。线粒体中细胞色素氧化酶使染料保持氧化状态（即有色状态）呈蓝绿色，而在周围的细胞质中染料被还原，成为无色状态。

【实验准备】

1. 实验对象　人口腔黏膜上皮细胞或培养细胞。

2. 实验试剂　Ringer 溶液，1/5000 詹纳斯绿 B 溶液。

3. 实验器材及仪器　显微镜，恒温水浴锅，载玻片，盖玻片，量筒，吸管，牙签，吸水纸等。

【实验内容与方法】

1. 培养的细胞或用牙签刮下口腔黏膜上皮细胞。

2. 涂在干净的载玻片上。

3. 滴加 1/5000 詹纳斯绿 B 溶液，室温染 10min，盖上盖玻片观察，注意在盖玻片下放两根头发丝，避免细胞被压迫，并可存有较多的液体。

结果：线粒体呈蓝绿色，呈小棒状或哑铃状，细胞质接近无色。

【注意事项与常见问题】

在对口腔黏膜上皮细胞进行染色时不可使染液干燥，染色过程中可适当补加染液。

【作业与思考题】

绘制所观察细胞中线粒体的形态结构与分布。

附：试剂配制

1. Ringer 溶液　在 100ml 蒸馏水中分别溶解 0.85g NaCl，0.25g KCl 和 0.03g $CaCl_2$。

2. 1/5000 詹纳斯绿 B（Janus green B）　将 0.1g 詹纳斯绿 B，溶于 10ml 蒸馏水，配成原液。用时（现用现取）取原液 1ml 加入 49ml Ringer 溶液，即成 1/5000 染液，装入棕色试剂瓶中备用。

实验 5-5　利用琥珀酸脱氢酶活性进行 MTT 检测细胞相对存活率

【实验目的】

掌握用 MTT 法测定细胞相对数量和相对活力的原理和方法。

【实验原理】

活细胞的线粒体中含有琥珀酸脱氢酶，能使外源性的 MTT（噻唑蓝）还原为不溶性的甲瓒（formazan），呈蓝紫色结晶，沉积在细胞中，而死细胞无此功能。formazan 可用 DMSO、无水乙醇或酸化异丙醇等溶解，用酶标仪在 490nm 波长处测定其吸光度值（OD 值），在一定细胞数范围内，MTT 结晶形成的量与活细胞数成正比。根据测得的 OD 值，来判断活细胞数量，OD 值越大，细胞活性越强（如果是测药物毒性，则表示药物毒性越小）。MTT 主要可以用于药物（也包括其他处理方式如放射线照射）对体外培养的细胞毒性的测定和细胞增殖及细胞活性测定。

【实验准备】

1. 实验对象　贴壁细胞或悬浮细胞。

2. 实验试剂　MTT 溶液，含 10%胎牛血清的 RPMI-1640 培养液，0.25%胰酶，二甲基亚砜

（DMSO）。

3. 实验器材及仪器 96 孔培养板（单层生长的细胞选用平底型培养板，悬浮生长的细胞选用圆底型培养板），可调移液器，吸管，离心管，计数板，孵箱，显微镜，振荡混合仪，酶联免疫检测仪。

【实验内容与方法】

1. 步骤

（1）贴壁细胞

1）收集对数期细胞，调整细胞悬液浓度，应用 96 孔培养板，每孔加入 100μl 细胞悬液，细胞密度为 1000～10000/孔，用无菌 PBS 填充边缘孔。

2）置 37℃，5% CO_2 的培养箱中孵育，直至细胞生长呈单层铺满孔板，加入浓度梯度的药物。原则上，细胞完全贴壁后即可加药，但我们通常在前一天下午铺板，次日上午加药。一般设 5～7 个药物梯度，每孔 100μl，设 3～5 个复孔。建议设 5 个，否则难以反映真实情况。

3）置于 37℃，5% CO_2 的培养箱中孵育约 16～48h 后，在倒置显微镜下观察。

4）取 20μl MTT 溶液（5mg/ml），加入每孔后继续培养 4h。若药物与 MTT 能够反应，可先离心后弃去培养液，小心用 PBS 冲 2～3 遍后，再加入含 MTT 的细胞培养液。

5）小心吸去终止培养后的孔内培养液。

6）为使结晶物充分溶解，每孔加入 100μl 二甲基亚砜（DMSO）后，放置于摇床上低速振荡 10min。然后经酶联免疫检测仪 OD490nm 处测量各个孔的 OD 值。

7）设置对照孔（细胞、MTT、二甲基亚砜、相同浓度的药物溶解介质、培养液）和调零孔（MTT、二甲基亚砜、培养基）。

（2）悬浮细胞

1）离心收集对数生长期细胞，并调整细胞悬液浓度为 1×10^6/ml，依次将：①补足的无血清的 1640 培养基 40μl；②用培养液稀释的 Actinomycin D（有毒性）10μl（储存液 100mg/ml，需预试寻找最佳稀释度，1∶10～1∶20）或待检测物 10μl；③培养细胞的细胞悬液 50μl（即 5×10^4cell/孔），共 100μl 加入到 96 孔板（边缘孔加无菌水填充）。每板需设置对照（加 100μl 1640 培养液）。

2）置 37℃，5%CO_2 细胞培养箱中孵育 16～48h 后倒置显微镜下观察。

3）每孔加入 20μl MTT 溶液（5 mg/ml），继续培养 4h。[悬浮细胞推荐使用 WST-1，培养 4 h 后可免去步骤 4），直接在酶联免疫测试仪 OD570nm（630nm 校准）测量各个孔的吸光值]。

4）离心（1000r/min，10min）后小心吸掉上清，每孔加入 100μl 二甲基亚砜，置摇床上低速振荡 10 min，使结晶物充分溶解。在酶联免疫测试仪 OD570nm（630nm 校准）测量各孔的吸光值。

5）设置调零孔（培养基、MTT、二甲基亚砜）及对照孔（细胞、相同浓度的药物溶解介质、培养液、MTT、二甲基亚砜），每组设定 3 个重复孔。

6）做细胞生长曲线测定（MTT 法）时，每隔 24h 测量一个点，每个点为 3 个平行样品的平均值。连续 7 天。

2. 统计学分析实验结果 应用 SPSS 软件进行方差分析，数值以 x±s 表示，$P<0.05$ 时为有统计学差异，$P<0.01$ 时为统计学差异显著。以时间为横轴，光吸收值为纵轴绘制细胞生长曲线，利用公式求 IC50，或计算抑制率。

【注意事项与常见问题】

1. 选择适当的细胞接种浓度。接种细胞的数量要准确。

2. 避免血清干扰：一般选小于 10%的胎牛血清的培养液进行试验。在呈色后尽量吸尽孔内残余培养液。

3. 设置调零孔、对照孔及加药孔，其中调零孔为加培养基、MTT、二甲基亚砜。对照孔和加药孔则都要加细胞、培养液、MTT、二甲基亚砜，即对照加溶解药物的介质，而加药组加入不同浓度的药物。

4. MTT 实验吸光度最后要在 0～0.7 之间，超出这个范围就不是直线关系。

5. MTT 有致癌性，用的时候小心，最好戴手套。

6. 配成的 MTT 需要无菌，现用现配，过滤后避光 4℃保存两周内有效，也可配制成 5mg/ml 在–20℃长期保存，最好小剂量分装，用锡箔纸包住避光以免分解，避免反复冻融。当 MTT 变为灰绿色时则不能再用。

7. DMSO 溶解后呈紫（红）色，在 490nm 有最大吸收值；而如果用 SDS 和酸化异丙醇溶解，则用 570nm，并且建议以 655nm 作为参考波长。

【作业与思考题】

1. 根据你的实验，计算出抑制率和 IC50。

2. 试述用 MTT 法测定细胞生长曲线的过程。

附：

1. WST-1　WST-1 是 MTT 的一种升级替代产品，与 MTT 或其他 MTT 类似产品（如 XTT、MTS 等）相比有明显的优点。首先，MTT 被线粒体内的一些脱氢酶还原生成的 formazan 不是水溶性的，需要有特定的溶解液来溶解；而 WST-1 和 XTT、MTS 产生的 formazan 都是水溶性的，可以省去后续的溶解步骤。其次，WST-1 产生的 formazan 比 XTT 和 MTS 产生的 formazan 更易溶解。再次，WST-1 比 XTT 和 MTS 更加稳定，使实验结果更加稳定。另外，WST-1 和 MTT、XTT 等相比，线性范围更宽，灵敏度更高。

2. 关于如何计算 IC50 改良寇式法　$\lg IC_{50}=Xm-I(P-(3-Pm-Pn)/4)$。

Xm：lg 最大剂量；*I*：lg（最大剂量/相临剂量）；*P*：阳性反应率之和；*Pm*：最大阳性反应率（最大抑制率）；*Pn*：最小阳性反应率（最小抑制率）。

抑制率计算公式：[（对照–本底）–（给药–本底）]/（对照–本底）×100%

3. 试剂配制　MTT 溶液：称取 250mg MTT，放入小烧杯中，加 50ml PBS 溶液（0.01mol/L，pH7.4），在电磁力搅拌机上搅拌 30min，用 0.22μm 的微孔滤器除菌，分装，4℃保存。2 周内有效。

实验 5-6　CCK8 检测技术

【实验目的】

掌握 CCK8 测定细胞增殖和细胞毒性的原理和方法。

【实验原理】

CCK-8（cell counting kit 8）试剂是用于测定细胞增殖或毒性分析中活细胞数目的一种高灵敏度，无放射性的比色检测法。CCK-8 溶液可以直接加入到细胞样品中，检测快速，毒性非常低。其基本原理为：该试剂中含有 WST-8[化学名为 2-（2-甲氧基-4-硝基苯基）-3-（4-硝基苯基）-5-（2，4-二磺酸本）-2H-四唑单钠盐]，它在电子耦合剂 1-甲氧基-5-甲基吩嗪鎓硫酸二甲酯（1-methoxy PMS）的作用下被细胞中线粒体的脱氢酶还原生成具有高度水溶性的黄色甲瓒产物（formazan dye）。生成的甲瓒物的数量与活细胞的数量成正比，与细胞毒性成反比，通过比色，可以动态地量化活细胞的数量，因此可利用这一特性直接进行细胞增殖和毒性分析。

【实验准备】

1. 实验对象 贴壁细胞或悬浮细胞。

2. 实验试剂 CCK8 溶液，含 10%小牛血清的 DMEM 培养液，双抗（青霉素、链霉素）100 单位/ml，0.25%胰蛋白酶，除过菌的二甲基亚砜或甘油，75%乙醇溶液。

3. 实验器材及仪器 96 孔培养板（单层生长的细胞选用平底型培养板，悬浮生长的细胞选用圆底型培养板），可调移液器，吸管，离心管，计数板，CO_2 培养箱，显微镜，振荡混合仪，酶联免疫检测仪。

【实验内容与方法】

1. 步骤

（1）细胞增殖分析

1）细胞悬液制备：收集对数期细胞，细胞计数调整细胞悬液浓度。

2）接种到 96 孔板中：根据合适的铺板细胞数，每孔加入 100μl 细胞悬液，铺板使待测细胞调密度至 1000～10000/孔。

3）37°C，5%CO_2 培养箱中培养：细胞接种后贴壁大约需要培养 2～4h，如果不需要贴壁，这步可以省去。

4）加入 10μl CCK8 溶液：由于每孔加入 CCK8 量比较少，有可能因试剂沾在孔壁上而带来误差，建议在加完后轻轻敲击培养板以帮助混匀。或者直接配置含 10%CCK8 的培养基，以换液的形式加入。注意不要在孔中生成气泡，会影响 OD 值的读数。

5）将培养板放在培养箱中培养 1～4h：细胞种类不同，形成的 formazan 的量也不一样。如果显色不够的话，可以继续培养最佳条件，延长到 5～6h。

6）用酶标仪测定 450nm 吸光度：建议采用双波长进行测定，检测波长 450～490nm，参比波长 600～650nm。

（2）细胞毒性分析

1）制备细胞悬液：细胞计数。

2）接种到 96 孔板中：根据合适的铺板细胞数，每孔约 100μl 细胞悬液，同样的样本可做 3 个重复。

3）37°C，5%CO_2 培养箱中孵育：细胞接种后贴壁大约需要培养 2～4h，如果不需要贴壁，这步可以省去。

4）加入不同浓度的毒性物质。原则上，细胞贴壁后即可加药，设置 5～7 个药物浓度梯度，每孔 100μl，每个浓度设 3～5 个复孔，建议设 5 个，否则难以反映真实情况。

5）37°C，5%CO_2 培养箱中培养：加入毒性物质的培养时间，要看毒性物质的性质和细胞的敏感性，一般要根据细胞周期来决定，起码要一代以上的时间，孵育 16～48h。

6）加入 10μl CCK8：由于每孔加入 CCK8 量比较少，有可能因试剂沾在孔壁上而带来误差，建议在加完后轻轻敲击培养板以帮助混匀。

7）培养 1～4h：细胞种类不同，形成的 formazan 的量也不一样。如果显色不够的话，可以继续培养最佳条件，延长到 5～6h。

8）测定 450nm 吸光度：建议采用双波长进行测定，检测波长 450～490nm，参比波长 600～650nm。

2. 统计学分析 应用 SPSS 软件进行分析，数值以 x±s 表示，$P<0.05$ 时为相差显著，$P<0.01$ 时为相差非常显著。

细胞增殖活力计算：细胞活力（%）=[*A*（加药）–*A*（空白）]/[*A*（不加药）–*A*（空白）]×100。

A（加药）：具有细胞、CCK8溶液和药物溶液的孔的吸光度。

A（空白）：具有培养基和CCK8溶液而没有细胞的孔的吸光度。

A（不加药）：具有细胞、CCK8溶液而没有药物溶液的孔的吸光度。

【注意事项与常见问题】

1. 若暂时不测定OD值，可以向每孔中加入10μl 0.1mol/L的HCl溶液或者1%*w*/*v*SDS溶液，并遮盖培养板避光保存在室温条件下。24h内测定，吸光度不会发生变化。

2. 如果待测物质有氧化性或还原性的话，可在加CCK8之前更换新鲜培养基（除去培养基，并用培养基洗涤细胞两次，然后加入新的培养基），去掉药物影响。当然药物影响比较小的情况下，可以不更换培养基，直接扣除培养基中加入药物后的空白吸收即可。

3. 设置调零孔、对照孔及加药孔，其中调零孔为加培养基、CCK8、二甲基亚砜。对照孔和加药孔则都要加细胞、培养基、CCK8、二甲基亚砜，即对照加溶解药物的介质，而加药组加入不同浓度的药物。

4. 当使用标准96孔板时，贴壁细胞的最小接种量至少为1000个/孔（100μl培养基）。

5. 酚红和血清对CCK8法的检测不会造成干扰，可以通过扣除空白孔中本底的吸光度而消去。

6. 在培养基中加入CCK8，培养一定的时间，测定450nm的吸光度即为空白对照。在做加药实验时，还应考虑药物的吸收，可在加入药物的培养基中加入CCK8，培养一定的时间，测定450nm的吸光度作为空白对照。

7. CCK8实验吸光度OD值控制在0.1左右，实验中尽量平行操作。

8. 当在培养箱内培养时，培养板最外一圈的孔最容易干燥挥发，由于体积不准确而增加误差。一般情况下，最外一圈的孔只加培养基，不作为测定孔用。

9. CCK8在0～5°C下可保存6个月，在–20°C避光可保存1年。

【作业与思考题】

1. 根据你的实验，计算出某一药物的细胞毒性作用。

2. 试述用CCK8测定细胞增殖或细胞毒性的过程。

（张开立）

第六章　免疫化学技术

免疫化学（immunochemistry）是化学技术的一个分支，主要研究免疫系统中组分（抗原、抗体等）的组成和结构以及抗原抗体反应的机制。免疫化学的各种方法经改良和发展已成为生命科学研究中的重要手段，在医学的基础研究和临床实践中被广泛应用。免疫化学技术主要包括免疫细胞化学技术、免疫组织化学技术、免疫荧光技术和免疫印迹技术等。其中免疫细胞化学、免疫组织化学和免疫荧光技术在细胞生物学研究中的应用十分广泛。

从免疫学角度来看，细胞和组织中各种肽类与蛋白质都是抗原，具免疫原性，能刺激机体免疫系统发生免疫反应，产生相应的抗体，并且通过抗原抗体之间的特异性结合而出现各种免疫反应。免疫化学技术正是利用了抗原抗体之间结合的高度特异性来检测组织和细胞中特定蛋白的表达。由于免疫组织化学和免疫细胞化学是在保持组织和细胞结构完整的前提下进行的，抗原抗体的结合部位可以通过标记物显示出来，因此在显微镜下可以观察到细胞和组织内各种成分（主要是生物大分子和细胞器）的分布情况，以及这些成分在细胞活动中的动态变化，因此免疫化学技术不但能够定量、定性检测特定蛋白质的表达，而且能够进行蛋白质的细胞内定位分析。

免疫组织化学和免疫细胞化学两种方法所用的实验材料有所不同，前者是组织切片，而后者是细胞爬片或涂片等；相同点是都用带标记的抗体来识别目的蛋白。按抗体标记物的不同可分为免疫酶化学技术、免疫荧光技术、免疫金-银化学技术、亲和免疫化学技术和免疫电子显微镜技术等。按照被标记抗体的不同又可分为直接法和间接法。直接法是将酶和荧光等标记物直接标记在第一抗体上，而间接法是标记在第二抗体上。直接法具有操作简便特异性高的特点，但是敏感性较差。通常用来检测未知的抗原。而间接法是通过在第二抗体上进行标记，使抗原分子上的标记物大大增加，具有放大作用，增加反应的敏感性，在实验中广泛应用。

此外，以上各种技术的染色会受多种因素的影响，为了对结果做出正确判断，实验中要设立严格的对照实验。对照通常有 4 种，即阳性对照、阴性对照、空白对照及替代对照，以排除非特异性染色。

实验 6-1　免疫酶细胞化学法检测髓母细胞瘤细胞系中 P65 蛋白的表达

【实验目的】

1. 掌握免疫酶细胞化学技术的基本原理。

2. 熟悉链霉抗生物素蛋白-过氧化物酶（streptavidin-perosidase，SP）法的基本步骤。

3. 了解免疫酶细胞化学技术在肿瘤病理诊断等科学领域的应用。

【实验原理】

免疫细胞化学（immunocytochemistry，ICC）染色中，由于抗原-抗体反应所形成的复合物本身无色，光学显微镜无法直接观察，因而需借助于某些化学基团的呈色作用，使其得以显示，主要包括链霉菌抗生物素蛋白-过氧化物酶连结（SP）法，过氧化物酶-抗过氧化物酶（PAP）法和卵白素-生物素-过氧化物酶复合物（ABC）法等，其中 SP 法是最常使用的方法之一。SP 法中实验样本先后经一抗、二抗和辣根过氧化物酶标记链霉卵白素工作液处理后再以 DAB 显色，细胞内抗原存在部位可见棕黄色产物。

3，3-二氨基苯联胺（DAB）是辣根过氧化物酶的常用底物。在辣根过氧化物酶的催化下，DAB会产生棕色沉淀。该棕色沉淀不溶于水和乙醇，因此在DAB显色后，还可以使用溶于乙醇的染料进行后续染色等处理。

【实验准备】

1. 实验对象 人髓母细胞瘤细胞系UW228-3细胞爬片，阴性对照细胞爬片。

2. 实验试剂 1×PBS缓冲液，鼠抗人P65克隆抗体，Triton X-100，SP-9000免疫组化染色试剂盒（包括试剂A、B和C），DAB显色液，HE染色试剂等。

3. 实验器材及仪器 普通光学显微镜，载玻片，滴管，湿盒，陶瓷血清凝集板，水浴箱，镊子等。

【实验内容与方法】

1. 从冰箱中取出正常培养的人髓母细胞瘤细胞系UW228-3细胞爬片，置于血清凝集板中，恢复至室温。

2. 1×PBS浸洗，5min。

3. 1% TritonX-100（用1×PBS配制），37℃孵育15min。

4. 1×PBS浸洗，洗三次，每次3min。

5. 3%H_2O_2室温孵育10min，以消除内源性过氧化物酶活性。

6. 1×PBS浸洗，洗三次，每次3min。

7. 滴加试剂A（封闭用正常山羊血清工作液），37℃孵育15min。倾去，勿洗。

8. 滴加用1×PBS适当稀释的鼠抗人P65抗体，37℃孵育2～3h或4℃过夜。阴性对照爬片滴加1×PBS。

9. 1×PBS浸洗，洗三次，每次3min。

10. 滴加试剂B（生物素标记山羊抗兔、大鼠、小鼠和豚鼠IgG的二抗工作液），37℃孵育10～15min。

11. 1×PBS浸洗，洗三次，每次3min。

12. 滴加试剂C（辣根过氧化物酶标记链霉卵白素工作液），37℃孵育10～15min。

13. 1×PBS浸洗，洗三次，每次3min。

14. 配制DAB显色工作液：准备850μl双蒸水，加入一滴试剂A，混合均匀，然后将试剂B和C各一滴加入其中，再次混匀。

15. DAB显色，室温孵育2～10min后（显微镜下观察，确定终止时间），置于纯水中终止反应，自来水冲洗。

16. 苏木素复染，脱水，透明，中性树胶封片。

17. 光学显微镜下观察结果并拍照（图6-1）。

【注意事项与常见问题】

1. 在实验过程中注意区分细胞爬片的正反面。

2. 为避免实验过程中细胞爬片干燥，应在湿盒中操作。

3. 各浸洗步骤要充分。

4. DAB是可疑致癌物，请注意适当防护。

5. DAB显色工作液现用现配，避光保存，30min内使用，剩余液体应弃去。

6. DAB溶解要完全，否则未溶解的颗粒沉积于标本上影响观察。

7. DAB 浓度不易过高，否则显色液呈棕色，增加背景染色。

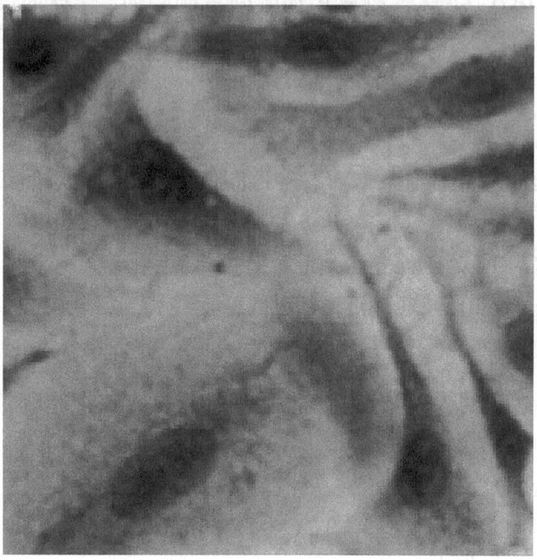

图 6-1　P65 蛋白在 UW228-3 细胞中的表达

【作业与思考题】

1. 试述免疫细胞化学反应的基本原理和简要过程。

2. 对实验中所观察到的现象给予描述和解释。

3. 本实验技术在研究中的应用价值。

4. 总结对照实验的设置原则和主要方法。

附：试剂配制

1. 1×PBS（0.01 mol/L，pH 7.4）　NaCl 8g、KCl 0.2g、$Na_2HPO_4 \cdot 12H_2O$ 3.628g、KH_2PO_4 0.24g，溶于 1000ml 纯水，调节 pH 为 7.4。

2. DAB 显色液　DAB 显色试剂盒中 A 液（浓缩缓冲液，20×），B 液（DAB 溶液，20×）和 C 液（浓缩过氧化氢溶液，20×）各一滴，溶于 850μl 纯水中。

实验 6-2　免疫荧光染色显示髓母细胞瘤细胞系中 HES1 蛋白的分布

【实验目的】

1. 掌握免疫荧光技术的原理。

2. 熟悉免疫荧光技术的操作步骤及注意事项。

3. 熟悉荧光显微镜的使用。

【实验原理】

免疫荧光技术（immunofluorescence，IF）是在免疫学、生物化学和显微镜技术的基础上建立起来的一项技术。首先将不影响抗体活性的荧光素标记在特定的抗体上，然后把它作为探针来检测组织或细胞内相对应的抗原。由于抗原抗体之间存在高度特异性的结合，在荧光显微镜下，抗体上标记的荧光素在一定波长激发光的作用下会发出一定波长的荧光，从而可以对某种目的蛋白进行组织和细胞内的定性、定量和定位分析。由于荧光具有高分辨率的特定，此法具有灵敏度高和简便快速的特点，在基础研究，临床检验和病理诊断方面应用比较广。可以分为直接法、夹心法、间接法和补体法。间接法只需制备一种荧光抗体可以检出多种抗原，敏感性较高，操作方法较易掌握，而且能解决一些不易制备动物免疫血清的病原体（如麻疹）等的研究和检查，所以已被广泛应用。当然免疫荧光技术存在非特异性染色，结果判定的客观性不足和步骤复杂等缺点。

常用的荧光色素有：①异硫氰酸荧光素（fluorescein isothiocyanate，FITC）：最大吸收光波长为 490～495nm，最大发射光波长 520～530nm，呈现明亮的黄绿色荧光。②四乙基罗丹明（rhodamine，RIB200）：最大吸收光波长为 570nm，最大发射光波长为 595～600nm，呈橘红色荧光。③四甲基异硫氰酸罗丹明（tetramethylrhodamine isothiocyanate，TRITC）：最大吸引光波长为 550nm，最大发射光波长为 620nm，呈橙红色荧光。与 FITC 的翠绿色荧光对比鲜明，可配合用于双重标记或对比染色。

【实验准备】

1. 实验对象　人髓母细胞瘤细胞系 UW228-3 细胞爬片。

2. 实验试剂　兔抗人 HES1 多克隆抗体，1×PBS 缓冲液，1%Triton X-100，封闭用正常山羊血清，荧光标记的二抗，甘油等。

3. 实验器材及仪器　荧光显微镜，滴管，湿盒，吸水纸，载玻片，盖玻片，镊子等。

【实验内容与方法】

1. 取细胞爬片恢复至室温。

2. 1×PBS 浸洗，洗三次，每次 3min。

3. 1%Triton X-100，37℃孵育 15min。

4. 1×PBS 浸洗，洗三次，每次 3min。

5. 10%封闭用正常山羊血清，37℃孵育 20min。

6. 滴加用 2%血清适当稀释的 Hes1 抗体，37℃孵育 2～3h 或 4℃过夜。阴性对照组滴加 1×PBS。

7. 1×PBS 浸洗，洗三次，每次 3min。

8. 在暗室中滴加 2%血清适当稀释的二抗，37℃湿盒中孵育 30～60min。

9. 1×PBS 浸洗，洗三次，每次 3min。

10. 配制封片液（甘油和 1×PBS 按 1∶1 混合），将细胞爬片封片于洁净的载玻片上，避光。

11. 暗室中用荧光显微镜观察（图 6-2）。

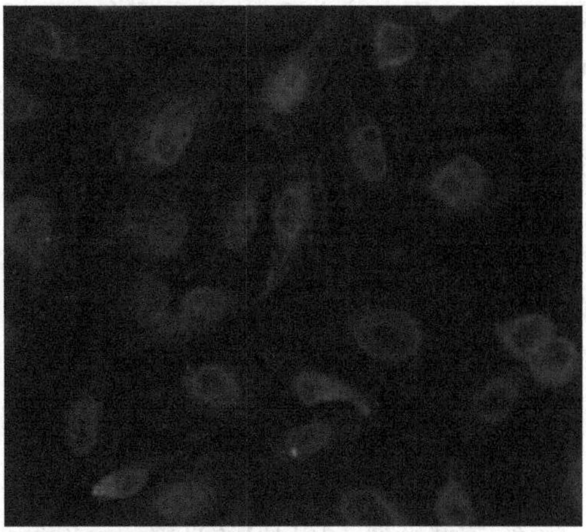

图 6-2　HES1 蛋白在 UW228-3 细胞中的表达

【注意事项与常见问题】

1. 荧光信号容易衰减，荧光染色后一般在 1h 内完成观察，因此一次检测样本数量不宜过多。

2. 荧光抗体的孵育以及后续处理中要注意避光，防止荧光信号过快衰减。

3. 在封片时常使用专用封片剂或甘油。条件许可，建议购买抗淬灭的封片液使标本保存更久。

4. 荧光抗体染色假阳性可能会多，每次试验均需设置以下三种对照：

（1）阳性对照：阳性血清+荧光标记物。

（2）阴性对照：阴性血清+荧光标记物。

（3）荧光标记物对照：PBS+荧光标记物。

5. 封片时有细胞的一面向下扣在载玻片上。

【作业与思考题】

1. 试比较免疫荧光技术和免疫印迹技术的异同。

2. 如果实验中出现荧光染色不强或者存在很多非特异的染色，试分析可能的原因，并提出解决的办法。

3. 若要在一个样本上同时检测两种靶蛋白，免疫荧光双标实验在抗体选择，实验操作及结果分析时应注意哪些问题？

实验 6-3　免疫组织化学法检测 HES1 在胃癌组织中的表达与分布

【实验目的】

1. 掌握免疫酶组织化学技术的基本原理。

2. 熟悉免疫酶组织化学技术的基本步骤。

3. 了解免疫酶组织化学技术的应用。

【实验原理】

免疫组织化学（immunohistochemistry，IHC）是应用免疫学及组织化学原理，通过抗原与抗体特异性结合对组织切片中的某些化学成分进行原位的定性、定位或定量研究的技术。基于抗原抗体之间高度特异性结合的特点，采用针对被检成分（细胞和组织中特定的蛋白质）的抗体（第一抗体）识别被检蛋白质，进而在显微镜下可清晰观察到细胞内的抗原抗体反应产物。组织和细胞中凡是能作抗原或半抗原的物质，如蛋白质、多肽、受体、酶、激素等都可以用相应的特异性抗体来检测。

免疫组织化学技术根据示踪物的不同可分为免疫荧光组织化学技术、免疫酶组织化学技术、亲和组织化学技术、免疫金银及铁标记免疫组织化学技术等。其中免疫酶组织化学方法在基础和临床研究中的应用十分广泛，它是采用多种酶标记抗体，根据酶与其底物间产生的可溶性或不溶性有颜色产物，同时借助于光镜或电镜观察细胞及亚细胞水平的抗原或抗体的存在和分布的方法。该技术具有特异性强，敏感性高，定位准确及简便易操作等特点。更重要的是该技术可以对特定的抗原（靶蛋白）在同一组织中不同类型细胞中的分布进行准确定位。

理论上，凡是无毒又具有高催化效率的酶均可以标记抗体。同时要求酶与其底物相互作用生成的产物必须具备是不透光或不透电子和不溶性的，否则不能用光镜和电镜进行观察。目前用于标记的酶主要有辣根过氧化物酶、碱性磷酸酶、酸性磷酸酶、葡萄糖氧化酶、β-半乳糖苷酶等。本实验以链霉菌抗生物素蛋白-过氧化物酶连结法（SP）法为例加以介绍。

【实验准备】

1. 实验对象　胃癌组织石蜡切片。

2. 实验试剂　1×PBS 缓冲液，二甲苯，无水乙醇，石蜡切片抗原修复工作液 A 和 B，3%H_2O_2-甲醇溶液，SP-9000 免疫组化染色试剂盒，兔抗人 Hes1 多克隆抗体，DAB 显色液，HE 染色试剂等。

3. 实验器材及仪器　高压锅，电磁炉，不锈钢容器，普通光学显微镜，水浴箱（锅），玻片架，盖玻片，滴管，湿盒，吸水纸等。

【实验内容与方法】

1. 烤片　将胃癌组织石蜡切片在56～60℃的恒温箱中放置至少1h。

2. 常规二甲苯脱蜡，梯度酒精脱水　将石蜡组织切片在室温条件下依次浸泡在下列试剂：二甲苯Ⅰ，20min ⇒ 二甲苯Ⅱ，20 min ⇒ 无水乙醇Ⅰ，10 min ⇒ 无水乙醇Ⅱ，10 min ⇒95%乙醇，5 min ⇒70%乙醇，5 min ⇒50%乙醇，5 min。

3. 抗原修复　将切片置于金属架上，放入盛有0.01mol/L枸橼酸盐缓冲液（其中A液9ml，B液41ml，加纯水至500ml，pH 6.0）的不锈钢容器中。放入高压锅中，盖锅压阀。当压力锅开始慢慢喷气时开始计时，15min后取出自然冷却。或95℃煮沸，15～20min，自然冷却20min以上，再用冷水冲洗缸子，加快冷却至室温。

4. 1×PBS浸洗，洗三次，每次3min。

5. 3% H_2O_2室温或37℃孵育10min以灭活内源性过氧化物酶。

6. 1×PBS冲洗，洗三次，每次3min。

7. 滴加封闭用正常山羊血清工作液，37℃孵育15min后倾去，勿洗。

8. 滴加HES1抗体稀释液，4℃冰箱孵育过夜。阴性对照组滴加1×PBS缓冲液代替一抗。

9. 次日取出恢复室温后，1×PBS冲洗，洗三次，每次3min。

10. 滴加生物素标记的二抗工作液，37℃孵育15min。

11. 1×PBS冲洗，洗三次，每次3min。

12. 滴加辣根过氧化物酶标记链霉卵白素工作液，37℃孵育15min。

13. 1×PBS冲洗，洗三次，每次3min。

14. DAB显色20s至1min后置于纯水中终止反应（镜下观察，确定终止时间），自来水充分冲洗。

15. 苏木素复染，常规脱水，透明，干燥，中性树胶封片。

16. 光学显微镜下观察并拍照（图6-3）。

17. 结果的判定标准见表6-1。

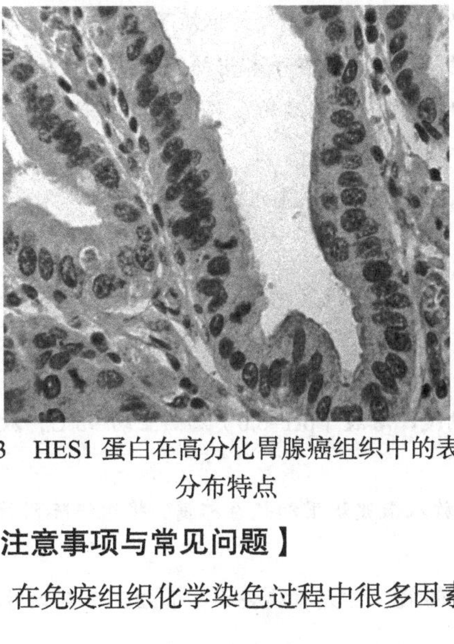

图6-3　HES1蛋白在高分化胃腺癌组织中的表达和分布特点

表6-1　阳性程度判断标准

	细胞阳性着色程度	依照阳性细胞总数
–	未着色	
+	弱阳性	＜25%
++	中等阳性	25%～50%
+++	强阳性	＞50%

【注意事项与常见问题】

1. 在免疫组织化学染色过程中很多因素能影响染色质量，因此要严格按照操作规程进行实验。

在实验过程中一定要设立各种对照组，避免假阳性和假阴性结果。

2. 甲醛固定过程会封闭组织和细胞中的部分抗原决定簇，使免疫组化标记敏感性明显降低，因此免疫组化染色时，组织切片需先进行抗原修复或暴露。

3. 抗体可能与带电荷的组织细胞成分非特异性结合，因此在一抗孵育前，常常通过加入非免疫动物血清来减少背景。可用二抗动物的非免疫血清（2%～10%）来封闭吸附位点。

4. 根据组织切片的多少来确定实验所需配制的抗体量。取抗体的微量加样器一定要精确，最好专用。抗体工作液要现用现配，最好当天用完。

5. 整个实验过程中要在湿盒中进行，避免组织切片干燥。

6. 每步滴加试剂前要沥干多余的液体，避免试剂稀释导致染色弱。

7. 室温低于 15℃，要放在 37℃孵育箱孵育或 4℃冰箱。

【作业与思考题】

1. 免疫组织化学的原理及在细胞生物学研究中的应用。

2. 导致非特异性染色出现的原因及解决方法。

3. 实验中各种对照是如何设定的。

附：

1. 试剂配制

（1）石蜡切片抗原修复工作液 A：枸橼酸 21.01g 溶于 1000ml 纯水中。

（2）石蜡切片抗原修复工作液 B：枸橼酸钠 29.41g 溶于 1000ml 纯水中。

（3）3%H_2O_2-甲醇溶液：用 30%H_2O_2 和甲醇溶液配制。

2. 步骤

（1）免疫组化实验使用的组织标本：免疫组化实验所用的组织标本主要包括石蜡切片（病理大片和组织芯片）和冷冻切片。制作组织标本最常用和最基本的方法是石蜡切片。石蜡切片具有组织形态保存好的优点，能作连续切片，利于将各种染色进行对照观察；还能长期存档，供回顾性研究。尽管石蜡切片制作过程对组织内抗原的暴露有一定影响，但可通过特定的方法进行修复，因此石蜡切片是免疫组化中首选的组织标本。冰冻组织切片也是免疫组化中常用的一种切片方法，是指在低温条件下使组织快速冷却到一定硬度，然后进行切片的方法。切片前组织没有经过任何化学药品的处理和加热过程，因此大大缩短了制片时间，而且能够最大程度保持抗原性不受损失，主要适用于稳定性差的抗原的检测，另外在手术中的快速病理诊断中有应用。冰冻组织中的水分易形成冰晶而影响抗原定位、冷冻组织切片存在不同程度的破碎以及标本来源的局限等，使冰冻组织切片的应用受到一定的限制。

（2）抗原修复的主要方法：主要适用于福尔马林固定的石蜡包埋组织阵列，方法简述如下。

1）抗原热修复

高压热修复：沸水中加入 EDTA（pH=8.0）或 0.01mol/L 枸橼酸钠缓冲溶液（pH=6.0）。将玻片置于染色架上，缓慢加压，使玻片在缓冲液中浸泡 5min 之后将高压锅盖子锁定。10min 后，去除热源，置入凉水中冷却后打开盖子。此法适用于较难检测或核抗原的抗原修复。

煮沸热修复：用电磁炉或者水浴锅将 0.01mol/L 枸橼酸钠缓冲溶液（pH=6.0）加热至约 95℃，放入组织芯片，加热修复 10～15min。

微波热修复：将 0.01mol/L 枸橼酸钠缓冲溶液（pH=6.0）放入微波炉里加热至沸腾，将组织阵列放入，断电，间隔 5～10min，反复 1～2 次。

2）酶消化方法：通常使用 0.1%胰蛋白酶或 0.4%胃蛋白酶液。首先将胰蛋白酶和组织阵列切片预热至

37℃，然后将切片放入胰蛋白酶消化液中消化5～30min；胃蛋白酶消化时间为30min。

（3）抗体的选择、使用和保存

1）抗体的选择：检测任何靶蛋白都有多种抗体可供选择，选择时主要需要考虑如下几种因素：

分析和应用的类型：通常抗体说明书都会列出该抗体适合何种分析类型。如可以用于 Western Blotting，immunoprecipitaion，immunofluorescence，immunohistochemisty，ELISA 等。抗体说明书中没有提到的应用类型，并不意味着不适用于此种分析类型，而只是说明尚未经过验证。如果抗体不适用某种分析，则会在说明书中明确标注出来。

样品蛋白的性质：抗体说明书一般都有关于免疫原的描述，如果要检测的是某种蛋白的片断或一种特殊的同型物或蛋白全长的某一区域，则必须选择用含此片段域的免疫原制备出的抗体。如果打算用流式细胞仪检测活细胞的表面蛋白，则需要选择含该表面蛋白的胞外域来免疫制备的抗体。

样品的种属：抗体可能与不同物种的同种靶蛋白有交叉反应，应选择物种相同或有交叉反应的抗体。

抗体宿主的种类：一般说来，一抗宿主动物的物种选择较为重要，对于免疫组化而言，尽可能选择与样本不同种系物种的一抗，从而避免二抗与样本内源性免疫球蛋白产生交叉反应。

2）抗体的保存和使用：抗体保存是否得当，直接决定了抗体的活性和实验效果。认真阅读抗体产品说明书，并按照说明书推荐的条件正确保存和使用抗体。

分装能最大程度的降低反复冻融对抗体活性的影响，同时也减少了多次从同一管中吸取抗体造成污染的可能性。抗体分装时尽量在洁净的环境下无菌操作。

收到抗体后务必离心20～30s，然后再开盖进行分装和保存。离心的转数可参考各公司的说明书。

抗体分装的量以一次实验用量，但最少不能少于10μl/管。因为体积越小，抗体的浓度越可能会受到蒸发以及管壁吸附的影响。

对绝大多数抗体来说，保存在−20℃是完全足够了。如果要长期保存则最好是在−20℃或−80℃。关键是要根据抗体说明书推荐的方式来保存抗体！

冷冻后抗体溶液需置于室温中缓慢解冻，绝对避免高温快速解冻。分装抗体复融后如果一次用不完，需将剩余抗体保存在4℃，不需要再冻起来。

抗体现用现取，抗体工作液应该当天配制当天用完。

细菌污染的抗体常会导致假阳性结果的出现，应弃之。

（马景昕）

第七章　细胞遗传学技术

实验7-1　人类性染色质标本的制备与观察

【实验目的】

1. 通过X染色质的制备与观察，掌握核性别鉴定的基本方法并理解其基本原理。

2. 掌握人类间期细胞核中X染色质的形成机制。

3. 熟悉X染色质标本的制作分析方法和形态特征。

4. 掌握人类间期细胞核中Y染色质的形成机制。

5. 熟悉Y染色质标本的制作分析方法和形态特征。

【实验原理】

X染色质也叫巴氏小体（Barr body），是雌性哺乳类动物细胞间期细胞核中存在的一个浓缩深染小体。研究表明，它是两条X染色体中的一条在间期发生异固缩而形成的，并且处于失活状态，无转录活性，常位于雌性细胞的核膜内缘，但在雄性细胞中几乎检测不到。正常的女性细胞中可见到一个X染色质，而正常男性细胞中仅含有一条X染色体而且不处于失活状态，所以见不到X染色质。

人类男性间期细胞中，用荧光燃料进行染色后可观察到一个发亮的荧光小体，就是Y染色质。它是由Y染色体长臂远端所形成，对荧光染料有强亲和性，所以染色后表现为发亮小体。正常男性细胞中含有一个Y小体，而正常的女性细胞中不含Y小体。

一、X 染 色 质

【实验准备】

1. 实验对象　正常女性口腔黏膜细胞，发根毛囊细胞。

2. 实验试剂　甲醇，冰醋酸，1mol/L HCl，5mol/L HCl，40%醋酸，硫堇染液。

3. 实验器材及仪器　显微镜，消毒牙签，压舌板，载玻片，盖玻片，离心管，离心机，镊子，染色缸。

【实验内容与方法】

1. 口腔黏膜细胞制片

（1）方法一

1）口腔清洁：受检者严格地用水漱口数次后，用清洁灭菌的牙签或刮片将口腔表面杂物除去，以便去掉松动的上皮细胞和细菌。刮掉上皮细胞和口腔内细菌可防止因细菌被染色而和性染色质混淆。

2）取材：用清洁灭菌的牙签或木质压舌板刮取女性口腔两颊的黏膜，弃去第一次刮取的细胞，并在原位连续刮取数次，将刮取的细胞涮入装有生理盐水的刻度离心管中。

3）标本制作

A. 将上述装有细胞悬液的离心管在1000r/min离心10min后弃上清。

B. 加入新配置的固定液（甲醇：冰醋酸=3：1）10ml，用吸管将细胞团打散混匀制成悬液后，固定30min。

C. 再次在1000r/min离心，10min后，弃上清。根据细胞多少酌情加入2～4滴新配置的固定液（甲醇：冰醋酸=3：1），并将细胞团打散并充分混匀制成细胞悬液。

D. 用吸管吸取少量细胞悬液，滴一滴于预冷（冰水浸过）的载玻片上，用吹风机吹干或晾干标本。

E. 将标本放入 1mol/L HCl 中，37℃条件下水解 20min，用蒸馏水冲洗以充分去除 HCl。

（2）方法二：受检者用清水漱口后，以消毒牙签的钝头刮取口腔颊部黏膜，将刮取的细胞均匀涂布在洁净的载玻片上（涂布范围约一张盖玻片大小），用记号笔标记细胞面。不等涂片干燥，立即放入甲醇冰醋酸固定液中固定 15min，取出后自然干燥。

2. 发根毛囊细胞制片　拔取 2～3 根带有毛囊组织的头发，将有毛囊组织的部分放在载玻片中央，加一滴 40%醋酸，浸泡 5～10min，使毛囊组织软化，用刀片刮下毛囊组织，弃去头发。用刀尖将毛囊组织分散并均匀涂布于载玻片中央，在酒精灯上远火干燥，然后放入甲醇冰醋酸固定液中固定 15min，自然干燥后，放入 5mol/L 的盐酸中水解 10min，蒸馏水冲洗，干燥。

3. 标本染色　硫堇染色法染色：标本晾干后，在细胞涂片处加数滴硫堇染液，或放入硫堇染液缸中染色约 3～5min，蒸馏水冲洗、晾干后进行镜下观察。

4. 结果及分析　低倍镜下可见染成紫蓝色的细胞核。选择细胞数量多、分散好的部位，转换油镜观察。在油镜下观察 50 个可计数细胞（核较大、不重叠、核膜完整无缺损、染色均匀适度、无杂质污染），注意核内是否有 X 染色质（紧贴核膜内缘、半圆形或三角形、染色很深的小体，直径大约为 1μm）。

正常女性细胞中，X 染色质出现率为 20%～60%，正常男性细胞中，X 染色质阴性，有时可能会有 1%~2%的阳性率，可能为误认。

二、Y 染 色 质

【实验准备】

1. 实验对象　正常女性口腔黏膜细胞，发根毛囊细胞。

2. 实验试剂　0.5%盐酸阿的平染液，Macllvaine 缓冲液（pH6.0），乙醇，乙醚，50%醋酸。

3. 实验器材及仪器　消毒牙签，压舌板，载玻片，盖玻片，离心管，离心机，镊子，染色缸，荧光显微镜。

【实验内容与方法】

1. 取材　口腔黏膜上皮细胞涂片：细胞提供者先用清水漱口，再用清洁灭菌的牙签或适当的刮片用力刮取黏膜的深层细胞，涂抹在干净载玻片上。

头发毛囊细胞涂片：拔取 2～3 根带有毛囊的头发，自基部截取 2cm 左右置于载玻片上，滴一滴 50%的醋酸停留 10min，以软化毛囊，然后用刀片将毛囊细胞剔下，将毛囊细胞团块轻轻分散开，均匀的制成涂片。

2. 固定　将制备的涂片放入固定液（95%乙醇：乙醚=1：1）中固定 15～20min，放入到 95%乙醇中处理 30min，取出干后空气中干燥。

3. 染色　标本浸入 Macllvaine 缓冲液（pH6.0）中 5min 后，用 0.5%盐酸阿的平染液染色 15~20min，水洗干燥后，用 Macllvaine 缓冲液封片并加盖玻片。

4. 镜下观察

5. 结果及分析　置于荧光显微镜下观察，先在低倍镜找到散在的口腔黏膜细胞，核被染成黄色，选定细胞后再换高倍镜或油镜进一步观察，可见靠近核膜边缘或核中央有一光亮的荧光性小体，直径大约为 0.25～0.3μm 即为 Y 染色质。

正常男性细胞中，Y 染色质的出现率为 20%~80%，正常女性细胞中，Y 染色质阴性。

【注意事项与常见问题】

1. X 染色质检测

（1）刮取口腔黏膜细胞注意清洁并避开大量细菌的区域，防止细菌干扰 X 染色质的观察。

（2）刮取口腔黏膜细胞时，将首先刮取的口腔表层细胞丢弃，因为表层细胞的严重角质化会导致 X 染色质的出现率较低，影响实验的结果。刮取进行涂片的口腔黏膜细胞要等其干燥后再染色，否则在冲洗玻片去除染色液时，细胞容易随染色液一起流走。

（3）在冲洗玻片时，注意将玻片倾斜成 45°左右，并用小水流从玻片的一端将染色液冲洗干净，待完全干燥之后进行镜检，以防止未干燥的玻片使显微镜的物镜受污染。

（4）实验中使用的染色时间可视温度高低而做相应的调整，各个实验者所处的温度、环境各不相同。如果染色时间过短，X 染色质的着色不明显；染色时间过长，其他染色质的着色较深，均不利于分辨出 X 染色质。建议实验者在预实验中采用时间梯度法进行染色，以确定在其实验条件下的最佳染色时间。

（5）为避免与核内其他凝集物混淆，位于核中间的深染小体不在计数范围内。

2. Y 染色质检测

（1）避免其他污染物质干扰实验结果。

（2）注意区分 Y 染色质与整个细胞发出荧光或细胞中有发亮小点的部分，这些部分的大小和亮度表现很不一致。

【作业与思考题】

1. 说明 X 染色质的制备原理和意义。

2. 在显微镜下观察人体 X 染色质并绘制 X 染色质图。

3. 说明 Y 染色质的制备原理和意义。

4. 在显微镜下观察人体 Y 染色质并绘制 Y 染色质图。

附：硫堇染色液配制

（1）硫堇原液：将 1g 硫堇溶于 100ml 的 50%乙醇溶液中，溶解备用。

（2）Michaelis 缓冲液：取 9.714g 乙酸钠（$3H_2O$），14.714g 巴比妥钠，500ml 去 CO_2 蒸馏水配制缓冲液。

（3）再配制 0.1mol/L HCl 液。

（4）工作液：将硫堇原液、缓冲液和 0.1mol/L HCl 液按 40ml∶28ml∶32ml 比例配成工作液，调节 pH 至 5.7±0.2。用 0.2μm 滤纸过滤后，棕色小瓶分装保存。

实验 7-2　人外周血淋巴细胞培养与染色体制备

【实验目的】

1. 初步掌握人体外周血淋巴细胞染色体标本常规制作的基本技术。

2. 了解人体外周血淋巴细胞培养的方法和基本过程。

3. 掌握三种人染色体的特点。

【实验原理】

染色体研究是联系细胞与分子的桥梁，在医学研究特别是遗传学研究中被广泛重视和重点研究。为了研究人的染色体组成，所选用的组织细胞必须处于增殖状态，才能获得适于观察和分析的染色体标本。在人类，除少数组织（骨髓和睾丸组织）细胞始终处于不断分裂之中外（但取材较困难，且不易为人们所接受），其余各种组织都需经过体外培养才能使细胞大量增殖。因而外周血体外培养法运用最广泛，细胞遗传学领域中 90%以上的研究取材于它。正常情况下外周血中的淋巴细胞通常处于 G_1 或 G_0 期，很难见到分裂象。但外周血中的淋巴细胞在体外培养时经一定剂量的植物血凝素（phytohemagglutinin，PHA）刺激可转化成淋巴母细胞，重新进入增殖周期进行有丝分裂，随后以纺锤体抑制剂秋水仙素作用于细胞，使其停滞于中期分裂象，再经低渗、固定、染色等处理就可以得到处于有丝分裂中期的染色体标本了。

【实验准备】

1. 实验对象　人体外周静脉血。

2. 实验试剂　RPMI-1640 培养液，小牛血清，植物血凝素（PHA），秋水仙素（100μg/ml），青链霉素，0.2%肝素，0.075mol/L KCl 低渗液，固定液（甲醇：冰醋酸=3：1，用时新配），10% Giemsa 染液，2.5%碘液，75%乙醇溶液。

3. 实验器材及仪器　超净工作台，恒温培养箱，离心机，架盘天平，圆形细胞培养瓶，5ml 注射器，采血针头，10ml 刻度离心管，止血带，消毒棉签，试管架，预冷载玻片，吸管，量筒。

【实验内容与方法】

1. 淋巴细胞的培养

（1）培养前的准备：对培养过程中的必需用品应灭菌、配制培养液及药品。

（2）采血：用注射器吸入少许肝素润湿针筒后推弃，再以无菌法抽取静脉血。

细胞培养的必须用品安放在超净工作台内，操作前用紫外线消毒 20～30min。为防止污染，在操作前必须用肥皂洗手，然后用 75%乙醇溶液擦拭。若在无菌室工作还需穿消毒隔离衣帽并戴口罩，献血者的手臂皮肤须用无菌棉签蘸 75%乙醇溶液消毒两次，缚止血带，静脉取血 1～2ml 至针筒内摇匀，即为抗凝血。

（3）培养：在无菌条件下将抗凝血 0.3～0.4ml 加入培养瓶内，摇匀，置于 37℃恒温培养箱中培养 72h。

2. 染色体玻片标本制备

（1）秋水仙素处理：在培养终止前 3～4h 内向每个培养瓶中加入秋水仙素，使终浓度为 0.2～0.4μg/ml。

（2）收集细胞：细胞继续培养至 72h，取出培养瓶，用吸管混匀其中的细胞悬液，分别吸入刻度离心管中，在天平上平衡（用生理盐水）后离心 8min（1000r/min）。

（3）低渗处理：吸弃上清液，加入预温至 37℃的低渗液（0.075mol/L KCl）8ml。用吸管吹散、打匀，使沉淀细胞与低渗液充分混匀，置 37℃温箱中 15～30min。

（4）预固定：低渗后立即加入固定液 1ml，用吸管轻轻吹打混匀，离心（1000r/min）10min。小心吸弃上清液，留下沉淀物。此时由于上清液颜色较深，因此一定要小心分清液面。

（5）固定：用吸管吸取固定液，沿离心管壁缓缓加入，直至 8ml，反复吹打均匀，室温下静置固定 30min 后，1000r/min 离心 10min。

（6）制成细胞悬液：吸弃上清液，剩余约 0.1～0.2ml，加入新鲜固定液 0.3～0.5ml（可视细胞沉淀的多少而定）。用吸管轻缓吹吸混匀即制成细胞悬液。

（7）滴片：取冰箱中预冷的湿载玻片，用吸管吸取细胞悬液，不重叠地滴上 2～3 滴（滴时吸管的高度应在载玻片正上方约 20cm 或更高，以利于染色体铺展），立即在酒精灯上远火烘干或室温自然晾干。

（8）染色：在滴有细胞的载玻片一面作标记（用记号笔），在染缸中（盛 10% Giemsa 染液）染色 10min。取出载片，流水冲洗玻片上的染液，晾干或烘干后镜检。

3. 镜检　在低倍镜下见视野中有较多的紫色或蓝紫色小点，换高倍镜观察，这些小点为圆形的间期细胞核。移动推进器进一步寻找散在分布的中期分裂象，确定一个染色体分散较好（不重叠或重叠较少）的中期分裂象（图 7-1）观察后，再换油镜分析观察。

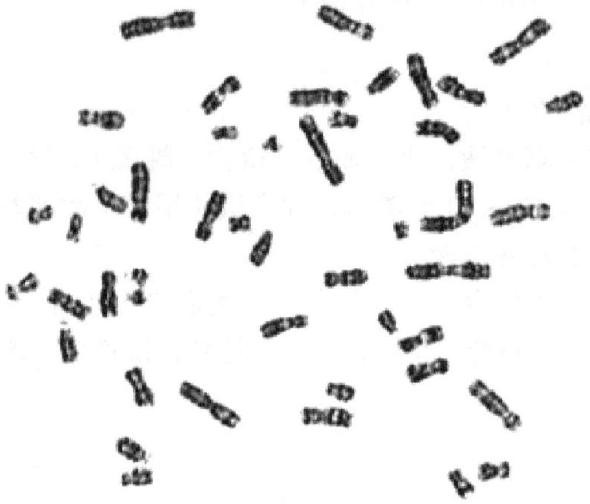

图 7-1　人染色体中期分裂象

【注意事项与常见问题】

1. 低渗时间可适当延长，以便使染色体分散、消除细胞背景，使标本更加清晰。

2. 注意不要过猛吹打细胞，否则会造成染色体散落、丢失。

3. 滴片时细胞悬液浓度不能太低，滴片时注意掌握"高、快、冷、准"的原则，滴在玻片上，不能重叠。

【作业与思考题】

1. 绘制三种类型的人染色体。

2. 试计数一中期分裂象 2n 等于多少？判断核性别。

附：

因培养的细胞需要在无菌、无毒的环境中才能生长，所以对实验用具的清洁和灭菌是保证实验成功的首要条件。

1. 用具的清洗

（1）玻璃器皿：在肥皂水中煮沸 30min，趁热洗刷内、外。流水冲洗 10min，烘干。浸入清洗液中 8～14h，取出后以流水充分冲洗约 20min，再以蒸馏水冲洗 3 次。烘干后以消毒布包装，高压灭菌（10 磅 20min 或 160℃干热灭菌 2h）。

（2）载玻片须用肥皂水煮沸约 20min，趁热洗刷后流水冲洗，烘干。逐片地放入清洗液中，24h 后取出，浸入盆中，充分流水冲洗，再用蒸馏水冲洗后放置蒸馏水中备用。

（3）橡胶类制品：先用清水洗刷，再用肥皂粉水煮沸 30min。经清水充分清洗净后用三蒸水洗 3 次，烘干待用。

2. 培养基和药品的配制

（1）1640 培养液：RPMI-1640 粉末 1.04g 溶于 100ml 的三蒸水中（充分溶解），加入 25ml 小牛血清（先于 56℃水浴箱 20min 灭活），再加入 10%的 PHA 1.8ml。

在配好的培养液中还应加入双抗（青、链霉素）100U/1ml 培养液。用 7.4%$NaHCO_3$溶液调节 pH 为 7.2～7.4。再以 G6 细菌漏斗抽滤除菌或以直径为 0.22μm 的微孔滤膜过滤，然后按每培养瓶 5ml 分装，冰冻保存备用。

（2）0.2%肝素：称量 0.2g 肝素粉末，溶于 100ml 0.85%的 NaCl 溶液中，高压灭菌（8 磅，15min）。

（3）100μg/ml 秋水仙素：称量秋水仙素粉末 0.01g，溶于 100ml NaCl 溶液。

（4）10% Giemsa 染液：称量 1g Giemsa 粉末，溶于 66ml 甘油（60℃），研磨溶解，再加入 66ml 甲醇液混合即成 Giemsa 原液。Giemsa 原液与磷酸缓冲（pH6.8 或 7.4）按 1：9 配成，此即 10% Giemsa 染液。

实验 7-3　小鼠骨髓细胞染色体标本的制备与观察

【实验目的】

1. 掌握用骨髓细胞制备动物染色体标本的基本原理和技术。
2. 观察小鼠染色体的形态结构和雌雄间的染色体差异。

【实验原理】

骨髓是造血器官，也是重要的免疫器官。红骨髓中含有大量造血干细胞，可生成各种血细胞和原始细胞。造血干细胞具有高度的分裂能力，有丝分裂旺盛，因此不需要体外培养就可以直接得到中期细胞。本实验采用这一材料，用一定剂量的秋水仙素破坏纺锤丝的形成，使细胞分裂停滞在中期。通过预处理，低渗，固定，制片，染色等步骤制得染色体标本，可观察到许多处于分裂中期的染色体，可以进行染色体组型分析。

【实验准备】

1. 实验对象　小白鼠。

2. 实验试剂　生理盐水，0.075mol/L KCl 低渗液，固定液（甲醇：冰醋酸=3：1，用时新配），0.01%秋水仙素，Giemsa 染液。

3. 实验器材及仪器　手术剪，无齿镊，小型弯止血钳，干净纱布，注射器及针头，天平，离心机，恒温培养箱，显微镜载玻片，玻璃染色缸，显微镜，乳头吸管等。

【实验内容与方法】

1. 预处理　实验前 2.5～3h，按每克体重注射 0.02ml，给小白鼠腹腔注射秋水仙素。

2. 取标本　颈椎脱位法处死小鼠后，取出完整的股骨，剔去肌肉组织并洗净。剪去两端的股骨头，吸取 7～8ml 生理盐水，将注射器针头插入股骨一端，反复冲洗两根股骨，洗液收集到 10ml 的离心管中。

3. 离心Ⅰ　1000r/min 离心 10min，弃上清。

4. 低渗处理　加入 8ml 0.075mol/L KCl 溶液，滴管吹散，37℃水浴低渗 20～30min，中间（约 10～15min）再吹散一次，使细胞分散，悬浮于溶液中。

5. 离心Ⅱ　再次在 1000r/min 离心 10min，弃上清。

6. 固定　沉淀加 8ml 固定液，并用吸管轻轻吹匀，进行固定。

7. 制备细胞悬液　1000r/min 离心 10min 后，弃去上清，加 0.2ml 固定液并轻轻吹打成细胞悬液。

8. 滴片　用吸管吸取细胞悬液，从高度 20cm 或更高的正上方滴在预冷的载玻片上，在酒精灯火焰上微微加热烘干。

9. 染色 Giemsa 染液染色 10min，取出载片，流水冲洗玻片上的染液，晾干或烘干后镜检。

10. 镜检 先用低倍镜寻找细胞及中期分裂象，然后转入高倍镜下观察。

【注意事项与常见问题】

1. 实验所用小鼠最好是 65～90 日龄的幼鼠，取骨髓时，尽可能收集多的骨髓，保证有足够量的细胞。

2. 低渗时的处理温度和时间是实验成功的关键。

3. 第一次固定时，一定要充分打匀细胞，制成细胞悬液。

4. 自来水冲洗要掌握时间，避免标本褪色。

【作业与思考题】

绘出所观察到的有丝分裂图像。

实验 7-4 染色体 G 显带技术

【实验目的】

1. 掌握人体染色体 G 显带标本的制备原理和技术。

2. 了解人类染色体 G 显带的带型特征。

【实验原理】

染色体是指细胞在有丝分裂或减数分裂过程中由染色质聚缩而成的棒状结构，是 DNA 螺旋化的最高级形式。显带技术（banding technique）是指经过各种物理、化学因素的特殊处理后，再用染料对染色体标本进行染色，使每条染色体上出现恒定的因染色深浅交替而呈现明暗相间的不同带纹的技术。其中条带的宽窄、数目、位置和着色深浅均具有相对稳定性，因而每一条染色体都有固定的分带模式，称为带型，它是鉴别染色体的重要依据。目前，显带技术得到很大发展，其中 G 显带是最常见、使用最广泛的一种显带技术，它将染色体标本经胰酶或碱、热、尿素等处理后，再经 Giemsa 染料染色，使染色体上出现明暗相间或深浅不同的带纹。其特性是带型稳定，保存时间长，显带方法简单。关于 G 显带的机理目前有很多说法，一般认为，易着色的阳性带为含有 AT 多的染色体节段，在间期核呈固缩状态，而且是 DNA 晚复制区之一，有相当一部分中度重复序列 DNA 可能在 G 带区；相反，含 GC 多的染色体段则不易着色。也有人认为，Giemsa 染料在 G 带区是与 DNA 结合，而且与结合 DNA 的染色质非组蛋白有关。总的来说，G 显带的机制还未搞清。通过显带核型分析，可以准确识别每一染色体，而且也可以发现染色体上微小的结构特征，为基因定位及临床染色体病诊断和病因研究创造条件。

【实验准备】

1. 实验对象 分裂象好、染色体分散良好的中期人类染色体标本。

2. 实验试剂 生理盐水，胰蛋白酶，0.02%EDTA 溶液，Giemsa 染液。

3. 实验器材及仪器 显微镜，恒温水浴箱，烤箱，染色缸，吸管，镊子，吸水纸等。

【实验内容与方法】

1. 将制片标本置 37℃烤箱中烤片 2～3h 后备用，一般在 3～7 天显带。

2. 放入预温至 37℃的胰蛋白酶-EDTA 溶液中（将 0.1%的胰蛋白酶液和 0.02%EDTA 溶液按 1∶1 比例混合，并调 pH 至 6.8～7.2）处理 5～20s。

3. 在 Giemsa 染液中染色 10min，生理盐水漂洗两次，晾干后，镜检。

4. 镜检　在显微镜低倍目镜下找到分散良好的中期分裂象，换高倍目镜或油镜检查显带标本，选取染色体上清晰的深浅相间的带型，可供计数染色体数目或摄像分析。

【注意事项与常见问题】

1. G 显带的效果与染色体本身质量密切相关，应选择中期分裂象良好并且分散好的染色体进行显带。

2. 胰蛋白酶处理的时间需要掌握好，如果细胞呈紫蓝色，说明胰蛋白酶的作用时间不够，如果细胞呈桃红色，说明作用时间刚好。

3. 标本保存时间应该适宜，标本存放时间越长，细胞对胰酶处理的抵抗性越强，因而在胰蛋白酶当中处理时间也应当适当延长。新鲜的标本中染色体容易出现毛茸现象，而片龄较长的标本会导致斑点状的染色体。

【作业与思考题】

1. 绘制 G 显带中期分裂象简图，并标记染色体的位置和序号。

2. 制备 G 显带标本的操作中应该注意的问题？

附：

1. 正常人各染色体的 G 带特征（图 7-2）

A 组　1～3 号染色体。长度最长，1 号和 3 号染色体为中央着丝粒染色体，2 号染色体为亚中央着丝粒染色体。

1 号染色体

短臂：近侧段有 2 条深带，第 2 深带稍宽，在处理较好的标本上，远侧段可显出 3～4 条淡染的深带。短臂分为 3 个区，近侧的第 1 深带为 2 区 1 带；第 2 深带为 3 区 1 带。

长臂：紧贴着丝粒的为染色浓的副缢痕。其远侧为一宽的浅带，近中段与远侧段各有两条深带，其中段第 2 深带染色较浓，中段两条深带稍靠近，长臂分为 4 个区，副缢痕远侧的浅带为 2 区 1 带、中段第 2 深带为 3 区 1 带，远侧段第 1 深带为 4 区 1 带。

2 号染色体

短臂：可见 4 条深带，中段的 2 条深带稍靠近，短臂分为 2 个区，中段两条深带之间的浅带为 2 区 1 带。

长臂：可见 7 条深带，第 3 和第 4 深带有时融合。长臂分为 3 个区，第 2 和第 3 深带之间的浅带为 2 区 1 带，第 4 和第 5 深带之间的浅带为 3 区 1 带。

3 号染色体　带型分布对称，该染色体的 G 带图有点像蝴蝶结。在长臂与短臂的近中段各具有 1 条明显的宽的浅带。

短臂：一般在近侧段可见 1 条较宽的深带，远侧段可见 2 条深带，其中远侧 1 条较窄，且着色淡，这是区别 3 号染色体短臂的显著特征。在处理较好的标本上，近侧段的深带可分为 2 条深带，短臂分 2 个区，中段浅带为 2 区 1 带。

长臂：一般在近侧段和远侧段各有 1 条较宽的深带，在处理好的标本上，近侧段的深带可分为 2 条深带，远侧段的深带可分为 3 条深带，长臂分为 2 个区，中段浅带为 2 区 1 带。该染色体的 G 带图有点像蝴蝶结。

B 组　4～5 号染色体。长度次于 A 组；亚中央着丝粒染色体，短臂较短。

4 号染色体

短臂：可见 2 条深带，近侧深带染色较浅，短臂只有 1 个区。

长臂：可见均匀分布的 4 条深带，在处理较好的标本上，远侧段的 2 条深带可各自分为 2 条较宽的深带。长臂分为 3 区，近侧段第 1 和第 2 深带之间的浅带为 2 区 1 带，远侧段两条深带之间的浅带为 3 区 1 带。

5号染色体

短臂：可见2条深带，其远侧的深带宽且着色浓，短臂仅1个区。

长臂：近侧段2条深带，染色较淡，有时不明显，中段可见3条深带，染色较浓，有时融合成1条宽的深带，远侧段可见2条深带，近末端的1条着色较浓，长臂分为3个区，中段第2深带为2区1带，中段深带与远侧深带之间的宽阔的浅带为3区1带。

C组 6～12号和X染色体。中等长度，亚中央着丝粒染色体。

6号染色体

短臂：中段有1条明显宽阔的浅带，是此染色体的特征，近侧段和远侧段各有1条深带，近侧深带贴着丝粒。在处理较好的标本上，远侧段的深带可分为两条深带。短臂分为2个区，中段的明显而宽的浅带为2区1带。

长臂：可见5条深带，近侧1条紧贴着丝粒，远侧末端的1条深带着色较淡；长臂分为2个区，第2和第3深带之间的浅带为2区1带。

7号染色体

短臂：有3条深带，中段深带着色较淡，有时不明显，远测深带着色浓，形似"瓶塞"，这是7号染色体的显著特点。短臂分为2个区，远侧段的深带为2区1带。

长臂：有3条明显深带，远侧近末端的1条着色较淡；第2和第3带稍接近。长臂分为3个区，近侧第1深带为2区1带、中段的第2深带为3区1带。

8号染色体

短臂：有2条深带，中段有1条较明显的浅带，这是与10号染色体相鉴别的主要特征。短臂分为2个区，中段的浅带为2区1带。

长臂：可见3条分界极不明显的深带，长臂分2个区，中段的深带为2区1带。

9号染色体

短臂：近侧段和中段各有1条深带，在处理较好的标本上，中段可见2条较窄的深带。短臂分为2个区，中段深带为2区1带。

长臂：可见明显的2条深带，次缢痕一般不着色，在有些标本上呈现出特有的颈部区。长臂分为3个区，近侧的1条深带为2区1带，远侧的1条深带为3区1带。

10号染色体

短臂：近侧段和近中段各有1条深带，在有些标本上近中段可见2条深带，但与8号染色体短臂比较，其上深带的分界欠清晰。短臂只有1个区。

长臂：可见明显的3条深带，远侧段的2条深带稍靠近，这是与8号染色体相鉴别的一个主要特征，长臂分为2个区，近侧段的1条深带为2区1带。

11号染色体

短臂：近中段可见1条深带，在处理较好的标本上，这条深带可分为3条较窄的深带。短臂只有1个区。

长臂：近侧有1条深带，紧贴着丝粒。远侧段可见1条明显的较宽的深带，这条深带与近侧的深带之间是1条宽阔的浅带，这是与12号染色体相鉴别的一个明显的特征，在处理较好的标本上，远侧段的这条较宽的深带可分为2条较窄的浅带，两深带之间有1条很窄的浅带，一般极难辨认，但它是分区的一个界标，在有些标本上近末端处可见1条窄的淡染的深带。长臂分2个区，上述远侧两条深带之间的那条很窄的淡带为2区1带。

12号染色体

短臂：中段可见1条深带，短臂只有1个区。

长臂：近侧有1条深带，紧贴着丝粒，中段有1条宽的深带，这条深带与近侧深带之间有1条明显的浅带，但与11号染色体比较这条浅带较窄，这是鉴别11号与12号染色体的一个主要特征。在处理较好的标本上，中段这条较宽的深带可分为3条深带。其正中一条着色较浓，在有些标本上，远侧段还可以看到1～2条染色较淡的深带。长臂分为2个区，中段正中的深带为2区1带。

X染色体 其长度介于7号和8号染色体之间，主要特点是长臂和短臂中段各有1条深带，有“一担挑”之名。

短臂：中段有一明显的深带，宛如竹节状。在有些标本上远侧段还可以看见1条窄的着色淡的深带，短臂分为2个区，中段的深带为2区1带。

长臂：看见3～4条深带，近中部1条最明显，长臂分为2个区，近中段的深带为2区1带。

D组 13～15号染色体，具有近端着丝粒和随体。

13号染色体

长臂：可见4条深带，第1和第4深带较窄，染色较淡；第2和第3深带较宽，染色较浓。长臂分为3个区，第2深带为2区1带，第3深带为3区1带。

14号染色体

长臂：近侧和远侧各有1条较明显的深带。在处理较好的标本上，中段尚可见1条着色较浅的深带。长臂分为3个区，近侧深带为2区1带，远侧深带为3区1带。

15号染色体

长臂：中段有一条明显深带；染色较浓，有的标本上近侧段可见1～2条淡染的深带。长臂分为2个区，中段深带为2区1带。

E组 16～18号染色体，16号染色体着丝粒在3/8处，17号和18号染色体着丝粒约在1/4处。

16号染色体

短臂：中段有1条深带，在较好的标本上看见2条深带，短臂只有1个区。

长臂：近侧段和远侧段各有1条深带。有时远侧段1条不明显，次缢痕着色浓；长臂分为2个区，中段深带为2区1带。

17号染色体

短臂：有1条深带，紧贴着丝粒，短臂只有1个区。

长臂：远侧段看见1条深带，这条深带与着丝粒之间为一明显而宽的浅带，长臂分为2个区，这条明显而宽的浅带为2区1带。

18号染色体

短臂：一般为浅带，短臂只有1个区。

长臂：近侧和远侧各有1条明显的深带，长臂分为2个区，两深带之间的浅带为2区1带。

19号染色体

着丝粒及其周围为深带，其余为浅带。短臂和长臂均只有1个区。

20号染色体

短臂：有一条明显的深带，短臂只有1个区。

长臂：中段和远侧段看见1～2条染色较淡的深带，有时全为浅带。长臂只有1个区。此染色体有“头重脚轻”之名。

G组 21～22号染色体和Y染色体，是染色体组中最小的，具近端着丝粒的染色体。21、22号有随体。

21号染色体

着丝粒区着色淡。其长度比22号短，其长臂上有明显而宽的深带。长臂分2个区，其深带为2区1带。

22号染色体

着丝粒区染色浓。其长度比21号长，在长臂上可见2条深带，近侧的1条着色浓，而且紧贴着丝粒。近中段的 1 条着色淡，在有的标本上不显现。长臂只有 1 个区。

Y 染色体

长度变化大，有时整个长臂被染成深带，在处理好的标本上可见 2 条深带。长臂只有 1 个区。

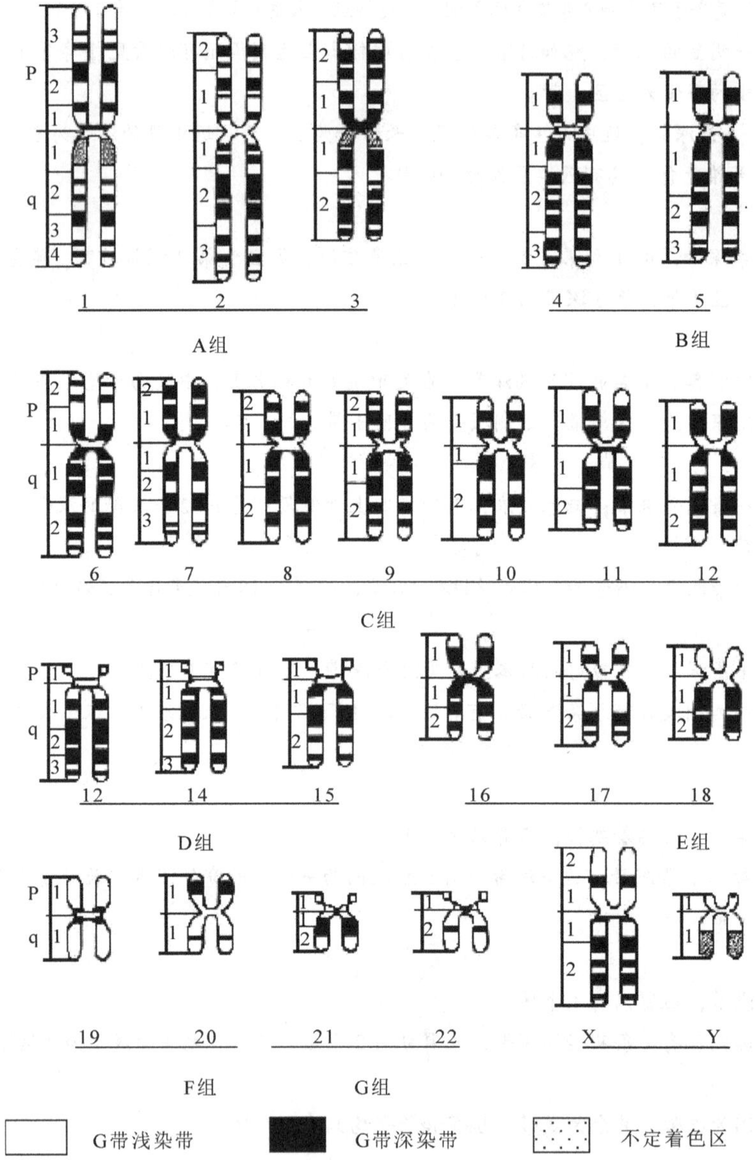

图 7-2 正常男性显带核型模式图

2. 胰蛋白酶-EDTA 溶液 将 0.1%的胰蛋白酶液和 0.02% EDTA 溶液按 1∶1 比例混合，并调 pH 至 6.8～7.2。

实验 7-5 核 型 分 析

【实验目的】

1. 掌握 G 显带核型分析的基本方法和 G 显带带型特征。

2. 熟悉 G 显带染色体的形态结构。

【实验原理】

染色体组在有丝分裂中期的表型，染色体数目、大小、形态特征的总和称为核型。20 世纪 70 年代初出现了染色体显带技术后，在对染色体进行测量计算的基础上，进行分组、排队、配对，并进行形态分析的过程叫核型分析。为深入研究染色体异常及基因定位创造了条件。

人的体细胞中包含 46 条染色体，相互配成 23 对，其中 1～22 对是男女共有的称为常染色体。X 和 Y 染色体与性别有关，称为性染色体。男性核型为 46，XY；女性核型为 46，XX。依染色体大小和着丝粒位置（图 7-3），分成 A、B、C、D、E、F、G 七组（Denver 体制）。

A 组：1～3 对染色体。第一对最大，为中着丝粒染色体；第二对为最大的亚中着丝粒染色体；第三对略小，是第二个最大的中着丝粒染色体。

B 组：4～5 对染色体。均为亚中着丝粒染色体，短臂较短。

C 组：6～12 对和 X 染色体。均为中等大小的亚中着丝粒染色体。这组染色体较难区分，可根据一些特殊特征来鉴别。如 6、7、8、11 对染色体短臂较长；而 9、10、12 对染色体短臂较短。X 染色体的大小介于 7～8 对染色体之间。

D 组：13～15 对染色体。中等大小，均为最大的近端着丝粒染色体，短臂末端可见随体，彼此不易区分。

E 组：16～18 对染色体。体积较小，16 号为中着丝粒染色体；17、18 号为亚中着丝粒染色体，18 号短臂较短。

F 组：19～20 对染色体。体积较小，均为中着丝粒染色体。

G 组：21～22 对和 Y 染色体。是体积最小的近端着丝粒染色体。21 号染色体长臂常呈二分叉状；Y 染色体为该组较大者，两臂的两条单体常平行伸展。可根据该组最小近端着丝粒染色体的数目鉴定性别。女性具有 4 条最小的近端着丝粒染色体（21、22 对）；男性具有 5 条最小的近端着丝粒染色体（21、22 对、Y 染色体）。

分类	着丝粒位置	模式图
中着丝粒染色体	1/2～5/8	
亚中着丝粒染色体	5/8～7/8	
近端着丝粒染色体	7/8～末端	
端着丝粒染色体	末端	

图 7-3　染色体分类（根据着丝粒位置）

【实验准备】

1. 实验对象　正常人外周血淋巴细胞 G 显带中期分裂象照片。

2. 实验器材及仪器　剪刀，镊子，剪贴纸，直尺，胶水，铅笔和橡皮。

【实验内容与方法】

1. 在 G 带染色体显微摄影照片上，用剪刀将染色体沿边缘一条条剪下。

2. 根据丹佛和人类染色体遗传学命名的国际体制（ISCN），依次分组、配对和排列组合，经反复调整，认为准确无误后用胶水贴上，粘贴时短臂向上，长臂向下。

3. 结合核型分析，标出各染色体编号、并写出核型式（图 7-4）。

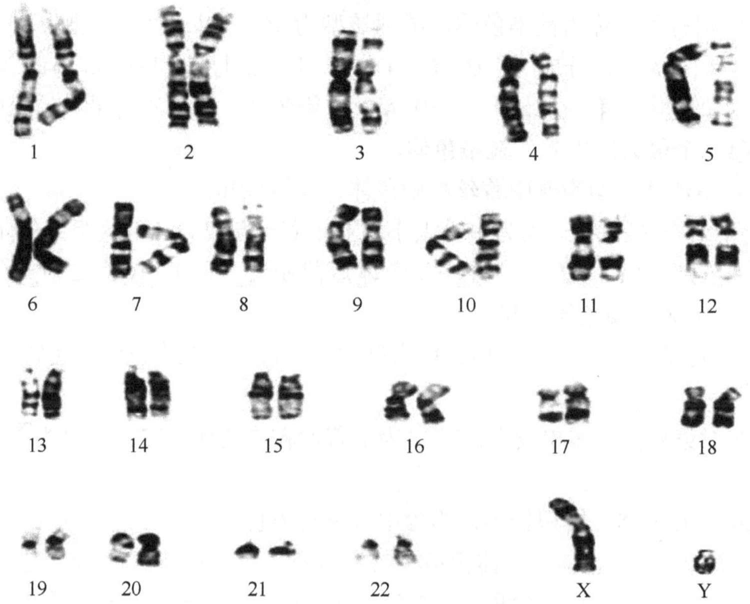

图 7-4 染色体核型（核型：46，XY）

【注意事项与常见问题】

1. 按染色体轮廓剪成长方形，以便排列、配对和粘贴。

2. 剪贴时应注意一对染色体要排列紧密，不要有间隔，而每对之间要有间隔。组间也要有间隔。着丝粒都要排列在横线上。上下线染色体要求对齐排列。

【作业与思考题】

1. 每人剪贴分析一张正常人体细胞 G 显带中期分裂象染色体图。

2. 写出核型并进行性别诊断。

（吴茉莉）

第八章 细胞培养技术

细胞培养技术是从20世纪中叶开始逐渐发展起来的一门实验技术。近年来，细胞培养技术已广泛地应用于生物学的各个领域，如细胞生物学、分子生物学、遗传学、药理学、免疫学、细胞工程、老年学、肿瘤学和病毒学以及临床学科基础研究，并取得了丰硕的成果。

为了更好地掌握这门技术，我们在本章中将首先介绍细胞培养的基本原理及相关技术，使学生对细胞培养技术有初步了解。维持和扩增细胞数量是细胞培养最直接的目的，故细胞数目及活力的测定极其重要。在培养过程中，由于各种主、客观原因常会造成细胞系的丢失，而细胞的冻存、储备和复苏则为细胞培养提供了必要的安全保证，同时冻存细胞还可避免细胞衰老和遗传漂变。因此，在本章中，我们还将介绍细胞的原代培养、传代培养及细胞的冻存与复苏，以及细胞数目及活力的测定。

实验 8-1 细胞培养的基本原理与技术

【相关背景】

细胞培养（cell culture）是指从生物体内取出组织或细胞，在体外模拟体内的生理环境，在无菌、适当温度和一定营养条件下，使之生存、生长和繁殖，并维持其结构和功能的方法。细胞培养不但是一门技术，而且是一门科学，它既有基本理论、基本知识，又有基本方法。

由于体外培养细胞的结构和功能接近体内情况，便于使用各种技术和方法进行研究，并能在较长时间内直接观察细胞生长、发育、分化过程中的形态和功能变化，而且可同时提供大量生物学性状相似的细胞作为研究对象，因此，细胞培养已经成为现代生物学和医学研究中一项非常重要的技术。细胞培养作为一种研究技术虽然具有很多优点但也有其局限性，主要是细胞离体以后失去与其周围环境的密切关系，其生物学性质必然会发生某些改变，通常体外培养的细胞与体内相应者仍然存在差异，不能将之与体内的细胞完全等同，这一点不可忽略。

为了更好地掌握细胞培养这门技术，我们将在本节中主要介绍细胞培养的基本原理，以及细胞培养必须具备的条件。

【实验目的】

1. 掌握体外培养细胞的生存条件。

2. 熟悉培养用品的清洗与消毒原理。

3. 熟悉无菌操作的基本要领和要求。

【实验原理】

细胞培养是一种程序复杂、要求严谨的实验技术。要使细胞在体外长期生存，必须模拟体内环境，供给细胞存活所必须的条件，如水、无机盐、氨基酸、维生素、葡萄糖、生长因子（growth factor）以及适宜的温度、渗透压、pH等多种条件。细胞培养用品的清洗、培养用液的配制、除菌等均具有严格的要求，特别是无菌操作，是细胞培养成败的关键。为此，本次实验分两部分进行，理论部分重点介绍体外培养细胞的生存条件、培养用品的清洗与消毒、无菌操作基本要领和要求、细胞培养用液和常用设备；实践部分分别在细胞培养室和细胞培养准备室进行。

【实验准备】

实验器材及仪器 CO_2培养箱，超净工作台，电冰箱，离心机，倒置显微镜，普通显微镜，水纯化装置，抽滤装置，电子天平，液氮罐，洗刷装置，各类培养用品等。

【实验内容与方法】

1. 培养细胞的生存条件　体外培养细胞所需要的生存条件和物质代谢过程与体内细胞基本相同，但随细胞生存环境的改变也会出现一定的差异。

（1）水的质量：水对维持培养细胞的生命活动是十分重要的。体外培养的细胞对水的质量非常敏感，对水的纯度要求较高。在培养用液中任何对细胞有害的物质都会影响培养细胞的生存。因此，培养细胞用液必须用新鲜三蒸水或去离子水配制。用金属蒸馏器制备的蒸馏水，可能会含有某些金属离子，一般不作为培养用水。配制培养用液应使用经石英玻璃蒸馏器三次蒸馏的三蒸水或超纯水净化装置制备的超纯水。制备好后，最好用龙头瓶贮存，存放时间一般不应超过 2 周。

（2）无菌环境：防止污染是保证细胞在体外生存的基本条件之一。因此，细胞培养实验室应分隔为操作间和缓冲间。实验室应配备紫外灯，实验结束后打开紫外灯 20～30min 灭菌。另外，每周要用新洁尔灭擦拭台面、地面和墙壁进行消毒，实验室消毒也可每 2 个月用甲醛蒸气熏蒸一次，高锰酸钾 5～7.5g，加入甲醛 10～15ml，混合放入一开放容器内，可见白色甲醛烟雾，消毒房间需密闭 24h。实际工作中，要根据无菌室建筑材料的差异来选择合适的消毒方法。同时在细胞培养过程中要努力做到最大限度的无菌。要保持无菌环境，必须严格做到：细胞培养用品要经高压灭菌处理后才能使用，培养用液要经过抽滤除菌处理，实验过程要严格按照无菌操作规程在超净工作台中进行。

（3）温度：适宜的温度是保证细胞在体外生存的重要条件。人和哺乳动物的细胞最适宜的培养温度为 36.5℃±0.5℃，偏离这一温度范围，细胞的正常代谢会受到影响，甚至死亡。一般来说，培养细胞对低温的耐受性比对高温要强。温度不超过 39℃时，细胞代谢的强度与温度成正比。培养温度高至 41～42℃时，细胞只能生存很短的一段时间，10～24h 后便退变或死亡。当培养温度低至 25～35℃时，细胞仍能生存和生长，但速度缓慢。细胞在 4℃能存活数天，若温度降至冰点以下，则细胞可因胞质结冰而死亡。

（4）pH 条件：大多数培养细胞的适宜 pH 为 7.0～7.4，偏离此范围将会对细胞产生有害影响。但各种细胞对 pH 的要求也不完全相同。总的来说，细胞耐酸性比耐碱性大一些。一般情况下原代培养的细胞对 pH 的变动耐受性较差，连续性细胞系（株）耐受性较强。

（5）气体条件：细胞培养中，O_2 和 CO_2 是细胞生存所需要的重要条件之一。O_2 参与三羧酸循环可为细胞提供能量；而 CO_2 既是细胞代谢产物，也是细胞生长所需成分，并影响培养液的 pH。一般将细胞置于 95%空气加 5%二氧化碳的混合气体环境中培养。

（6）营养条件：细胞培养常用的培养液可分为天然培养液和合成培养液。天然培养基是指来自动物体液或利用组织分离提取的一类培养基，如血浆、血清、淋巴液、鸡胚浸出液等，其中血清是使用较为广泛的天然培养液。合成培养基，是根据天然培养基的成分，用化学物质模拟合成、人工设计、配制的培养基，现已成为普遍应用的商品化培养液。其主要成分有氨基酸、维生素、碳水化合物、无机盐和其他一些辅助物质组成。根据培养对象和实验目的不同，已设计出多种培养基，常用的有：TC199、RPMI-1640（Roosevelt Park Institute medium 1640）、Eagle's MEM（minimum Eagle medium）、DMEM（Dulbecco's modified Eagle medium）、Ham's F10 等。对于动物细胞而言，合成培养基只能维持细胞的生存，要想使细胞更好地生长和繁殖，还需补充天然培养基，如人或动物的血清、血浆以及胎汁等，其中最常用的为牛血清。牛血清分为小牛血清、新生牛血清和胎牛血清。胎牛血清取自剖腹产的胎牛；新生牛血清取自出生 24h 之内的新生牛；小牛血清取自出生 10～30

天的小牛。胎牛血清是品质最高的，因为胎牛还未接触外界，血清中所含的抗体、补体等对细胞有害的成分最少。一般需在培养液中添加10%～20%血清。血清中含有各种血浆蛋白、多肽、脂肪、生长因子、激素等，这些物质可以促进细胞生长或贴附。理论研究中应用无血清培养液可以排除血清中许多未知成分的干扰，使实验结果更可靠，目前广泛用于蛋白质组和生物工程的研究。无血清培养基是由基础培养基和替代血清的添加剂组成，如生长因子、激素等活性物质。这类培养基实验结果可靠，针对性强，但成本较高。

（7）培养基质：培养基质也就是细胞附着底物。绝大多数细胞都适于贴附在玻璃和一次性塑料培养瓶（皿）上生长。一些不易贴壁的细胞，可以事先在培养瓶（皿）底面涂上一层鼠尾胶、多聚赖氨酸等，以促进细胞贴壁生长。

2. 培养用品的清洗和消毒灭菌 细胞培养需要大量消耗性物品，如玻璃器皿、金属器皿、塑料、橡胶制品、布类、纸类等。目前，我国大多数实验室还不能达到用后即弃的条件，因此，一些器皿需反复使用。在培养环境中无毒、无菌是保证培养细胞生存的必要条件，故对培养器皿的清洗和灭菌是极为重要的环节。清洗和消毒灭菌的主要目的是清除杂质和微生物，使细胞培养用的一切器皿内不残留任何影响细胞生长的成分。

（1）培养用品的清洗

1）玻璃用品的清洗：在细胞培养中，玻璃器皿的清洗是前期重要的准备工作之一。通常清洗后的玻璃器皿不仅要干净透明、无油迹，而且不能残留任何物质，最终冲洗后的器皿内外应达到无水珠积聚的标准。某些化学物质即使微量残留，也会对细胞产生毒性作用。因此，玻璃器皿的清洗必须严格按照程序进行。一般玻璃器皿的清洗包括：浸泡、刷洗、浸酸和冲洗四个步骤。

A. 浸泡：初次使用和培养用后的玻璃器皿都需要先用清水浸泡，以软化或溶掉器皿上的附着物。培养过程中使用过的玻璃器皿多附着有大量蛋白质，干涸后不易刷洗掉，故应将使用后的器皿立即浸入清水中，同时还需注意要让水完全进入瓶皿中，不要留有气泡。使用新的器皿时应先用自来水简单刷洗，然后用稀盐酸（5%）浸泡过夜或煮沸 30min，中和其中的碱性物质后再用自来水清洗。

B. 刷洗：浸泡后，如果器皿内外表面有残留杂质，可用软毛刷和优质洗涤剂（加热）刷洗，以便去除干净。刷洗时注意防止破坏器皿表面的光洁度，将刷洗干净的玻璃器皿用自来水冲洗干净、晾干，备浸酸。

C. 浸酸：经过A和B步骤后，玻璃器皿上刷洗不掉的极微量杂质可通过清洗液浸泡的强氧化作用来去除。清洗液不仅对玻璃器皿无腐蚀作用，而且去污能力强，是清洗过程中的有效和关键环节之一。目前常用的清洗液是由重铬酸钾、浓硫酸和水按一定比例配制而成。浸酸时应注意使器皿充满洗液，不留气泡。浸泡时间不应少于 6h，一般应浸泡过夜。将器皿放入清洁液中时，应注意安全，穿戴好耐酸的围裙和手套，保护好眼睛及身体裸露部分。从清洁液中取出器皿时，应沥干清洁液，再将其放入合适容器，如塑料盆中以备冲洗。

清洗液可根据需要，配制成不同强度，常用的有三种：

强液：重铬酸钾 63g，浓硫酸 1000ml，蒸馏水 200ml。

次强液：重铬酸钾 120g，浓硫酸 200ml，蒸馏水 1000ml。

弱液：重铬酸钾 100g，浓硫酸 100ml，蒸馏水 1000ml。

新配制的清洗液为棕红色，多次使用后，由于水分增多或有机溶剂的混杂，清洗液会变成绿色，这时表示清洗液已失效，应废弃再重新配制。也可以使用10%～40%的硝酸溶液。清洁液的配制、盛装应选用防酸、耐热且开口较大的瓷缸或塑料制品。

D. 冲洗：玻璃器皿浸酸后必须用流水充分冲洗，每个器皿都要用流水灌满、倒掉，重复 20 次以上，以彻底清除残留的酸液，然后用单蒸水漂洗 2～3 次，用双蒸水或三蒸水漂洗 1 次，烤干备用。玻璃滤器原则上与玻璃器皿清洗方法相同。无论是浸泡还是浸酸、冲洗，都须用抽滤的方法进行。

2）橡胶用品的清洗：橡胶用品如胶塞等，每次使用后先用蒸馏水浸泡，然后用 2%NaOH 溶液煮沸 15～20min，用自来水反复冲洗干净，再用 1%稀盐酸溶液浸泡，时间不少于 30min，再用自来水彻底冲洗干净后，用蒸馏水漂洗 2～3 次，最后用双蒸或三蒸水漂洗 1 次，烤干后备用。因胶塞使用面常沾有洗涤剂，流水冲不净，故胶塞洗刷的重点部位是胶塞使用面，用刷子逐个刷洗。在使用过程中，胶塞不能与培养液接触，以防未洗净的胶塞污染培养液和细胞。

3）金属器械的清洗：新的解剖器械应先用纱布擦去防锈油后，再用洗涤剂煮沸刷洗干净，然后用自来水冲洗，最后再用单蒸水、双蒸馏水冲洗，烤干备用。

4）塑料器皿的清洗：目前，细胞培养使用的培养板、培养皿及培养瓶等主要是进口的一次性塑料制品。这些产品，已经消毒灭菌，打开就可使用。由于塑料制品虽质地软且耐腐蚀能力强，但不耐热，易出现划痕。如反复使用，清洗方法如下：用后立即用流水冲净，可用纱布、棉签轻刷，浸泡在清洗液中过夜，再用自来水冲净，蒸馏水漂洗 2～3 次，最后三蒸水漂洗 2 次，晾干除菌后备用（钴-60 照射或紫外照射）。

5）包装：对细胞培养用品进行消毒前，要进行严密包装，以保证灭菌后不受外界的污染，方便贮存。牛皮纸、硫酸纸、棉布、铝饭盒、较大培养皿等是常用的包装材料。近几年用铝箔包装，非常方便适用。玻璃培养皿、注射器、金属器械等用牛皮纸包装后再装入饭盒内。

（2）消毒灭菌：消毒灭菌的方法有多种，随物品材质不同，采用的方法不同。总的来说有物理和化学两大类。物理法包括湿热（高压蒸汽）、干热、过滤和紫外线等方法杀灭或去除微生物。化学法是使用化学消毒剂、抗生素等杀灭微生物。

1）湿热灭菌：湿热灭菌也称为高压蒸汽灭菌，是细胞培养过程中最常用和最有效的除菌方法之一。湿热灭菌对生物材料有良好的穿透力，高温高压能使蛋白质变性凝固而致微生物死亡。此类除菌方法适用于布类、胶塞、金属器械、玻璃器皿及某些细胞培养用液等。各种物品有效消毒灭菌所需的压力和时间各不相同，一般培养用液、橡胶制品要求 4.5kg（114℃），10～20min 或 3.6kg（112℃）30min；布类、玻璃制品、金属器械等为 6.8 kg（121℃）20min。在除菌前可将高压除菌指示条贴在包装物品表面的适当位置，以提示除菌效果。由于潮湿的包装物品表面容易被微生物污染，因此，将消毒好的物品（不包括液体）从压力蒸汽消毒器中取出后，应立即将其放到 60～70℃烤箱内烘干，再贮存备用。

2）干热灭菌：玻璃器皿的消毒灭菌可采用此种方法。干热灭菌可杀死细菌和芽孢，达到除菌目的。用电热鼓风干燥箱加温到 160℃，保持 90～120min，可达到消毒的目的。干热消毒法不适用于金属器械和橡胶、塑料制品的除菌。注意干热灭菌后切忌立即打开干燥箱的箱门，而应首先关掉开关，并使物品逐渐冷却后再打开门，以免温度骤变而使箱内的玻璃器皿破裂。另外，干烤箱内物品的摆放要有空隙，物品不要靠近加热装置。

3）滤过除菌：是将液体或气体用微孔薄膜过滤，大于孔径的细菌等微生物颗粒被阻留，从而达到除菌目的。大多数细胞培养用液，如人工合成培养液、血清、酶溶液等，为防止其在高温下变性，失去功能，必须采用滤过法除菌。

玻璃滤器适用于各种培养液的滤过除菌。玻璃滤器根据滤板的孔径分为：G_1～G_6 几种规格，一般采用 G_6 型（孔径＜1.5μm），可达到除菌目的。

微孔滤膜滤器，有一次性和反复使用的两种，滤膜孔径选用 0.22μm。一次性滤器打开后就可以使用。其他各种滤器多为不锈钢材质，必须清洗后经高压蒸汽消毒、烤干后方可使用。高压前需安放好滤膜，并注意无菌过滤过程。

4）紫外线消毒：常用来消毒空气，操作表面和一些不能用其他方法消毒的物品（如塑料培养皿等）可采用此方法。紫外线是一种低能量的电磁辐射，可杀死多种微生物。紫外灯的辐射强度和照射剂量与紫外灯的消毒效果呈正相关，辐射强度随灯距离增加而降低，照射剂量和照射时间呈正比。一般距紫外灯 2.5m 范围内直接照射 20min 即可达到除菌效果。

由于紫外灯对皮肤、眼睛有伤害作用，同时也会对培养细胞和试剂等产生不良影响，因此，操作时应关闭紫外灯。

5）消毒剂及抗生素：细胞培养室的工作面、家具、墙壁、地面和空气等可用消毒剂进行灭菌处理。如皮肤和瓶皿开口部位常用 75%乙醇溶液来消毒；0.1%苯扎溴铵是目前最常用的消毒剂，可以对器械、皮肤、操作面进行擦拭和浸泡消毒；乳酸可用于空气消毒；来苏儿可用于地面和实验台面的消毒；0.5%浓度下的过氧乙酸，10min 就可将芽孢菌杀死。

在培养用液中添加适量的抗生素可达到消毒灭菌的效果。抗生素的使用多数是为了预防，通常不同种类抗生素可对抗不同的微生物。常用的抗生素包括青霉素、链霉素和庆大霉素等。抗生素在培养用液中的常规终浓度为：青霉素 100U/ml、链霉素 100U/ml、庆大霉素 50U/ml 或 100μg/ml。

3. 无菌操作的基本要领　决定培养成功的首要条件是在细胞培养中防止污染。由于体外培养细胞缺乏抗感染能力，所以在操作中要努力做到最大限度的无菌，防止污染。为达到这一要求，所有工作要进行得有条不紊和安全可靠。因此，准备工作对开展细胞培养异常重要，其中任一环节的疏忽都可能导致实验失败或无法进行。准备工作的内容包括器皿的清洗、干燥与消毒，培养基与其他试剂的配制、分装及灭菌，无菌室或超净台的清洁与消毒，培养箱及其他仪器的检查与调试。

（1）培养前的准备：在培养前，要做好实验用品的准备工作。根据实验的要求进行物品清点包装，贴好高压除菌指示条，注明标签后灭菌、烤干备用，在工作前移入工作台内。

（2）超净工作台的消毒：先用苯扎溴铵或 75%乙醇溶液擦拭工作台面，然后打开紫外灯灭菌，用 30W 紫外线灯管直接照射 20～30min，关闭紫外灯，打开超净台的风机，预工作 10～15min，以除去臭氧，并使工作台面空间呈净化状态。超净台的平均风速宜保持在 0.32～0.48m/s，过大、过小均不利于保持净化度；注意培养用液和培养细胞不能放在紫外线下直接照射。

（3）洗手和着装：原则上与外科手术洗手相同：先用肥皂洗手和前臂，再用流水冲洗，然后用 0.2%苯扎溴铵或 75%乙醇溶液擦洗。穿无菌服，戴无菌帽和口罩。

（4）火焰消毒：在超净工作台上操作时，宜点燃酒精灯，操作过程中，如安装橡皮头、打开瓶塞、使用吸管等都要经过火焰烧灼，或在近火焰处进行。注意金属器械不能在火焰上烧灼时间过长，以防烟色。烧过的用具要待冷却后才能挟取组织，以免造成组织损伤。

（5）无菌培养操作：细胞培养操作过程中，动作要准确敏捷，但又不宜太大、太快，以防空气流动，增加污染机会。手不能触及器皿的无菌部分，如已接触，需更换或用火焰烧灼触及部位。为拿取方便，工作台面上的实验用品的布局要合理，原则上为右手使用方便的用品放在右侧，左手用品放在左侧。培养用液不要过早开瓶，以免增加污染机会。吸取不同培养用液时，应注意更换吸管，以防交叉污染或增加混淆不同细胞的机会。

4. 细胞培养用液　细胞培养用液是维护细胞在体外生存、生长、繁殖以及在细胞培养操作过程中所需的基本溶液。培养用液主要有三大类：平衡盐溶液、常用基本试剂和培养基（液）。

（1）三大类常用培养用液

1）平衡盐溶液：平衡盐溶液（balanced salt solution，BSS）主要是由无机盐和葡萄糖组成，具有维持渗透压，调节酸碱平衡，为细胞生存提供所需能量和无机离子等成分。主要用于取材时组织块的漂洗、细胞的漂洗、配制各种培养用液的基础用液。BSS 内含有少量酚红作为 pH 变化的指示剂，溶液变酸时呈黄色，变碱时呈紫红色，中性时呈桃红色。目前最常用的 BSS 是 Hanks 液、PBS 液和 D-Hanks 液等，D-Hanks 与 Hanks 的一个主要区别是前者不含有 Ca^{2+}、Mg^{2+}，因此 D-Hanks 常用于配制胰酶溶液。以下是几种常用的 BSS 配置方法。

Hanks 液：为便于保存和减少有关成分化学反应，常配成浓缩液。

浓缩母液配制（10×）：A 液 ：先取 400ml 三蒸水，依次溶解 NaCl 80g，KCl 4g，$MgSO_4 \cdot 7H_2O$ 2g，$CaCl_2$1.4g，（$CaCl_2 \cdot H_2O$1.85g），待完全溶解，补足三蒸水至 500ml，B 液：取 450ml 三蒸水，依次溶解下列试剂：Na_2HPO_4 0.6g（$Na_2HPO_4 \cdot 12H_2O$ 1.52g）K_2HPO_4 0.6g，葡萄糖酚红 10g，0.4% 酚红 50ml。

工作液配制法：取上述 A、B 液等量，用三蒸水稀释 10 倍，即成工作液，高压灭菌，4℃保存。例如配制 1000ml Hanks 液，则取三蒸水 900ml 加入 A 液 50 ml、B 液 50ml 混匀，用 45g（114℃）高压灭菌 15min。使用时，用 7.4%$NaHCO_3$ 溶液调至所需 pH。

PBS 液：0.85%NaCl，pH 7.2（简称 pH 7.2 PBS）。

PBS 储存液（10×）配法：NaCl（AR）8.5g，KCl（AR）0.2g。

PBS 工作液配法：取储存液 50 ml，加三蒸水 450 ml 即成，高压灭菌，4℃保存。

D-Hanks 液：为无钙镁的 Hanks 液，可用于配制消化液和洗涤细胞用液。

取 NaCl 8g，KCl 0.40g，$Na_2HPO_4 \cdot H_2O$ 0.06g，$NaHCO_3$ 0.35g，酚红 0.02g，依次溶于 500ml 三蒸水内，完全溶解后，补足三蒸水至 1000 ml。

2）基本试剂：用来分散细胞，制备细胞悬液的消化液；调整各种培养用液酸碱度的 pH 调整液；防止培养过程中发生污染的抗生素和指示液体 pH 的酚红溶液。

消化液：常用的是 0.25%胰蛋白酶（typsin）和乙二胺四乙酸钠（EDTA）两种，它们可以单独使用，也可按一定比例混合使用。还有胶原酶（collagenase）在消化上皮组织、纤维性组织和癌组织时使用。

0.25%胰蛋白酶：胰蛋白酶粉 0.25g，加 D-Hanks 液 100ml，完全溶解后，过滤除菌，调整 pH 至 7.4，密封后 4℃冰箱保存。

0.02%EDTA 液：EDTA 0.2g，加 D-Hanks 液 1000ml，完全溶解后，过滤除菌，调整 pH 至 7.4，密封后 4℃冰箱保存。

胶原酶溶液：有胶原酶Ⅰ、Ⅱ、Ⅲ、Ⅳ型以及肝细胞专用胶原酶 5 种，可根据组织类型选用。常用浓度为 0.1～0.3g/ml 或 200U/ml，最佳 pH 6.5。该酶不受钙、镁离子影响，可用培养液或各种平衡盐溶液配制。

pH 调整液：用来调整各种培养用液 pH，通常单独配制。

7.4%$NaHCO_3$ 溶液：7.4g $NaHCO_3$ 加三蒸水至 100ml，完全溶解后过滤除菌，密封后 4℃冰箱保存。

1mol/L HCl：37%HCl 8.4ml，加三蒸水至 100ml，过滤除菌，密封后 4℃冰箱保存。

HEPES：用来维持培养液 pH 恒定的氢离子缓冲液。其使用终浓度通常为 10～50mmol/L。HEPES 可在配液时直接加入到培养液中（通常 1000ml 培养液中加入 2.38g HEPES，使其终浓度达到 10mmol/L），培养液滤过除菌后使用。也可以单独将 HEPES 配制成 100×贮存液（1mol/L），过滤除菌后使用。

抗生素液：在培养液中加入适量的青霉素、链霉素、庆大霉素等抗生素，可防止由于操作不慎造成的污染。他们的使用浓度为每毫升培养液中含青霉素 100U、链霉素 100U、庆大霉素 50～100U。可将抗生素溶于三蒸水中，配称 100 倍或 1000 被贮存液，分装于青霉素小瓶中，–20℃保存，配液时加入。

0.4%酚红溶液：称取酚红 0.4g，置玻璃研钵中研磨，逐渐加入 0.1mol/L NaOH，边滴边研至酚红完全溶解，共加至 11.28ml 为止，将研好的酚红液移入烧瓶中，加三蒸水至 100ml。4.5kg（114℃）高压灭菌 15min，4℃保存。

3）培养液：目前各实验室普遍使用商品化的合成培养基，其主要成分是平衡盐溶液中加入各种氨基酸和维生素类。对于体外培养的动物细胞而言，合成培养基只能维持细胞的生存，要想使细胞更好地生长和繁殖，还需补充天然培养基，小牛血清是最常用的天然培养基。通常在合成培养基中添加 10%～20%小牛血清，以满足细胞生长繁殖需要。

常用的合成培养基有：RPMI-1640，Eagle’s MEM、DMEM 等。配制方法如下：①取一袋干粉培养基（配 1000ml 量）或按说明书准确称取干粉培养基（如 RPMI-1640 为 10.4g），在大烧杯中充分溶于 500ml 三蒸水中，再移入 1000ml 容量瓶，加三蒸水至 1000ml；②用无菌 G_6 型玻璃滤器过滤除菌；③分装在无菌盐水瓶或血清瓶中，密封，–20℃保存；④用前添加血清、抗生素，用 $NaHCO_3$ 调整 pH，4℃保存（短期内使用）；⑤可根据细胞特点选择不同培养基，添加其他成分。

（2）配液时应注意以下几点

1）需用新鲜的三蒸水或去离子水，按规定的先后顺序配制，称量要准确，要看清药品的规格、纯度、结晶水的数量等，切勿搞错。

2）物质的纯度：纯度高的物质配制成的溶液质量高，因此在配液选用时要注意。常用的纯度有优级纯（特级纯）、分析纯（AR）和化学纯（CD）三种类型。

3）物质的可溶性：很多用于培养用液的化学物质都很难溶解，在配制时必须设法使其溶解。如磷酸钙在碱性溶液中几乎难于溶解，因此在制备磷酸缓冲液时，需将 $CaCl_2$ 及磷酸氢二钠单溶后再混合，临时用 $NaHCO_3$ 调 pH 至弱碱性，以避免沉淀析出。

4）物质的不稳定性：不少物质性质不稳定，高温高压下易破坏。如葡萄糖只能在 10 磅下维持 15～20min，若超磅葡萄糖就会破坏。

5）贮存液：通常先配制成 10 倍或 100 倍的一系列母液，用前临时混合和稀释，过滤除菌备用。

【注意事项与常见问题】

清洗细胞培养所用器具时应注意：

1. 使用后的实验器材应立即投入清水中。

2. 浸泡、煮沸、酸泡的器皿内要充满液体，不得有气泡。

3. 刷洗、酸泡后的器材要用流水振荡冲洗，不得残留洗涤剂、清洁液。

4. 煮沸前的水面要高于器材 5cm，水沸后投入洗涤剂。

若洗涤剂和实验器材同时从冷水煮至沸腾或使用过量洗剂，均易腐蚀玻璃表面，使玻璃碱化，pH 上升。

5. 软毛刷的刷端已掉毛的应该弃去，否则会损害玻璃。玻璃划痕处易残留洗涤剂，会改变培养液 pH 和毒害细胞。引起二次污染。

6. 使用后的胶塞与玻璃器材同时煮洗时，胶塞要放在煮锅的底部。

7. 浸泡器材的蒸馏水容器要专用，并做好标记，如“蒸馏水Ⅰ盆”“蒸馏水Ⅱ盆”。

8. 器材清洗干燥后，在以后各步操作时，手指不可接触器材的使用端。清洗者可戴一次性薄膜手套进行操作，既省时又保证清洗质量。

【作业与思考题】

1. 细胞培养过程中如何保证无菌条件?

2. 细胞培养的主要优点有哪些?

实验 8-2 细胞的原代培养

【实验目的】

1. 初步掌握从组织中分离细胞的方法和过程。

2. 掌握组织取材，剪切，细胞分离，混匀，计数，接种和器械使用等操作要领、方法。

3. 学习用简易恒温消化装置消化分离细胞。

4. 熟练无菌操作技术，了解各实验器材的使用。

【实验原理】

细胞培养是指将细胞从机体中取出，模拟体内生理条件，使其在体外生存、生长、繁殖和稳定传代的过程。利用细胞培养技术可以进行细胞生命过程、细胞癌变、细胞工程等问题的研究。近年来，细胞培养技术广泛应用于分子生物学、遗传学、免疫学、肿瘤学、细胞工程等领域，已发展成一种重要的生物技术手段之一。通常由体内直接取出组织或细胞进行培养叫原代培养（primary culture）。原代培养细胞离体时间短，性状与体内相似，适用于研究。一般说来，幼稚状态的组织和细胞，如动物的胚胎、幼仔的脏器等更容易进行原代培养。原代培养过程主要是采用无菌操作的方法，把组织（或器官）从动物体内取出，经胰蛋白酶消化处理，使其分散成单个细胞，然后在合适的体外条件下进行培养，使其不断地生长和繁殖。原代培养是建立各种细胞系的第一步。利用原代培养技术可以在体外进行各种类型细胞的增殖、遗传、变异、分化和脱分化等研究。原代培养可分为组织块培养法和胰酶消化法两种，本实验采用胰酶消化法。

【实验准备】

1. 实验对象 新生乳鼠。

2. 实验试剂 含有 10%胎牛血清的 DMEM 培养液，双抗（青霉素、链霉素）100U/ml，D-Hanks 液，0.25%胰蛋白酶-0.02%EDTA 混合消化液，75%乙醇溶液。

3. 实验器材及仪器 手术器械（解剖剪、解剖镊、眼科剪、眼科镊），平皿，培养瓶，吸管，离心管（灭菌后备用），酒精灯，烧杯，纱布，超净工作台，二氧化碳培养箱，倒置显微镜等。

【实验内容与方法】

1. 取材 用颈椎脱位法使乳鼠迅速死亡，然后，把整个动物浸入盛有 75%乙醇溶液的烧杯中数秒钟消毒，取出后放在大平皿中携入超净台。用碘酒和乙醇再次消毒皮肤，用消过毒的眼科剪及镊子剖腹取出肝脏，置于无菌平皿中。注意取材过程中，不要使表皮面接触到已暴露出来的胸腹肌，用剪刀仔细清除肝包膜、韧带，沿肝边缘剪切肝尖组织（绕开肝蒂等）转入另一平皿中。

2. 切割 将取出的脏器用除过菌的 D-Hanks 液清洗三次，然后用眼科手术剪刀仔细地将组织反复剪碎，成 $1mm^3$ 左右的小块，再用 D-Hanks 液清洗，直至组织块发白、液体澄清为止。将剪好的组织块移入无菌离心管中，静置数分钟，使组织块自然沉淀到管底，弃去上清。

3. 消化 向离心管中加入 1ml 的 0.25%胰蛋白酶-0.02%EDTA 混合消化液，使消化液与组织块混匀，将离心管的盖子扭紧，置于 37℃水浴中消化 8～10min，其间每隔几分钟摇动一下试管，使组织与消化液充分接触。消化过程中用手指弹击试管，当组织块浮起分散时，表明消化合适，应停止消化。如果组织块凝聚一团不易分散，表明消化过度，应立即使用含血清的培养液终止消化。

4. 制备单细胞悬液　消化结束后，将离心管外壁和管口处经酒精消毒，然后移入超净台内，管口火焰消毒，D-Hanks 液加至 10ml。用吸管头反复轻轻吹打松散组织。离心管直立静置片刻，少量未消化的组织块会自然沉降（可加消化液再消化）。将细胞悬液转移至另一离心管中，800～1000r/min，离心 8～10min。科研中常用筛网法去除细胞悬液中的细胞团，收集过筛网的单细胞悬液。

5. 接种培养　去除上清液后，加入 5～10ml 含 10%胎牛血清的 DMEM 培养基，细胞混匀计数，调整细胞浓度为 5.0×10^5/ml。移入二个培养瓶中，在培养瓶的侧面做好标记：培养物的名称、组号和日期。持瓶前后、左右十字形水平晃动后，移入 37℃、5%CO_2 培养箱中培养。

6. 结果判定　细胞接种后一般几小时内就能贴壁，并开始生长，如接种的细胞密度适宜，5 天到一周即可形成单层。

【注意事项与常见问题】

1. 无菌操作要领

（1）严格进行动物皮肤消毒，防止细菌、霉菌、支原体污染，避免化学物质污染。

（2）吸取液体前，瓶口和吸管口应进行火焰消毒；吸取液体时，避免两者碰撞。

（3）离心管入台前，管口、管壁应消毒。

（4）使用过的器械用酒精棉球擦去血污后，移入另一器皿中继续消毒，在浸泡器械时剪刀口要叉开放，镊子弯头要向下放，并加盖消毒。

（5）超净台内温度、湿度较大，在夏天工作时台内散热更慢，因此，进行细胞悬液混匀、接种时，离火焰要稍远些。

2. 原代细胞混匀操作要领

（1）火焰消毒吸管，用 D-Hanks 冷却和湿润管内壁（因为刚分离的组织细胞易粘到管壁上。）

（2）吸管头插入管底。

（3）用吸管反复轻轻吹打组织块。

3. 除去组织块多余水分的操作要领　用吸管将组织块推向平皿一侧，略倾斜平皿，吸去流向对侧的多余水分。注意，若多余水分不除去，会使组织块剪切不细，消化后的细胞悬液清亮（细胞数少），并可见消化液中有线状或絮状物漂浮。

【作业与思考题】

1. 观察、记录培养细胞的结果。
2. 总结一下你自己的经验，怎样操作才能既迅速，又保证无菌。

实验 8-3　传代细胞培养

【实验目的】

1. 熟练掌握贴壁细胞传代培养的方法。
2. 进一步掌握无菌操作技术。
3. 观察传代细胞贴壁、生长和繁殖过程中细胞形态的变化。

【实验原理】

离体培养的细胞群体增殖达到一定密度时，细胞的生长和分裂速度会逐渐下降，出现接触抑制，细胞分裂停止。因此体外培养的原代细胞或细胞株需要经过传代，以获得稳定的细胞株或得到大量的同种细胞，并维持细胞株的延续。体外培养的细胞单层汇合后，需将培养的细胞从容器中取出，按（1∶2）～（1∶6）比例分散，以防止密度过大或生存空间不足而引起营养枯竭，此过程即为细胞传代培养。通常不同的细胞传代时的比例略有差异。

细胞“一代”指从细胞接种到分离再培养的一段期间，与细胞世代或倍增不同。在一代中，细胞倍增 3～6 次。细胞传代后，一般经过游离期、指数增生期和停止期三个阶段。

细胞分裂指数常用来表示细胞增殖的旺盛程度，所谓细胞分裂指数是指每 100 个细胞中含有的细胞群的分裂象数。一般细胞的分裂指数常介于 0.2%～0.5%，肿瘤细胞可达 3%～5%。细胞接种 2～3 天分裂增殖旺盛，是活力最好时期，此期间称指数增生期（对数生长期），适宜进行各种实验研究。

【实验准备】

1. 实验对象 原代培养的贴壁细胞（如肝细胞、皮肤成纤维细胞等）或贴壁生长的细胞系，原代培养的悬浮细胞（如外周血淋巴细胞）。

2. 实验试剂 含有 10%小牛或胎牛血清的 DMEM 培养液，双抗（青霉素、链霉素）100U/ml，D-Hanks 液，0.25%胰蛋白酶-0.02%EDTA 混合消化液，75%乙醇溶液。

3. 实验器材及仪器 培养瓶或培养皿，吸管，离心管（灭菌后备用），细胞计数板，低速离心机，酒精灯，超净工作台，二氧化碳培养箱，倒置显微镜等。

【实验内容与方法】

1. 贴壁培养细胞的传代培养

（1）将长成单层的原代培养细胞或细胞系从二氧化碳培养箱中取出，在超净工作台中吸弃瓶内的培养液，加入 0.25%胰蛋白酶-0.02%EDTA 混合消化液 0.5～1ml（具体用量以液面盖住细胞为宜）。37℃二氧化碳培养箱中静置 5min。

（2）在倒置镜下观察被消化的细胞，如果细胞变圆，部分细胞从培养瓶壁脱落下来，这时应立即在超净台中将加入 3～5ml 新鲜含血清的培养液（培养液的量≥消化液的量），轻轻吹打，制成细胞悬液。

（3）将细胞悬液移入离心管中。1000r/min 离心 10min。

（4）吸弃上清液，加入适量新鲜培养液，吹打混匀，制成细胞悬液，计数。

（5）将细胞悬液分装至两个培养瓶中，盖好瓶塞，送回二氧化碳培养箱中，继续培养。

（6）结果判定：一般情况，传代后的细胞在 2h 左右就能附着在培养瓶壁上，2～4 天就可在瓶内形成单层，需要再次进行传代（图 8-1）。

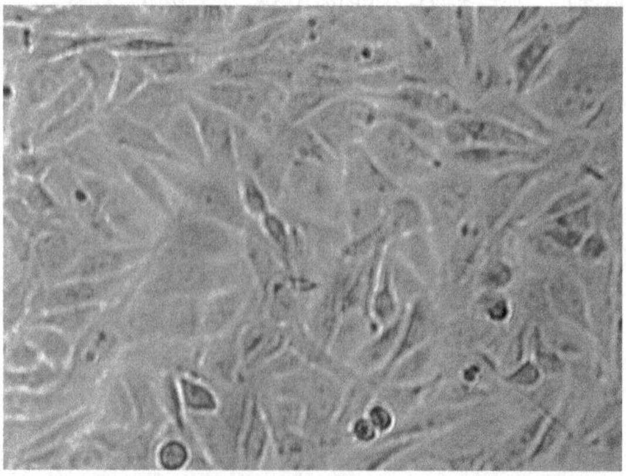

图 8-1 传代培养 2 天后的 UW228-3 细胞（倒置显微镜下所见）

2. 悬浮培养细胞的传代培养

（1）将悬浮培养的细胞悬液在超净工作台内转移至离心管中，1000r/min，离心 8～10min。

（2）弃去上清，加入适量新鲜培养液，按 1∶2 或 1∶3 的比例将细胞接种在培养皿或培养瓶中。

（3）补加足量的新鲜培养液，用吸管轻轻吹打混匀，盖好瓶塞，送回二氧化碳培养箱中，继续培养（注意培养瓶的瓶塞在置于培养箱前要略拧松）。

【注意事项与常见问题】

1. 实验过程中要严格保持无菌操作，防止细菌、真菌污染。

2. 在用胰蛋白酶消化细胞之前，可用 D-Hanks 液清洗培养细胞的表面，以去除培养皿或培养瓶中残留血清对胰蛋白酶活性的抑制。

3. 消化的时间不宜超过 5min，以免影细胞活力。如贴壁细胞仍未悬浮，可先用新鲜培养液终止消化，轻轻吹打，将细胞悬液转移至离心管中后，再进行二次消化。

4. 吹打细胞时，应按一定顺序进行，使培养瓶或皿的每个部位的细胞都被吹打到。吹打力量要适中，避免用力过猛或产生气泡，对细胞造成伤害。

5. 对生命力较为脆弱的细胞来说，最好等细胞长满汇合后再进行传代。首次传代的细胞，应适当增加接种密度，以促进其生存和增殖能力。

【作业与思考题】

1. 原代细胞和传代细胞培养有哪些区别？

2. 记录传代培养的实验过程。

3. 观察细胞生长情况。

4. 用胰蛋白酶消化细胞时，需注意那些问题？

实验 8-4　培养细胞的形态观察和计数

【实验目的】

1. 了解培养中的动物细胞的一般形态和生长状态。

2. 掌握细胞计数的基本方法。

【实验原理】

体外培养的细胞主要有两种状态，一种是能贴附在培养支持物上的细胞，如 UW228-3 细胞、HeLa 细胞等，叫作贴壁型细胞，体外培养的细胞绝大多数都属于这种细胞。另一种细胞并不贴附在容器的壁上，而是悬浮在培养液中生长，如 7TD1 细胞、HL-60 细胞，叫作悬浮型细胞，这类细胞主要是血液原性或癌原性的细胞。

活细胞的鉴定和细胞计数是细胞培养过程中不可或缺的基本实验技能之一。如待测细胞为贴壁型细胞，需先用胰蛋白酶将其从培养瓶或皿底消化下来，当待测细胞悬液中细胞均匀分布时，通过测定一定体积悬液中的细胞数目，即可换算出每毫升细胞悬液中的细胞数目。在进行细胞计数和活性鉴定时，我们通常选用台盼蓝（trypan blue）进行染色。台盘蓝是一种细胞活性染料，常用于检测细胞膜的完整性，并借此判断细胞是否存活。健康的正常活细胞，细胞膜结构完整，台盼蓝不能够进入胞内，细胞不被染色；而丧失活性或细胞膜不完整的细胞，细胞膜的通透性增加，台盼蓝透过细胞膜与解体的 DNA 结合，细胞被染成蓝色。通常，若细胞膜丧失完整性，我们即可判定细胞已经死亡。由于台盼蓝染色可以非常简便、快速地区分活、死细胞，因此是组织和细胞培养中最常用的死细胞鉴定染色方法之一。

【实验准备】

1. 实验材料 培养中的人宫颈癌细胞（HeLa 细胞），人髓母细胞瘤细胞（UW228-3 细胞），小鼠 B 杂交瘤细胞（7TD-1 细胞）等。

2. 实验试剂 0.4%台盼蓝染液，0.25%胰蛋白酶-0.02%EDTA 混合消化液。

3. 实验器材及仪器 倒置显微镜，细胞计数板，盖玻片，普通光学显微镜，胶头吸管。

【实验内容与方法】

1. 培养细胞的形态观察

（1）将细胞培养瓶从 37℃二氧化碳培养箱（或温箱）中取出，注意观察细胞培养液的颜色和清澈度。扭紧瓶盖，将瓶口稍向上倾斜，然后，将细胞培养瓶平稳地放在倒置显微镜载物台上，此时应注意不要将瓶翻转，尽量不要让瓶内的液体接触瓶塞。

（2）打开倒置镜光源，通过双筒目镜将视野调到合适的亮度，调节双目镜的瞳距至合适位置。

（3）调节载物台的高度进行对焦，在看到细胞层之后，再用细调节器将物像调清楚，注意观察细胞的轮廓、形状和内部结构。在观察时，最经常使用的是 10×物镜。

（4）结果判定：贴壁细胞一般有两种形状，即上皮细胞形和成纤维细胞形细胞。上皮细胞形细胞呈扁平的不规则多角形，圆形核位于中央，生长时常彼此紧密连接成单层细胞片，如 HeLa 细胞。成纤维细胞形细胞形态与体内成纤维细胞形态相似，胞体呈梭形或不规则三角形，中央有圆核，胞质向外伸出 2～3 个长短不同的突起，细胞群常借原生质突起连接成网，如 UW228-3 细胞。

贴壁细胞在生长状态良好时，胞质清亮，细胞内颗粒少，看不到有空泡，细胞边缘清楚。培养基内看不到悬浮的细胞和碎片，培养液清澈透明；而在细胞机能状态不良时，细胞轮廓会增强，反差增大，细胞内颗粒较多，透明差，空泡多。当瓶内培养基混浊时，应考虑细菌和真菌污染的可能。悬浮细胞的边缘清楚，透明发亮，似油滴状时，生长较好；反之，则较差或已死亡。由于有 pH 指示剂的存在，因此培养基的颜色往往可以间接地反映细胞的生长状态。呈橙黄色时，细胞一般生长状态较好；呈淡黄色时，则可能是培养时间过长，pH 改变，营养不足，死亡细胞过多；如呈紫红色，则可能是细胞生长状态不好，或已死亡。在贴壁细胞培养中，镜下折光率高，圆而发亮的一般被认为是分裂期细胞。体外培养的肿瘤细胞有重叠生长的特征。

培养细胞形态的分类，主要是根据细胞在培养中的表现以及描述上的方便而定。它可受很多因素的影响而发生变化，如 CO_2 浓度、培养液的 pH、细胞接种密度等，都会影响细胞形态，但在比较稳定的条件下形态基本是一致的。悬浮型和贴附型的性质也不是一成不变的。在一定条件下，悬浮型细胞可呈贴附状生长。由于培养细胞形态的易变性，在利用形态学指标判定细胞类型和其他一些变化时，应参考多方面指标，必要时应利用电镜来提供形态学依据。

2. 培养细胞的计数及活细胞的鉴定 在细胞生物学的实验中，往往要进行活细胞的鉴定和细胞的计数、调整细胞的密度，是进行细胞培养实验必不可少的一种基本技能。

（1）细胞计数板的构造：细胞计数板是由一块比普通载玻片厚的特制玻片制成的。玻片中有四条下凹的槽，构成三个平台。中间的平台较宽，其中间又被一短横槽隔为两半，每半边上面各刻有一个方格网。方格网上刻有 9 个大方格，其中只有 A、B、C 和 D 大方格为计数室，供计数用。这些大方格的长和宽各为 1mm，深度 0.1mm 为，其体积为 $0.1mm^3$（图 8-2、图 8-3）。

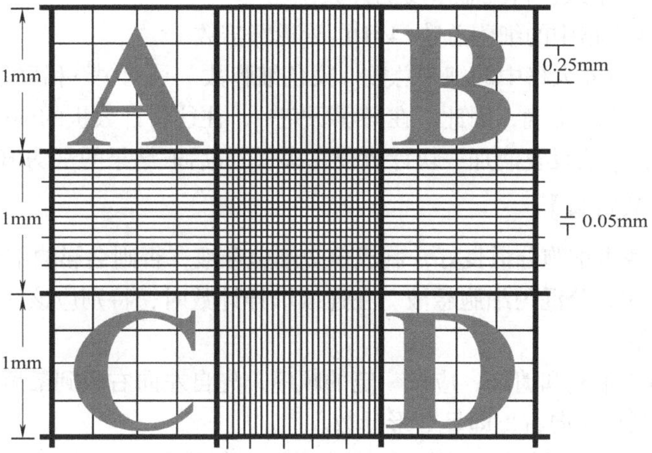

图 8-2 放大的计数室

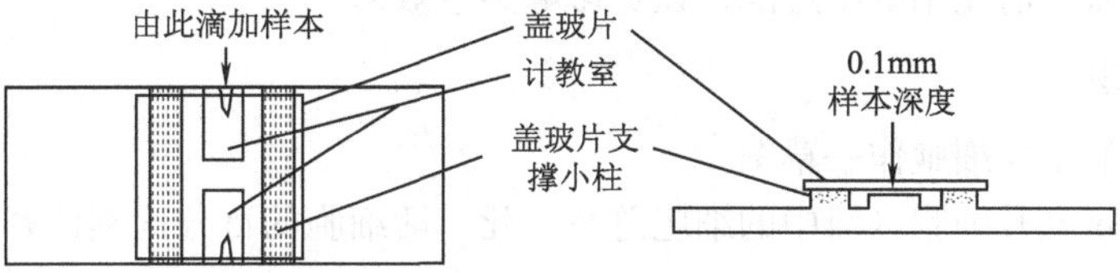

图 8-3 细胞计数板正面、侧面模式图

（2）实验方法

1）将培养瓶中的培养液移入干净试管中，向培养瓶中加入 0.25%胰蛋白酶-0.02%EDTA 混合消化液 1ml（具体用量以液体盖住细胞为宜），37℃二氧化碳培养箱静置 5min，待见到细胞变圆，彼此不连接为止。

2）将试管中的培养液移回培养瓶中，并轻轻进行吹打，制成细胞悬液，注意吹打混匀。若细胞数很少，应将悬液离心（1000r/min，8min），重新悬浮于少量培养液中。

3）取均匀混合的细胞悬液 40μl，加入 0.2%台盼蓝染液 40μl，充分混匀。

4）用无水酒精擦干净计数板，将盖玻片覆于计数板之上，注意盖玻片要盖住计数板两边的小槽。

5）滴加少许已染色的细胞悬液于放有盖片的细胞计数板的斜面上，使液体自然充满计数板小室。注意滴加的量要适宜，如滴入过多，溢出并流入两侧槽内，使盖玻片浮起，体积改变，会影响计数结果，需用滤纸把多余的溶液吸出，以槽内没有溶液为宜。如滴入溶液过少，经多次充液，易产生气泡，应洗净计数室，干燥后重做。

6）充液后静止 1～2min，待细胞下沉后，方可进行计数。

7）在普通光镜 10×物镜下按一定顺序计数 A、B、C 和 D 四个大格内（图 8-2）的细胞数，压线者数上不数下，数左不数右。如发现各 A、B、C 和 D 方格的细胞数目相差 20 个以上，表示细胞分布不均匀，必须重新计数。镜下计数时，遇到 2 个以上细胞组成的细胞团，应按单个细胞计算。如细胞团占 10%以上，说明消化不充分。

8）细胞计数板的清洁：细胞计数板使用后，用自来水冲洗，切勿用硬物洗刷，洗后自行晾干或用吹风机吹干，或用无水乙醇脱水使其干燥。通过镜检观察每小格内是否残留菌体或其他沉淀物。若不干净，则必须重复清洗直到干净为止。

（3）实验结果：按下式进行细胞浓度的计数：

细胞数/ml 原液=4 大格中的细胞总数÷4×10^4 ①×稀释倍数

活细胞数/ml 原液=（4 大格中的细胞总数－染色细胞数）÷$4\times10^4$②×稀释倍数

进行细胞计数时应力求准确，因此，在科学研究中，往往将计数板的两端都滴加上细胞悬液，并同时滴加几块计数板（或反复滴加一块计数板几次），最后取结果的平均值。

【注意事项与常见问题】

1. 消化细胞时，务求细胞分散良好，制成单个细胞悬液，否则会影响细胞计数结果。

2. 取样计数前，应充分混匀细胞悬液。在连续取样计数时，特别应该注意这一点，否则前后计数结果会有很大误差。

3. 计数时为了防止重复和遗漏，应按一定的顺序，先自左向右数到最后一格，下一行格子则自右向左，再下一行又自左向右，即呈 S 形计数。

4. 在 3min 内完成死细胞计数，否则部分活细胞也会被染色，影响实验的准确性。

5. 台盼蓝有潜在致癌危险，请穿实验服并戴一次性手套操作。

6. 久置的台盼蓝用前先用滤纸过滤，以免影响染色效果。

【作业与思考题】

1. 将你观察到的培养细胞作一草图。

2. 将你计数的每毫升细胞悬液中的细胞总数，死、活细胞的百分比例计算出来。

附：试剂配制

4%台盼蓝母液：称取 4g 台盼蓝，加少量蒸馏水研磨，加双蒸水至 100ml，用滤纸过滤，4℃保存。使用时，用 PBS 稀释至 0.4%。

实验 8-5 细胞冻存、复苏与运输

为保持细胞系的遗传特性和避免有限细胞系的老化和转化，减少长期传代过程中支原体等微生物污染的机会，避免污染造成的损失，常需要冻存细胞。而培养细胞从一个实验室转运到另一个实验室，最佳的策略也是进行低温保存。目前细胞低温保存最常用的方法是将细胞低温保存在液氮中，保存时间可长达数年。通常，细胞冻存一年后应复苏培养后再冻存。

【实验目的】

1. 了解细胞冻存与复苏的原理。

2. 熟悉细胞冻存与复苏的方法步骤。

【实验原理】

细胞冻存是指将细胞保存于冻存液中，以一定的冷冻速度将细胞冻存悬液降至–70℃以下，并于–196℃的液氮罐中长期保存。在–70℃以下时，细胞内的酶活性均已停止，即代谢处于完全停止状态，故可以长期保存。细胞低温保存的关键，在于通过 0～20℃阶段的处理过程。在此温度范围内，冰晶呈针状，极易导致细胞的严重损伤。因此，在冻存细胞时常加入保护剂，以防止细胞内外的水结成冰晶，对细胞造成机械损伤。目前常用的保护剂为甘油和二甲基亚砜（DMSO），它们易

---

①4 大格中的每一大格体积为 $0.1mm^3$。1ml=10000 大格，因此，1 大格细胞数×10^4=细胞数/ml。

②染色标本在 3min 内检查计数，因为台盼蓝染液可以迅速地使死细胞染上蓝色，延长时间，活细胞也将着色。

穿透细胞，对细胞无毒，其使用终浓度常为 10%。在加入保护剂后，可使冻存液的冰点降低，在缓慢冻结的条件下，细胞内的水分在冻结前会渗出到细胞外，从而避免冰晶对细胞的损伤。另外，冻存液中还要加入含血清的培养液，以提供营养，维持渗透压和 pH。通常保护剂和培养液的比例为 1∶9。

细胞复苏是指按一定的复温速度将冻存的细胞恢复至常温，重新培养，解冻细胞速度要快，使之迅速通过易损伤的−5～0℃。

【实验准备】

1. 实验对象 对数生长期的细胞，如人宫颈癌细胞（HeLa 细胞），人髓母细胞瘤细胞（UW228-3 细胞），小鼠 B 杂交瘤细胞（7TD1 细胞）等。

2. 实验试剂 10%小牛血清的 DMEM 培养液，双抗（青霉素、链霉素）100U/ml，0.25%胰蛋白酶-0.02%EDTA 混合消化液，除过菌的二甲基亚砜或甘油，75%乙醇溶液。

3. 实验器材及仪器 倒置显微镜，恒温水浴箱，离心机，冻存管，离心管，移液管，纱布小口袋。

【实验内容与方法】

1. 细胞冻存

（1）细胞悬液制备：选用对数生长期的细胞，在冻存细胞前一天换液 1 次。通常直径 100mm 的培养皿或 10ml 的培养瓶面中细胞汇合 95%以上时即可冻存一管。按传代培养的方法制成细胞悬液。

（2）制备冻存液：按 9∶1 的比例将培养液与二甲基亚砜混合配制成 1ml 的冻存液，将配制好的冻存液加到 1～1.5ml 冻存管中，放入 4℃冰箱中预冷。

（3）收集细胞：将细胞悬液移入无菌离心管中，1000r/min 离心 10min，弃去上清液。

（4）装管：将预冷的冻存液移至离心管中，轻轻吹打，使细胞悬混后再移至冻存管中。

（5）封口、标记：用封口膜将冻存管口封好，用记号笔在冻存管上记好细胞名称，代数和冻存时间。

（6）保存：为保持细胞活力，通常将冻存细胞先置于−20℃中 1～2h，然后置于−70℃中，1 周后再用小纱布袋包好冻存管，转移至液氮中。

2. 细胞复苏

（1）用大镊子将冻存管从液氮中取出，立即投入 37℃的温水中，不时摇动，使冻存液快速融化。

（2）在离心管中加入 5ml 预温好（37℃）的培养液。

（3）用 75%的乙醇棉球擦拭冻存管，在超净工作台中将冻存管打开。将冻存细胞悬液吸出，缓慢加入步骤 2 的离心管中，轻轻吹打混匀。

（4）1000r/min 离心 8min。

（5）加入新鲜含血清培养液，轻轻吹打混匀，移至直径 60mm 的培养皿或 5ml 的培养瓶中，放入 CO_2 培养箱中培养。

【注意事项与常见问题】

1. 待冻存的细胞应具有较高的活力，大部分悬浮细胞按（1～5）$\times10^7$ 细胞/ml，贴壁细胞可按 5×10^6 细胞/ml 密度冻存。

2. 冻存细胞时应逐步降低温度，有条件的话可选择程序降温，利用已设定程序的等速降温机以−3～−1℃/min 之速度由室温降至（−80℃以下）−120℃，再放在液氮罐中长期储存。

3. 细胞在液氮中可长期冻存无限时间，而不会影响细胞活力，为稳妥起见，细胞冻存一年后应复苏培养后再冻存。

4. 冻存细胞较脆弱，因此，复苏细胞时要轻柔操作。冻存细胞要快速融化，并直接加入培养基中。

5. 将冻存细胞置于液氮中或从液氮中取冻存管时，操作人员应戴防护面罩及手套，防止被液氮烫伤。

【作业与思考题】

1. 细胞冻存与复苏过程中如何保证细胞活力。

2. 观察并记录冻存细胞复苏后的生长情况。

实验 8-6　细胞克隆化培养

【实验目的】

1. 掌握细胞克隆培养常用方法。

2. 观察细胞克隆形成。

【实验原理】

细胞克隆（cell cloning），就是从一般细胞系（株）的培养物中，获得由一个单细胞分裂增殖的细胞群体。所获得的这种遗传特征、生物学性状一致的细胞培养物称为克隆化细胞株，从而达到细胞纯化筛选的目的。应用筛选出的纯化细胞株进行的实验科学可靠性大大提高，而且能提高细胞的敏感度和可重复性。

细胞克隆化培养（cell cloning culture）是指将单个细胞在一定支持物上（如甲基纤维素或软琼脂）上增殖培养而产生的细胞群落。克隆化培养常应用于肿瘤细胞、单克隆抗体的制备以及干细胞培养。细胞克隆化培养的方法很多，主要依据细胞生长特征进行支持物的选择。恶性肿瘤细胞增殖速度快，可在软琼脂和半固体的甲基纤维素中形成集落，因此，可以选用琼脂和甲基纤维素作为支持物为恶性肿瘤细胞提供营养。由于正常培养细胞很难在半固体和软琼脂中形成集落，因此，克隆化培养也是用来鉴别和筛选正常与异常细胞以及细胞恶性程度的方法之一。

一、软琼脂培养法

【实验准备】

1. 实验对象　待克隆化培养的细胞。

2. 实验试剂　Difco 琼脂（用 DMEM 培养基配成 1%储存液，工作液最终浓度为 0.33%），DMEM 培养基（含血清）。

3. 实验器材及仪器　96 孔板，24 孔板（35mm 灭菌平皿），灭菌平皿，解剖镜，恒温水浴箱，CO_2 培养箱。

【实验内容与方法】

1. 将 1% Difco 琼脂加热融化，移入 45℃水浴中温育。

2. 收集待克隆的细胞，用培养基稀释至 3×10^4 个/ml。

3. 将 DMEM 培养基在 45℃水浴中预热。

4. 将以上准备好的细胞，琼脂和培养基（含血清）按照 1∶1∶1 的比例混匀后立即倒入 24 孔板或 35mm 平皿中，室温凝固。

5. 放入 5%CO_2 培养箱，37℃培养 10 天后肉眼可见白色细胞团。

6. 解剖镜下挑取单个细胞集落。

7. 将单细胞集落吹散，接种至 96 孔板进行扩大培养，再鉴定。

二、甲基纤维素半固体培养

【实验准备】

1. **实验对象**　待克隆化培养的细胞。

2. **实验试剂**　甲基纤维素，2×无血清培养液。

3. **实验器材及仪器**　35mm 灭菌平皿，96 孔板，CO_2 培养箱，显微镜。

【实验内容与方法】

1. 制备甲基纤维素半固体培养基：称取 2g 甲基纤维素溶于 50ml 三蒸水中，4℃搅拌过夜，使甲基纤维素彻底溶解。高压灭菌，于无菌条件下加入 50ml 2×无血清培养液，磁力搅拌均匀。

2. 将收集的细胞加入上述制备的甲基纤维素半固体培养基，混匀后倒入直径 35mm 的平皿中，每个平皿 2 ml。于 37℃，5%CO_2 培养箱培养 7 天。

3. 取出平皿进行克隆的观察与挑选。肉眼可见平皿的培养基表面有白色斑点，显微镜下观察即为细胞克隆团。无菌条件下将平皿中分散、单个的细胞团吸起移入 96 孔板培养液中，继续培养，鉴定。

三、有限稀释法

【实验准备】

1. **实验对象**　待克隆化培养的细胞。

2. **实验试剂**　胰酶，培养基。

3. **实验器材及仪器**　96 孔板，血细胞计数板，倒置显微镜。

【实验内容与方法】

1. 将生长旺盛的单层培养细胞用胰酶消化，血细胞计数板计数，进行连续稀释。

2. 将以上稀释好的细胞悬液分别接种至 96 孔板，在倒置显微镜下逐孔检测，将单个细胞的孔做好标记，培养至孔内细胞形成克隆。

【注意事项与常见问题】

1. 细胞状态对实验影响较大。一般选择处于半对数生长期，状态比较好的细胞。

2. 克隆形成率与接种细胞数量的关系非常密切，细胞数过多，克隆形成率就低。

3. 血清、生长因子等营养成分的纯度和剂量对于克隆形成十分重要。

【作业与思考题】

1. 接种细胞的数量和克隆形成率密切相关，为什么接种细胞数过多，克隆形成率就低？

2. 试述细胞克隆培养如何选择合适的支持物？

附：试剂配制

1% Difco 琼脂：用 DMEM 培养基配成 1%储存液，工作液最终浓度为 0.33%。

实验 8-7 细胞三维培养

【相关背景】

在细胞和组织培养领域，从 20 世纪 70 年代起二维培养，科学家已经看到其局限性，并且更多地关注三维（3D）培养的优点，目前越来越多的研究从细胞培养的平面环境转变到三维培养。三维细胞培养技术是介于单层细胞培养与动物实验之间的一种技术，既能最大程度的模拟体内环境，又能展现细胞培养的直观性及条件可控性的优势。尽管细胞在单个培养时具有增殖、糖酵解、呼吸和基因转录等功能，但有关功能性多细胞有机体的功能的调节，最终取决于合适谱系及其合适阶段的细胞间相互作用，以及在同样微环境中的不同谱系细胞间的相互作用。如果要研究分离细胞的生物学特点或者将这些细胞用作底物，适合采用常规的单层培养或悬浮培养是合适的，但如果需要了解在体细胞的一些整体功能或者功能障碍，则需要组织型或器官型培养模型。

主要有两种途径达到此目的：一是明确细胞在组织内的分布，将组织取出，按器官培养方式维持细胞生长；二是纯化和扩增每个细胞谱系，在同种细胞相互作用的条件下进行单独研究，然后再将这些细胞结合起来研究其共同的相互作用。在此基础上产生了三种主要技术：①器官培养，将整个器官或者具有代表性的部分以小的组织块的形式在培养液中维持生长，同时保留参与细胞在数量和空间上的内在分布；②组织型培养，将扩增的细胞系在三维的基质中单独培养至较高的密度；③器官型培养，将不同谱系的细胞按照实验确定的比率和空间关系相结合起来，重新构筑研究状态下的器官成分。器官培养的目的是保持相同类型或不同类型细胞原有的结构关系以及由此产生的相互作用，以便研究外源性刺激对进一步发育的作用。

一、器 官 培 养

【实验目的】

了解器官培养的原理和方法。

【实验原理】

器官培养中，组织构筑的缺陷是缺乏血管系统，将细胞作为一种固体的组织块进行培养时，气体的扩散以及营养物质和代谢产物的交换在外周部发生，故组织块大小受限制。当直径达到 1.0mm 或 1.0mm 以上时，组织块中心区常出现明显坏死，为了缓解这个问题，通常将器官培养物放在液气相界面，以便促进气体交换而且保持与营养物质接触。采用器官培养作为优于细胞培养的体外技术，主要理由是保持结构的完整性。但此实验方法也有其局限性，主要表现在器官培养的实验分析主要依靠组织学技术，不宜于进行生物化学和分子生物学分析。

切取出器官或组织，将其切成约 $1mm^3$ 小块，或成薄膜状，杆状，然后将组织放在位于气液界面的支持物上，如滤膜培养皿，在培养箱中培养。

【实验准备】

1. 实验对象 已受精的鸡蛋，孵育 8 天。

2. 实验试剂 含有或不含有血清的培养液，HBBS。

3. 实验器材及仪器 解剖器械（无菌），非组织培养处理的滤膜培养皿（Corning Transwell），12 孔培养板，CO_2 恒温培养箱，吸管。

【实验内容与方法】

1. 将滤膜培养皿放在12孔培养板的各个孔中，加入培养液至达到滤膜底面水平（约1ml）。

2. 将12孔板放入37℃，CO_2培养箱中，调整培养液的pH。

3. 准备组织或切取出整个胚胎器官（如8天鸡胚的股骨或胫骨、皮肤小块，肝或肾。）一个方位，组织不超过1mm厚。

4. 在短时间内，不超过1h内解剖标本，HBBS要充足，如果较长时间解剖时，应在HEPES缓冲为pH7.4的HBSS中添加50%血清。

5. 从培养箱中取出多孔板，小心地将组织转移到滤膜上，这一步用吸管完成，小心不要刺破滤膜，吸取组织前，先用培养液湿润吸管内壁，防止吸取时组织块粘在吸管壁上。

6. 确定培养液将组织浸没但没有完全浸没，将培养板放回培养箱中。

7. 2～4h后再次检查，确认培养液面保持在滤膜和组织块之上，但深度不淹没组织块或使其浮起来。

8. 将组织培养1～3周，根据样本需要，每隔2～3天更换培养液1次。

附：分离鸡胚

1. 材料

（1）解剖平衡盐溶液（DBSS）：不含碳酸盐Hanks平衡盐溶液高压灭菌后加入青霉素250U/ml，链霉素250μg/ml，卡那霉素100μg/ml，–20°C保存。

（2）无菌BSS，50ml盛于无菌烧杯中。

（3）无菌的20～50ml小烧杯、直头镊子和弯头镊子和9cm培养皿。

（4）孵化10天的有胚胎的鸡卵。

（5）70%乙醇溶液。

（6）棉签。

（7）保持湿度非CO_2的孵箱。

2. 实验步骤

（1）分离器官进行培养约在鸡卵孵育第10～13天。

（2）用70%乙醇溶液棉签消毒鸡卵，钝端向上放于小烧杯内。

（3）用无菌镊打破鸡卵卵壳，剥离卵壳直到气囊的边缘。

（4）重新消毒镊子之后，用镊子剥离下白色的壳膜，显露绒毛尿囊膜及血管。用镊子刺破绒毛尿囊膜，轻轻夹住头部下方，提出胚胎，将鸡胚放入含有20ml DBSS的培养皿中，冰浴，在培养皿中取出所需要的组织。

二、组织型培养——球体培养

【实验目的】

了解细胞球体培养的原理和方法。

【实验原理】

用胰蛋白酶消化单层细胞或分散原有组织，将细胞接种到涂布琼脂的底物上，将聚集物转移到24孔培养板，进行分析。此种球体细胞培养技术广泛用于无血管肿瘤生长模型，细胞群基因表达的三维立体空间构成以及细胞毒性疗法的评估。

【实验准备】

1. 实验对象 细胞。

2. 实验试剂 诺贝尔琼脂，含10%小牛血清的DMEM培养液、双抗（青霉素、链霉素）100单位/ml，超纯水（UPW），0.25%胰蛋白酶（PBSA配置）。

3. 实验器材及仪器 培养皿，24孔培养板，25cm^{2}培养瓶，倒置显微镜，细胞培养箱。

【实验内容与方法】

1. 用琼脂涂布培养瓶

（1）将1g诺贝尔琼脂加入100ml带有松螺旋盖的玻璃瓶中，瓶内装有20ml超纯水。

（2）在100℃水浴中将琼脂加热10min，至琼脂完全溶解。

（3）立即将瓶中内容物加入预热至37℃的60ml培养液中，然后分别按5ml量加入每个培养瓶中，并保证琼脂内无气泡。

（4）将上述1.25%琼脂包被的培养瓶在室温条件放置约5min。

2. 用琼脂涂布24孔培养板

（1）将0.5g琼脂倒入到10ml超纯水中，在100℃水浴中将琼脂加热10min，至琼脂完全溶解。然后加入40ml超纯水。

（2）在24孔板中每个孔内加入1步骤中终溶液0.5ml，即准备1%琼脂涂布的培养孔，加入时注意精确和小心，以保证在随后球体的观察中易于对每个孔进行显微镜聚焦。

3. 球体形成

（1）用胰蛋白酶消化汇合单层培养的细胞，准备单细胞悬液。

（2）对细胞进行计数。

（3）在琼脂包被的培养瓶中加入5ml/瓶含5×10^5个细胞的生长培养液，培养细胞。如果细胞具有球体形成的能力，3～5天内可自发形成聚集的直径约100～300μm的小簇。

为了便于生长，应将球体移入新的培养瓶或24孔板。

4. 转移到24孔培养板

（1）将每个培养瓶中的培养物移入培养皿。

（2）在24孔板每个琼脂包被的孔中，加入0.5ml培养液。

（3）在低倍镜下，逐个地选择一定大小的球体，用微调的移液器，将选定的类似直径的球体逐个移入琼脂包被的每个孔中。

（4）将24孔培养板放入CO_2培养箱。

（5）每周更换培养液1或2次，每次换液0.5ml。或每周1或2次加入培养液0.5ml，不移除任何培养液，2～4周后培养液达到2ml/孔。

5. 结果分析 用显微镜测微尺定期测量球体直径，并对培养板中球体生长做定量分析。球体也可用于药物处理后细胞克隆形成力的分析。

【注意事项与常见问题】

涂布琼脂时，所有的培养瓶、培养板和培养皿都应是无菌的，但不需要达到组织培养级。

【作业与思考题】

1. 记录和观察球体培养的过程和培养物生长状态。
2. 测量培养的球体直径，并记录下来。

三、组织型培养——神经聚集物的培养

【实验目的】

了解神经聚集物培养的方法和应用。

【实验原理】

从妊娠 17 天或 18 天的胎鼠中取出脑，将脑制成单细胞悬液。通过在用琼脂预涂的多孔培养板中培养，使脑细胞形成聚集物。在 20 天的培养过程中，聚集物中的细胞形成成熟的器官样脑结构。

【实验准备】

1. 实验对象　胎鼠脑。

2. 实验试剂　Dulbecco 改良的 Eagle's 培养液，含有 10%新生牛血清，4 倍所述浓度的非必需氨基酸，2mmol/L L-谷氨酰胺，100U/ml 青霉素和 100μg/ml 链霉素，含 Ca^{2+}和 Mg^{2+}的磷酸缓冲盐溶液（PBS），Ⅱ型胰蛋白酶（0.025%，用 PBSA 配制），琼脂。

3. 实验器材及仪器 24 孔培养板，10cm Petri 培养皿，12ml 试管，外科手术器械，100ml 锥形瓶 2 个，Pasteur 吸管，水浴箱，培养箱。

4. 琼脂培养液包被培养板

（1）在烧瓶中制备 3%琼脂储存溶液（3g 琼脂加入 100ml PBSA 中）。

（2）在沸水或是用微波炉加热烧瓶直至成琼脂溶液，在沸水中放一个空烧瓶，将 10ml 热琼脂溶液注入此烧瓶中。

（3）向烧瓶内慢慢加入预温的完全生长培养液，直至培养液在琼脂内的浓度达到 0.75%。

（4）在 24 孔培养板的每个孔内加入 0.5ml 温培养液-琼脂溶液。

（5）琼脂冷却、胶化。包被后的培养板可在 4℃冷藏 1 周。

【实验内容与方法】

1. 在无菌条件下，从妊娠 17～18 天胎鼠的同窝仔取出整个脑，将脑组织放入含 D-PBSA 的 10cm 培养皿中。

2. 用手术刀将组织切成约 $0.5cm^3$ 小块。

3. 将组织块移入一个试管，用 D-PBSA 洗 3 次，每次清洗之间让组织块沉降到管底。

4. 向盛组织块的试管内加入 5ml 胰蛋白酶溶液，放 37℃水浴箱中消化 5min。

5. 用 Pasteur 吸管吹打约 20 次，将组织分散。

6. 让吹散后的组织沉降 3min,然后将无组织块的细胞悬液移入含有 5ml 生长培养液的试管内。

7. 向未分散的组织加入 5ml 新鲜的胰蛋白酶溶液，重复前面消化和分散步骤 2 次以上。

8. 将细胞悬液离心，200*g*，5min。

9. 吸去上清液，用 10ml 生长培养液混悬和收集细胞。

10. 计数细胞，在每个涂琼脂的孔内加入 1ml 细胞悬液（3×10^6 个细胞）。

11. 将 24 孔培养板放入 CO_2 培养箱，培养 48h。

12. 将细胞聚集物移入无菌的 10cm Petri 培养皿中，加入 10ml 培养液。

13. 用 Pasteur 吸管将大的聚集物分别移到新的涂有琼脂的多孔板。

14. 每 3 天更换培养液 1 次，小心吸去原有培养液，添加新鲜培养液，覆盖聚集物。

15. 在 20 天培养过程中，细胞聚集物可变为球形，发育形成器官样结构。

【注意事项与常见问题】

利用旋转振荡器也可获得再聚集的培养物，选择约 70r/min 的转速，以致将细胞带入漩涡内，大大增加细胞间相互碰撞的次数，这种运动可防止细胞附着于培养瓶。

【作业与思考题】

1. 记录神经聚集物培养的实验过程，观察培养物生长情况。

2. 用琼脂包被培养板时应注意什么问题?

附：器官型培养

涉及不同细胞谱系重建的高密度、三维培养称为器官型培养，区别于器官培养，在器官培养中原来的细胞不被分离。与组织性培养区别的关键因素是在这些构筑介绍异种细胞相互作用，包括可扩散的旁分泌作用和涉及细胞外基质的信号。这些细胞的相互关系形成结构性微环境、细胞极性和促进分化。器官型培养可通过混合少量的细胞并允许其相互作用和分类而建立。

组织工程的构建物常需要类似的细胞相互作用，如血管构建方面的内皮与平滑肌相互作用，骨骼肌需要张力，软骨需要压力，血管构建物的内皮需要搏动性液体流动。

组织构建物的工程化取决于组织依赖的各种成分：

（1）合适系谱的组织细胞，处于增殖和祖细胞阶段。

（2）相互作用的细胞，如血管内的平滑肌细胞、神经构建物内的神经胶质细胞。

（3）支持组织结构的生物可降解支架，如聚乙醇酸、多聚乳酸、磷酸钙等。

（4）基质：如胶原蛋白，在软组织代替支架，或者包被支架以加强细胞附着。

（5）机械性应力，即肌张力、软骨和骨的压力和血管搏动力。

将细胞整合入三位器官型构建物中的支架时，难以用显微镜观察，故需用其他方法观察到构建物中的细胞的状态，一般可将含有构建物的生物反应器放入 NMR 检测仪内，以 MRI 显示检测结果。

（王　茜　刘彦娜）

第九章　细胞行为学

实验 9-1　细胞吞噬实验

【相关背景】

细胞吞噬功能原来是单细胞动物摄取营养物质的一种方式，也具有原始的防御作用。而在高等动物中，巨噬细胞和中性粒细胞专司吞噬作用，成为机体的自然免疫防御系统的重要组成部分，执行非特异性免疫功能。

侵入机体的病原微生物在突破机体上皮组织屏障后，进入到皮下的结缔组织中，这些入侵者或它们分泌的毒素很可能转移进入血液并转移到机体的其他部位，这时非特异性免疫系统首先被激活。

广义的巨噬细胞应包括除粒细胞以外的一切具有吞噬作用的细胞，而狭义的巨噬细胞则指游离的成熟的具吞噬作用的细胞。巨噬细胞起源于骨髓干细胞，在骨髓中分化为前单核细胞，进而分化为单核细胞，进入组织，继续分化为各类的巨噬细胞。其作用可概括为：吞噬和杀菌作用；非吞噬的细胞毒作用；加工和递呈抗原的作用；巨噬细胞释放白细胞介素，属非特异性可溶性因子。

器官特异性吞噬细胞主要分布在肝、脾、淋巴结、脑和肺等血流丰富的器官中，这类吞噬细胞都“固定”在上述器官的血窦壁上，不能随意移动。当外源异物或化学毒物随血液经过这些血窦时，会被立即吞噬再随血液移走，这样就保证流经这些器官的血液经过几次循环后变得非常清洁。

如果某部位发生了炎症，血液中的单核细胞进化为巨噬细胞随血液到达炎症区域。内皮细胞分泌的选择素与巨噬细胞表面的糖脂或糖蛋白结合，但亲和力小，巨噬细胞在脉管中黏着-分离，再黏着-分离，呈现滚动方式运动，同时活化其他黏着因子如整联蛋白，最终与之较强的结合在一起，然后巨噬细胞穿过血管间隙以“血细胞渗出”的方式加入到炎症区域。

【实验目的】

1. 掌握诱导细胞吞噬现象的原理。

2. 掌握小白鼠腹腔注射给药的方法。

3. 通过制片和观察，加深理解细胞吞噬作用的基本过程。

【实验原理】

单细胞动物通过吞噬作用来摄取营养物质。高等动物体内的巨噬细胞、单核细胞和中性粒细胞等也具有吞噬功能，它们广泛分布在组织和血液中，共同防御微生物的侵入，清除衰老和死亡的细胞。巨噬细胞起源于骨髓，经血液进入组织而成，当机体受到某些损伤因素（如微生物或其他异物侵入）刺激时，能吸引巨噬细胞；同时吞噬细胞具有趋化性，向异物处聚集。异物首先被吸附在细胞表面，随之，吸附区域的细胞膜向内凹陷，并伸出伪足包围异物，并发生胞吞作用形成吞噬体，继而在细胞内与溶酶体融合，进行消化，此时为次级溶酶体，最后形成残余小体，内含消化不了的残渣，通过胞吐途径将残渣排出体外。

在实验前 2～3 天，每天给小白鼠腹腔注射 6%淀粉肉汤 1ml，可使腹腔中有较多的吞噬细胞，以供观察吞噬活动。

【实验准备】

1. 实验对象 小白鼠，蟾蜍。

2. 实验试剂 鸡红细胞，6%淀粉肉汤（含 0.3%台盼蓝），0.9%生理盐水，阿氏液，pH 7.2 0.01mol/L PBS。

3. 实验器材及仪器 显微镜，注射器，注射针头，试管，试管架，解剖刀，载玻片，盖玻片，解剖剪，记号笔。

【实验内容与方法】

1. 1%鸡红细胞悬液制备

（1）鸡翼静脉采血，迅速与等体积阿氏液混合。

（2）用 pH 7.2 的 0.01mol/L PBS 液洗涤 3 次，每次均以 1000r/min 离心 10min，弃上清。

（3）用 PBS 液配成体积分数为 1%红细胞悬液，4℃保存备用。

2. 小鼠腹腔巨噬细胞吞噬活动的观察

（1）标本的制备：实验前 2 天，每天给小白鼠腹腔注射 6%淀粉肉汤（含台盼蓝）1ml，以诱导腹腔内产生较多的巨噬细胞。

（2）实验时，每组取 1 只注射过淀粉肉汤的小白鼠，腹腔注射 1%鸡红细胞悬液 1ml。

（3）25～30min 后再向腹腔注射 0.9%的生理盐水 0.5ml，轻揉小鼠腹部。

（4）3min 后，用颈椎脱臼法处死小鼠，迅速剖开腹腔，用未装针头的注射器贴腹腔背处抽取腹腔液滴片，涂片后在显微镜下观察。

（5）细胞吞噬活动的观察：将视野光线调暗，高倍镜下可看到许多体积较大的圆形或形态不规则的巨噬细胞，胞质中含有数量不等的蓝色颗粒（这是吞入含台盼蓝的淀粉肉汤所形成的吞噬泡），还可见少量淡黄色椭圆形有核的鸡红细胞。慢慢移动玻片标本，仔细观察巨噬细胞吞噬鸡红细胞过程中的不同阶段：有的鸡红细胞（1 个或多个）紧贴附于巨噬细胞表面；有的巨噬细胞已将一个或几个鸡红细胞部分吞入；有的巨噬细胞已吞入了一个或几个鸡红细胞，形成了椭圆形吞噬泡；有的巨噬细胞内的吞噬泡已与溶酶体融合正在被消化，体积缩小呈圆形。将所见到的处在不同吞噬阶段的巨噬细胞动态地联系起来，思考一下吞噬的全过程（图 9-1）。

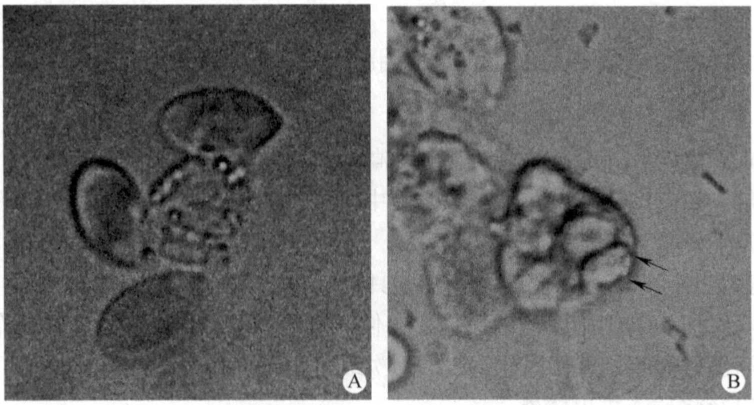

图 9-1 巨噬细胞吞噬鸡红细胞部分过程

A. 鸡红细胞紧贴附于巨噬细胞表面；B. 巨噬细胞已吞入了几个鸡红细胞，形成了椭圆形吞噬泡，有的吞噬泡已与溶酶体融合正在被消化，体积缩小呈圆形（箭头所示）

3. 蟾蜍白细胞的吞噬活动观察

（1）用注射器吸取用生理盐水稀释的墨汁 0.5～1ml，注射入蟾蜍尾杆骨两侧的背淋巴囊内，将蟾蜍放在室温环境中。

（2）2～3h 后，用注射器抽取背淋巴囊内的淋巴液，滴在载玻片上，加盖玻片进行观察。

（3）在高倍镜下，可见许多颜色很浅、圆形或形态不规则的游离的白细胞（有时可能带有少量的浅红色椭圆形的红细胞）。在部分白细胞中可以看到吞噬进的黑色墨汁颗粒，这种小颗粒可随细胞的变形运动而运动。有的白细胞正在吞噬墨汁颗粒，做变形运动。

【注意事项与常见问题】

1. 小鼠腹腔注射时不要刺伤内脏。
2. 小鼠腹腔内的细胞浓度若过大，则可用生理盐水适当稀释。

【作业与思考题】

1. 绘制小鼠巨噬细胞吞噬鸡红细胞图（处在不同吞噬阶段，示吞噬作用的过程）。
2. 绘制蟾蜍白细胞吞噬墨汁颗粒的过程图。
3. 为什么要事先向小鼠腹腔注射含台盼蓝的淀粉肉汤?
4. 细胞的吞噬活动对生物体有何意义?

附：试剂配制

1. 6%淀粉肉汤（含 0.3%台盼蓝） 牛肉膏 0.3g，蛋白胨 1.0g，氯化钠 0.5g，台盼蓝 0.3g，可溶性淀粉 6.0g，加入到 100ml 蒸馏水，煮沸灭菌，4℃保存，使用时温热水融化。

2. 阿氏液 葡萄糖 2.05g，柠檬酸钠 0.8g，氯化钠 0.42g，柠檬酸 0.055g，加双蒸水至 100ml，加热溶解后，将 pH 调到 6.7，高压灭菌 15min，4℃保存备用。

实验 9-2 细胞融合实验

【相关背景】

细胞融合（cell fusion）是细胞工程基本技术之一，是指在诱导剂或促融剂的作用下，两个或两个以上的同源或异源（种、属间）的细胞或原生质体间相互接触，进而发生细胞膜融合、细胞质融合以及细胞核融合并形成双核或多核细胞的过程。细胞融合技术是从细胞水平来改变动物细胞的遗传性。

细胞融合技术起源于 20 世纪 50 年代末，1958～1960 年，日本学者冈田善雄（Okada）发现仙台病毒能引起细胞融合的现象。他将仙台病毒注射到事先接种了艾氏腹水瘤细胞的小白鼠腹腔中，结果发现在取出的腹水中有无数巨大球形细胞，细胞内有几个甚至几十个核，通过观察发现，这些多核细胞是由多个艾氏腹水瘤细胞融合而成的，并且发现这种巨大细胞形成的频率与所接种的病毒量呈一定比例。1965 年，英国 Harris 等报告灭活病毒能够介导不同种动物细胞的融合，从此，有关动物细胞融合的研究工作发展迅速。然而，利用病毒诱导细胞的融合存在着一定困难，如病毒制备困难、操作过程复杂、灭活病毒的效价不稳定等原因，人们一直试图发现能够替代病毒诱导细胞融合的其他介质。

1974 年，加拿大籍华裔科学家高国楠等发现：在 Ca^{2+}存在时，高分子量的聚乙二醇（PEG）能够促进植物原生质体的融合，效果显著，该研究取得重大突破，迅速推动了原生质体技术的基础研究和应用研究。虽然用 PEG 作介质诱导细胞融合，比病毒诱导简便、快速和高效，且 PEG 液比病毒更易制备和控制，活性稳定，使用方便，但 PEG 促进细胞融合的有效浓度（50%～55%）对细胞有很大毒性，因此人们又开始寻找替代 PEG 的新的介导细胞间融合的方法。

1978 年 Zimmermann 等发明了电脉冲诱导细胞融合的新技术，该技术在哺乳动物细胞、植物原生质体和酵母原生质体的融合方面都有成功的报导，开创了融合技术新纪元。该项技术具有融合频率高（是 PEG 诱导融合率的 100 倍）、操作简便快速、对细胞无毒性，以及可在镜下观察等特点，而成为细胞融合的有效手段之一。

经过长期地实践和反复研究，细胞融合技术已逐步发展和完善，成为生物工程领域的基础技术之一。现在一般采用将化学法、物理法结合起来进行，探讨许多化学试剂在各种方法中的作用和最适浓度，进一步提高融合率，如在电融合时采用加入一定量甘露醇、$CaCl_2$、$MgCl_2$，有利于细胞的极化和聚集接触。特别是近 20 年来，细胞融合方法得到了不断的更新，融合率也得到逐步的提高。现已出现将磁、超声、机械等和激光、电等相结合，同时添加化学剂的新型细胞融合方法，从理论和实践方面推动了生物科学各领域的发展。细胞融合的方法及手段始终朝着操作简便方便，便于量化，融合率不断提高等方向发展。

细胞融合能把亲缘关系较远，甚至毫无亲缘关系的生物体细胞融合在一起，为远缘杂交架起了桥梁，扩大了遗传物质的重组范围。不仅为细胞的核质间关系、基因的定位及调控机制、遗传物质间互补、肿瘤发生及衰老控制等理论领域的研究提供了有力的方法和手段，而且被广泛应用于免疫学的研究、遗传学分析以及发生生物学等研究，特别是在远缘杂交育种及单克隆抗体制备等方面具有十分重要的实践意义。

【实验目的】

1. 掌握应用 PEG 融合细胞的原理和方法。

2. 掌握细胞融合率的计算方法。

【实验原理】

细胞融合是指在自然条件下或采用人工诱导的方法（如生物的、物理的或化学的方法等），使两个或两个以上的细胞合并成一个细胞的过程。人工诱导细胞融合的方法，在 20 世纪 60 年代作为一门新兴技术而开始发展起来。由于细胞融合技术既可以诱导同种细胞发生融合，也能诱导种间细胞发生融合，因此细胞融合技术被广泛应用于细胞生物学和医学研究。

引起细胞融合的诱导物种类较多，常用的主要为灭活的仙台病毒（Sendai virus）、聚乙二醇（polyethyleneglycol，PEG）以及电脉冲。因为聚乙二醇容易获得、操作简便，且融合效果较稳定，因此目前应用较为广泛。

PEG 是一种多聚化合物，分子式为 $HO(CH_2CH_2O)_nH$，存在一系列不同分子质量的多聚体，是使用最广泛的化学促融剂。PEG 诱导细胞融合的原理争论较多，较为认可的是：PEG 可以改变各类细胞的膜结构，引起细胞膜中磷脂的酰键及极性基团发生结构重排，使两细胞接触点处膜质分子发生疏散和重组，引起细胞融合，融合的频率和活力与所用 PEG 的相对分子质量、浓度、温度、作用时间、细胞的生理状态及密度等有关。使用化学促融剂时，钙离子是必需的。其作用机理并不十分清楚。有人提出是钙离子与磷酸根形成不溶于水的配合物，在细胞间形成盐桥，由此引起融合。也有解释说钙离子结合到带负电的磷脂的电离基上，使磷脂分子在膜上相互分离所致。

【实验准备】

1. 实验对象 鸡红细胞。

2. 实验试剂　50%PEG（Mw4000），Hanks 液（pH7.4），Alsver 液（阿氏液），0.85%生理盐水，GKN 液，Giemsa 染液。

3. 实验器材及仪器　显微镜，离心机，水浴箱，刻度离心管，试管，载玻片，盖玻片。

【实验内容与方法】

1. 鸡红细胞储备液制备　灭菌的注射器先吸入 1ml Alsver 液后，从鸡翼下静脉取鸡血至 2ml，混匀后注入刻度离心管内，再按照 3∶1（*V*/*V*）的比例加入 6ml Alsver 液混匀，放入 4°冰箱内可保存 3～4 天。

2. 50%PEG 配制　称取少量 PEG（Mw4000）倒入刻度离心管内，在沸水浴中加热至熔化，待冷至 50℃时，等体积加入 50℃预热的 GKN 液，混匀，即为 50%PEG。放入 37℃（39℃更佳）水浴中待用。

3. 鸡红细胞悬液制备　取鸡红细胞储备液 1ml，移入刻度离心管中，加入 4ml 的 0.85%生理盐水，混匀，以 1500r/min 的转速离心 5min；取出离心管，吸弃上清液，再次加入 0.85%生理盐水至 5ml，混匀，以 1500r/min 的转速离心 5min；重复上述过程，再离心洗涤一次；吸弃上清液，将离心管倒置于滤纸上流尽剩余液体，用手指轻弹离心管底壁使沉淀的血细胞松散，加入 2～3ml 的 GKN 液混匀后待用。

4. 鸡红细胞计数　取上述鸡红细胞的 GKN 悬液，采用用血细胞计数法对鸡红细胞进行计数，然后根据计数结果加入 GKN 液，将红细胞稀释浓度为（2～4）×10^7个/ml。

5. 细胞融合诱导　取鸡红细胞悬液 1ml 至离心管中，置于 37℃（39℃更佳）水浴锅内预热，加入预热的 0.5ml 的 50%PEG（于 1min 内逐滴加入且边加边振荡，此全部过程都要求在 37～39℃水浴内进行），水浴锅内温浴 1～10min。

6. 缓慢滴加 5ml Hanks 液以终止 PEG 的作用，在 37℃（39℃更佳）水浴内静置 5～15min。

7. 用吸管轻轻吹打细胞团数次，使细胞团分散，800r/min 离心 3min 弃上清（可再次加入 Hanks 液并离心）留少许溶液混匀。

8. 取一滴融合后的细胞悬液滴片，加入一滴 Giemsa 染液或苏木素染液，用牙签搅匀，3min 后加盖片镜检。

9. 结果观察　在高倍镜下可以看到有两个或两个以上的鸡红细胞膜融合在一起，形成一个异核体细胞，注意辨别融合细胞与重叠的鸡红细胞。细胞融合过程通常可以分成以下四个阶段：①两个相互靠近细胞的细胞膜之间相互接触（图 9-2A）；②细胞间接触部位的细胞膜开始融合（图 9-2B）；③两细胞之间形成通道，细胞质借以相通，两个细胞连成一体（图 9-2C）；④细胞合并完成，形成一个含有两个或多个细胞核的杂合体细胞（图 9-2D）。上述过程可通过制作不同时间的临时制片进行观察。

10. 计算细胞融合率　在显微镜视野内，计数其中已经发生融合的细胞核数，未发生融合细胞核数，计算融合细胞核数占细胞核总数的百分比，为融合率。应进行多视野测定，再平均统计。

细胞融合率计算公式如下：融合率=融合细胞核数/总细胞核数×100%

【注意事项与常见问题】

1. 聚乙二醇的分子量与浓度　细胞融合效果与聚乙二醇的分子量及浓度成正比，但聚乙二醇的分子量越大，浓度越高，其对细胞的毒性也就越大。因此，实验时常常采用分子量为 1000～4000，浓度为 40%～60%的 PEG，以达到两者兼顾的目的。

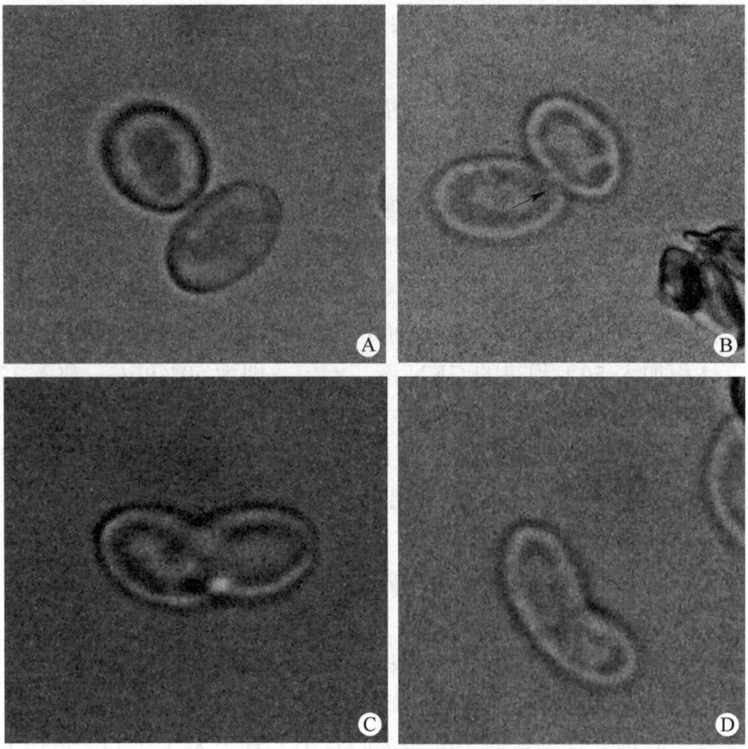

图 9-2 鸡红细胞融合过程

A. 两个鸡红细胞的细胞膜之间相互接触；B. 接触部位的细胞膜融合（箭头所示）；C. 两细胞之间细胞质相通，形成通道；D. 两个细胞连成一体

2. 聚乙二醇的处理时间 处理时间越长，融合效果越好，但对细胞的毒害也就越大。故一般将处理时间限制在 1～2min 之内。本实验中细胞融合后无须继续培养，故处理时间可适当放宽至数分钟。

3. 融合时的温度 由于生物膜膜的流动性与温度成正比，故理论上细胞的融合效果与温度成正比。因此，为了获得更好地融合效果，在细胞可能承受的温度范围内可适当提高处理的温度。对于哺乳动物的细胞，一般采用的温度为 38～40℃。

【作业与思考题】

1. 在显微镜下按顺序绘制所观察到的细胞融合各阶段，并注明主要特点。

2. 你测定的细胞融合率为多少？

3. 细胞融合技术有哪些应用？

附：

1. 几种细胞融合技术的比较

（1）细胞融合生物诱导法：很多病毒都具有凝集细胞的能力，被用来诱导细胞融合的病毒有疱疹病毒、天花病毒、副黏液病毒、冠状病毒等，其中以副黏液病毒中的仙台病毒诱导效果最为有效，使用范围最广。其原理大致如下：病毒的一边与一个细胞表面粘接，同时另外一边与另一个细胞表面粘接，因此两个细胞在病毒的作用下相互靠近而发生融合。以往的研究工作表明在病毒法诱导细胞融合过程中，有效促融的因子为病毒的膜成分（如膜上的糖蛋白等），病毒膜片（甚至在病毒被灭活或被超声打碎之后）使细胞间产生凝聚进而融合，因此可以用紫外线等方法灭活的此类病毒依然能够诱导细胞融合。细胞融合的生物诱导法优点是：适宜于各种动物细胞；缺点是：病毒制备困难较大；病毒在保存过程中活性会下降即不稳定，融合过程的操作复杂烦琐，病毒灭活后效价差异较大，实验重复性较差，融合率较低（$1/10^5$）等。

（2）细胞融合的化学诱导技术：化学试剂如磷酸盐、硝酸盐、丙三醇及其他高级脂肪酸衍生物、脂质体、$NaNO_3$、高 pH、高 Ca^{2+}浓度的溶液均可诱导细胞融合，其中聚乙二醇（PEG）的诱导效果较好。一般认为脂类融合剂可改变细胞膜的通透性，增加膜的流动性，使膜结构扰动剧烈，膜的自由能提高，而膜融合则可降低膜中分子的自由能，恢复稳定状态。关于 PEG 的诱导细胞融合机制观点不同，一种观点认为 PEG 能下降膜表面电势，使得膜易于相互接触以致细胞凝集。另一种观点认为 PEG 含有醚键、带负电性，可与细胞表面带正电荷的极性基团相连，形成细胞之间的桥接，从而使细胞膜间相互接触并融合。第三种观点认为 PEG 和水之间以氢键相结合，使细胞周围溶液中的自由水减少或消失，引起由于细胞脱水而发生的膜结构改变，形成膜蛋白质外壳，从而引起膜融合。有关 Ca^{2+}诱导细胞融合的机理，有观点认为 Ca^{2+}诱导细胞膜上酸性磷脂的侧向分离，从而导致膜局部产生固化或晶化的区域，造成膜相分离，引起膜的不稳定和高渗，使膜易于融合。PEG 诱导细胞融合技术的优点在于：①PEG 容易获得且活性稳定，操作简便；②融合率较高，细胞融合率是病毒法的 100 倍；③打破了融合细胞的科间、属间和种间的特异性，也打破了动植物间的融合限制。缺点主要是 PEG 在有效浓度范围内（50%～55%）对细胞毒性较大，甚至有些细胞根本就不能使用，因而影响了融合率以及融合后细胞的存活率。

（3）细胞融合的电场诱导法：细胞融合电场诱导法是一种物理诱导细胞融合技术，细胞电融合的原理是：在高频交变电场的作用下使原生质体极化形成偶极子，进而沿电力线方向彼此连成串，然后给予瞬时高压脉冲，使原生质膜发生可逆性的电击穿，进而发生原生质体的融合。细胞电融合技术的优点在于融合效率比 PEG 技术高出了 1 个数量级，达到 $1/10^2$，这种技术很适于仪器应用和规范操作，实验的重复性好。细胞电融合法的缺点主要表现在以下方面：①融合方向不可控制：传统电刺激法仍然是一种随机融合的方法；②目标配型的融合成功率低：虽然电融合的融合率较高但目标配型的融合成功率仍然很低；③细胞电融合设备高昂的价格，而且对科研人员存在电气安全的隐患。

（4）细胞融合的激光诱导法：细胞融合激光诱导法是一种物理诱导细胞融合技术。其原理在于：聚焦成微米或纳米微束的激光可以对相邻细胞的接触区进行破坏，从而诱导两个相邻细胞进行融合。使用此技术时，首先要使细胞聚集，可用光俘虏法或用低浓度的融合剂 PEG（5%）使细胞接触。在激光诱导法中，光镊形成光学势阱，能够把细胞拉向光束的中心，并钳住细胞，从而实现了对生物粒子（细胞）的非接触式的，远距离的捕获。激光诱导融合技术最突出的优点是：①具有高度的选择性，能够在一群细胞中任意选择两个细胞，使之融合；②实验操作安全、为非接触且远距离操作，同时也便于观察。缺点主要体现在以下几个方面：①这种技术的效率并不高；②所使用的设备非常昂贵；③此技术为一种微操作，对操作技术要求很高。

（5）空间细胞融合技术：由于地面上存在着重力沉降和热对流，在电融合过程中，脉冲会导致两种膜同时发生穿孔，在细胞膜破裂的瞬间，细胞内液泡中的电解质会发生外泄，导致融合细胞的活力下降。相对而言，在空间微重力环境中，由于不存在重力沉降和热对流的影响，细胞电融合条件得到了改善，杂种细胞的融合得率也有明显提高。目前已经有研究出一种空间细胞电融合的装置——空间细胞电融室。在一定程度上微重力环境对细胞的融合过程十分有利。但是在细胞运输到外层空间以及保存和培养方面仍存在问题，另外此技术过程复杂且费用昂贵，因此其还不能作为一项完整的技术并应用到生产中。

（6）基于微机电系统的细胞融合技术：是一种微型化、高度集成化、低成本的细胞融合技术及其仪器。此技术首先利用芯片内微小室所产生的高强度梯度电场，使细胞相继被吸引在微电极处，排列成对，实现细胞之间的相互接触。进而利用细胞融合芯片内置的微电极所产生的高强度脉冲电场使细胞膜的接受区的膜结构受扰动而产生瞬时可逆性的电穿孔，实现成细胞之间的融合。该方向上的研究具有如下特征：细胞的融合率更高，融合得更精确，不会对细胞产生毒害作用，使用成本低，驱动电压低等特色，在融合完成以后可以通过显微镜直接检查融合效果或细胞提取。

2. 单克隆抗体技术 1975 年英国科学家 Milstein 和 Kohler 将产生抗体的小鼠 B 淋巴细胞与骨髓瘤细胞融合，建立了单克隆抗体技术，他们因此而获得 1984 年的诺贝尔生理学和医学奖。众所周知，动物受到外界抗原刺激后可诱发 B 淋巴细胞产生相应的抗体，但 B 细胞不能在体外长期培养，而肿瘤细胞在体外培养条件下可以无限传代。因此 Milstein 和 Kohler 将这两个细胞的优势结合，建立了制备单克隆抗体技术。他们把小鼠骨髓瘤细胞与经免疫过的小鼠脾细胞（B 淋巴细胞）在聚乙二醇或灭活的病毒的介导下发生融合，并在 HAT 培养基上进行筛选，得到融合细胞。融合后的杂交瘤细胞具有两种亲本细胞的特性，一方面可分泌抗体，另一方面像肿瘤细胞一样，可无限增殖，从而分泌大量单克隆抗体。单克隆抗体技术最主要的优点是可以用不纯的抗原分子制备纯一的单克隆抗体。其原因是，可以从产生各种不同抗体的各种杂交瘤混合细胞群体中，通过细胞克隆以及 ELISA 检测，筛选出产生特异抗体的杂交瘤细胞株。单克隆抗体技术与基因克隆技术相结合为分离和鉴定新的蛋白质和基因开辟了一条广阔途径。

3. 试剂配方

（1）50%PEG（Mw4000）：称取少许 PEG（Mw＝4000）放入刻度离心管内，在沸水浴中加热，使其熔化，待冷至 50℃时，加入预热至 50℃等体积的 GKN 液，混匀，配成 50%PEG，放入 37℃（39℃更佳）水浴中待用。

（2）Hanks 液（pH7.4）：见实验 9-1 细胞培养用液。

（3）Alsver 液（阿氏液）：见实验 9-1 试剂配制。

（4）GKN 液：氯化钠 8g，氯化钾 0.4g，磷酸氢二钠（$Na_2HPO_4 \cdot 2H_2O$）1.77g，磷酸二氢钠 0.69g，葡萄糖 2g，酚红 0.01g 于 1000ml 双蒸水中。

（5）Giemsa 染液：见实验 9-4 试剂配制。

实验 9-3　细 胞 周 期

【实验目的】

1. 掌握细胞周期（cell cycle）各阶段的主要特点。

2. 学习根尖标本的制作方法。

【实验原理】

有丝分裂是高等动物和植物体细胞增殖的主要方式，分裂过程中形成有丝分裂器，从而确保遗传物质平均分配到两个子细胞中。根据细胞形态学变化，可将细胞周期分成间期和分裂期，分裂期又可分为前期、中期、后期和末期四个时期。植物根尖分生区和马蛔虫受精卵细胞有丝分裂指数较高，是观察有丝分裂的良好材料。

【实验准备】

1. 实验对象 洋葱根尖切片标本，马蛔虫子宫切片标本，洋葱根尖。

2. 实验试剂 1mol/L 盐酸，改良石炭酸品红染液。

3. 实验器材及仪器 酒精灯，擦镜纸，吸水纸，光学显微镜，载玻片，盖玻片，水浴箱。

【实验内容与方法】

1. 切片观察细胞有丝分裂过程

（1）植物细胞有丝分裂：将已制好的洋葱根尖切片先置于低倍镜下找到染色较深的部位，此即为根部的分生区（图 9-3）。这里的细胞较小，排列整齐，近似正方形。其中除间期外，很多细胞处于分裂期，换高倍镜找有丝分裂的各个时期，进行观察（图 9-4）。

1）间期（interphase）：在光镜下可见有明显的细胞核，染色质分布较均匀。由于染色质易与碱性染料结合，细胞核的颜色比细胞质为深。核内常可见 1～3 个染色很深的核仁。

2）前期（prophase）：细胞核膨大，染色体呈丝状盘旋在整个核内。到前期将结束时核膜、核仁消失。

3）中期（metaphase）：染色体的着丝粒排列在细胞纺锤体中央的平面上，这个平面称赤道板，此时染色体形态最典型。仔细调节小螺旋，可见由许多纺锤丝组成的纺锤体。

4）后期（anaphase）：着丝粒纵裂为二，两个染色单体分开形成数目相等的两组染色体，由纺锤丝牵引分别向细胞的两极移动，染色体多呈“V”形。

5）末期（telophase）：染色体到达细胞两极后，密集在一起，染色体又逐渐变细，恢复为染色质状态；核膜、核仁重新出现，纺锤丝逐渐消失，形成两个新核；在两个新核之间形成细胞板，分隔细胞质而为二个新细胞。这样由一个细胞形成两个新细胞，又进入间期状态。

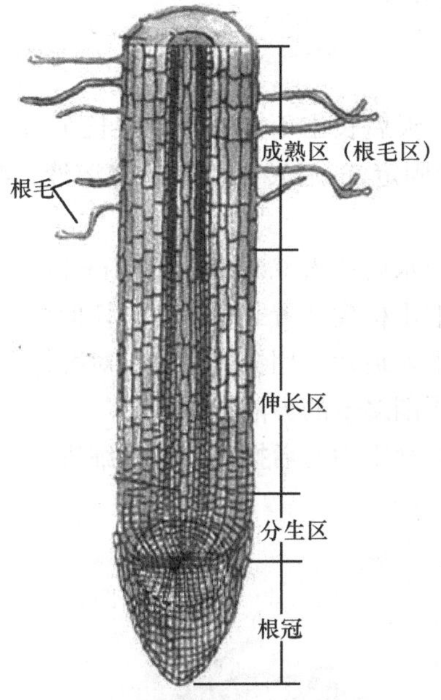

图 9-3　洋葱根尖纵切示意图

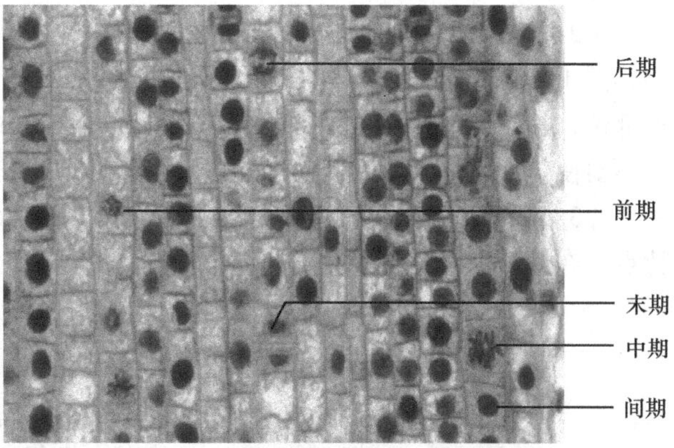

图 9-4　洋葱根尖细胞切片有丝分裂图

（2）动物细胞有丝分裂观察：观察马蛔虫子宫切片，低倍镜下可见子宫内有很多受精卵。马蛔虫卵细胞的最外围有一层很厚的结构称受精卵膜。膜内有一空隙称围卵腔。对照插图寻找处于有丝分裂的不同时期的细胞（图 9-5）。

动物细胞有丝分裂的过程和植物细胞基本相同，也分前、中、后、末四个时期，在染色体的形成、纵裂、分离成两组、核膜及核仁消失和重现方面二者基本一致。但有区别，请同学们总结说明之（提示：胞质分裂）。

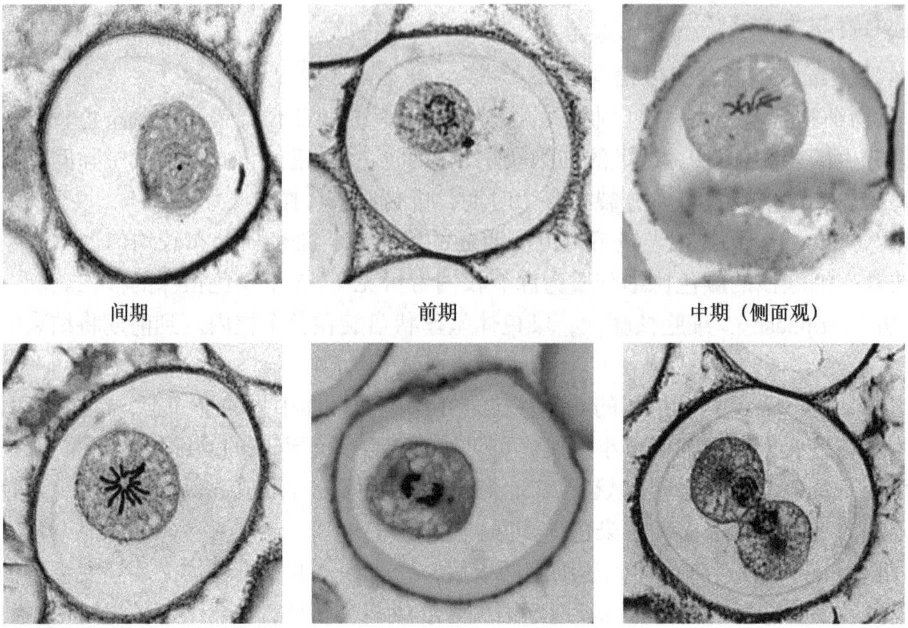

间期　前期　中期（侧面观）

中期（极面观）　后期　末侧

图 9-5　马蛔虫受精卵的有丝分裂

2. 洋葱根尖标本制作方法

（1）取材：取洋葱鳞茎，剪去老根，置浅水中，3～4 天后长出不定根，待根长至 1～2cm 时剪下根尖约 0.5cm，置于甲醇：冰醋酸（3：1）固定液中固定 3h 后转入 70%乙醇溶液，4℃冰箱保存备用。

（2）制片：实验时取出根尖，放入小烧杯中水洗，吸净水后加入 0.5～1ml 的 1mol/L 盐酸，将其置于 60℃水浴箱中，水解 2～3min，水洗 2～3 次。取出根尖，置载玻片上，切取根尖生长点部位，加 1～2 滴改良的石炭酸品红，染色 2～3min，加上盖玻片，用铅笔橡皮头对准标本叩打（不要使盖片错动），使细胞分散开，用吸水纸吸干盖玻片周围多余的染液。

（3）观察：在低倍镜下找分裂各期细胞（图 9-6），移至视野中心后换高倍镜仔细辨认其形态特点，在制片中观察各个时期的细胞。

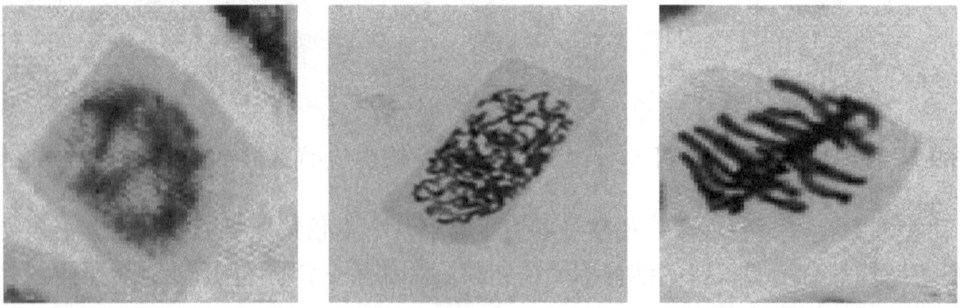

间期　前期　中期

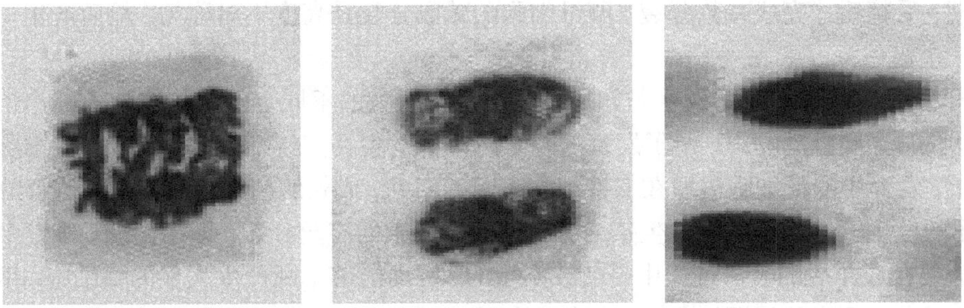

后期　　早末期　　晚末期

图 9-6 洋葱根尖细胞各周期时相细胞形态

【注意事项与常见问题】

1. 染色时，加染液前根尖上的水保留，染色效果更好。

2. 制作洋葱根尖临时制片时，敲散时不要移动盖玻片。

【作业与思考题】

绘制细胞有丝分裂各期图。

附：试剂配制

1. 1mol/L 盐酸 取 82.8ml 比重 1.19 的浓盐酸加蒸馏水至 1000ml 即可（应将盐酸缓缓加入水中）。

2. 改良石炭酸品红染液

A 液：碱性品红 3g 溶于 10ml 70 %乙醇溶液中。

B 液：A 液 10ml 加 5%苯酚水溶液 90ml。

C 液：B 液 55ml 加冰醋酸 6ml，37%甲醛溶液 6ml。

工作液：C 液 10ml 加 45 %冰醋酸 90ml，山梨醇 1.8g 混合溶解。

实验 9-4 小鼠减数分裂

【相关背景】

进行有性生殖的生物，通过单倍体的雌、雄配子的融合（即受精作用）创造下一代。配子形成的过程称为配子发生。在配子发生过程中，二倍体的原始生殖细胞要通过减数分裂和分化才能转化成单倍体的卵子或精子。

1. 卵子发生 在大多数动物中，卵子形成（即卵子发生）发生在卵巢，首先为增殖期，在该期，卵原细胞通过有丝分裂增加细胞数量。经过有丝分裂增殖之后，进入卵子发生的生长期，形成初级卵母细胞，形成初级卵母细胞常常要储备大量的蛋白质、脂类、糖类，以供受精后的胚胎发育之用。卵子发生的生长期完成之后，初级卵母细胞准备进行减数分裂（即成熟分裂），染色体发生遗传重组，并将染色体组的数量减半成为单倍体。但是初级卵母细胞不会自动完成成熟期，而是停滞在前期 I 的双线期，直到有适当的激素进行刺激，才继续进行分裂。对于人类而言，在胎儿的卵巢皮质中有进行有丝分裂的卵原细胞，卵原细胞在一定时期有丝分裂停止形成初级卵母细胞，并停留在第一次减数分裂前期的双线期。随着青春期的到来，在促性腺激素的影响下，通常每月有一个初级卵母细胞完成第一次减数分裂，形成次级卵母细胞和一个小的第一极体。并停留在第二次减数分裂的中期，受精后才完成减数分裂。卵母细胞的减数分裂是高度不对称的，最后产生一个成熟的卵细胞和三个极体。

2. 精子发生 雄性的精子发生与卵子发生过程有很大的不同。动物的雄配子称作精子，是在睾丸中产生的。在哺乳动物中，精子发育的各个阶段都发生在支持细胞的表面。支持细胞排列在睾丸输精管上，发育中的精细胞包埋在支持细胞表面的凹处，成熟的精细胞从支持细胞释放进入输精管腔。精子的发生开始于雄性原始生殖细胞——精原细胞的有丝分裂，即增殖期。雄性中的精原细胞的有丝分裂在成年后的生命过程中是持续发生的，因而能够不断产生大量的精细胞。精原细胞行有丝分裂，以产生更多的精原细胞和初级精母细胞，后者进入减数分裂。通过减数分裂产生的四个精子细胞在功能上是不成熟的，必须通过精子变形将减数分裂产生的精子细胞转化为成熟的精细胞：一个长长的尾和带有顶体的头。

【实验目的】

1. 掌握减数分裂过程及各主要时期的形态特点，进一步理解染色体减半的机理和意义。
2. 掌握动物减数分裂标本的制备方法。

【实验原理】

减数分裂是高等生物个体在形成生殖细胞过程中所发生的一种特殊的分裂方式。在这一过程中，DNA 只复制一次，而细胞连续分裂两次，结果使得形成的生殖细胞中只含有单倍数目的染色体（n），即数目是体细胞的一半，故称为减数分裂。由于这种分裂方式发生在生殖细胞形成的成熟期，故又称成熟分裂。

在减数分裂过程中，发生同源染色体配对和分离以及非同源染色体重新组合，同时还会发生部分同源染色体间的交换，结果使得遗传基础发生许多新的变异，生殖细胞的遗传基础多样化。

减数分裂是生物遗传与变异的细胞学基础。

【实验准备】

1. 实验对象 成熟雄性小鼠。

2. 实验试剂 生理盐水，0.075mol/L KCl 溶液，固定液（甲醇：冰乙酸 =3：1），60%冰乙酸，200μg/ml 秋水仙素，Giemsa 染液。

3. 实验器材及仪器 显微镜，小培养皿，离心机，冰箱，恒温箱，解剖器械，酒精灯，普通天平，载玻片，吸管，离心管，擦镜纸，吸水纸。

【实验内容与方法】

1. 标本制备

（1）取材：选择 18～22g 健康雄性小鼠，腹腔注射秋水仙素（2μg/g 体重）作用 2～6h，颈椎脱臼法处死小鼠，取出睾丸（注意睾丸可位于腹腔或阴囊内），用生理盐水洗净，剥去睾丸被膜，除去附睾、脂肪及结缔组织。

（2）低渗：将睾丸放入小培养皿中，加入少量 0.075mol/L KCl 低渗液，然后用小镊子将成团的精细管分离开，加入预温（37℃）的低渗液 7ml，移入离心管中，于 37℃恒温箱内低渗 30min。

（3）固定：取出离心管，勿摇动，用吸管吸弃低渗液，加入固定液 6～8ml，固定 20min。

（4）软化：勿摇动，吸弃固定液，加入 60%醋酸溶液约 2ml，轻摇，见精细管溶化，立即加入固定液至 5～8ml，用吸管混匀，1000r/min 离心 5～10min。

（5）再固定：吸弃上清液，加入 5～8ml 固定液，再固定一次。离心、吸弃上清液。视细胞多少加入适量新鲜固定液（0.3～0.5ml），制成细胞悬液。

（6）滴片：取洁净冰湿的载玻片，滴 2～3 滴细胞悬液于载玻片上[滴片时，吸管与载玻片之间应有一定的高度（20～50cm），以利于染色体分散]，远火干燥或自然晾干。

2. 观察　镜下可见许多染色较深和处于有丝分裂过程的精原细胞，处于减数分裂各分期的精母细胞。参考图 9-7 观察减数分裂各期形态学特征。

（1）精原细胞（spermatogonium）：精原细胞呈圆形或椭圆形，核染色较深，核内染色质呈团块状，不规则排列。

（2）初级精母细胞（primary spermatocyte）：由精原细胞经过生长期发育而成，较精原细胞稍大。每个初级精母细胞经过第一次成熟分裂，形成两个次级精母细胞。

第一次成熟分裂，根据细胞形态变化分为前期Ⅰ、中期Ⅰ、后期Ⅰ、末期Ⅰ四个时期（图 9-7）。

1）前期Ⅰ（prophaseⅠ）：持续时间最长，染色体变化比较复杂，根据染色体特征和行为分为五个分期。

细线期（leptotene）：构成染色质的 DNA 分子螺旋化程度不高，呈特别细长的线状，称染色线，其上可见很多染色深的颗粒，称染色粒（chromomere）。染色线互相缠绕成线团样形态，有的核中可见核仁。此期在光镜下既看不出染色体复制后的双重结构，也无法数清染色体的数目。

偶线期（zygotene）：同源染色体在此期配对，又称联会（synapsis）。可见染色体一端常聚在核的一侧，另一端散开，呈花束状。配对是沿着染色体纵轴从某些部分开始，后渐扩展至整条染色体并排在一起，一般仍见不到双重结构。联会的结果每对染色体形成一个二价体。

粗线期（pachytene）：同源染色体在此期配对，因此时 DNA 双链已渐螺旋化，染色体不断变粗短，使二价体中的四条染色体单体相互扭绞在一起，呈粗线条状。因此整个核中染色体分布比较稀疏。

双线期（diplotene）：此期染色体显得更粗短，二价体中的两同源染色体互相排斥并趋于分离，在某些点上相互连接，形成各种交叉图像（由于同源非姐妹染色单体之间互换所致）。

终变期（diakinesis）：二价体变得最粗短，依染色体是否发生了交换和交叉点的端化程度，二价体可形成“0”“8”“X”“V”“+”等不同形态（此期可对二价体进行准确计数），小鼠 X 染色体相对较大，X 染色体和 Y 染色体一端靠拢，端部联会，终变期呈一典型的“!”形态，核膜、核仁消失。

2）中期Ⅰ（metaphaseⅠ）：二价体移向细胞中部，排列在赤道面上形成赤道板，染色体的着丝粒与纺锤丝相连（由于压片所致，纺锤体不易见到）。

3）后期Ⅰ（anaphaseⅠ）：同源染色体彼此分离，分别移向细胞两极（各为 n 个二分体），每一极得到 20 条染色体，这时的染色体数目减半。

4）末期Ⅰ（telophaseⅠ）：染色体到达两极后开始解螺旋成染色质，核膜、核仁出现。细胞膜中部缢缩，胞质分裂，形成两个次级精母细胞。

（3）次级精母细胞（secondary spermatocyte）：较初级精母细胞，经过第二次成熟分裂后形成两个精细胞。这一过程也分为分裂间期、前期Ⅱ、中期Ⅱ、后期Ⅱ、末期Ⅱ，但因前期Ⅱ持续时间很短，在标本中通常只能看到中期Ⅱ。

1）中期Ⅱ（metaphase Ⅱ）：此时的染色体，由一个着丝粒连接两条姐妹染色单体，称二分体。二分体排列在细胞中部赤道面上。侧面观，染色体排列成一直线；极面观，则排列成一圈。

2）后期Ⅱ（anaphase Ⅱ）：二分体由于着丝粒纵裂为二而使姐妹染色单体分离，分别移向两极，形成两组子染色体。

3）末期Ⅱ（telophase Ⅱ）：各组子染色体到达两极后解螺旋成染色质，核膜、核仁重新形成，胞质分裂形成两个精细胞。

（4）精细胞（spermatid）：形态同间期细胞，体积小，核较大，胞质较少。

（5）精子（sperm）：精细胞经过变形期，形成精子。精子分为头部、中段和尾丝三部分。尾丝细长，是由鞭毛形成的运动细胞器。

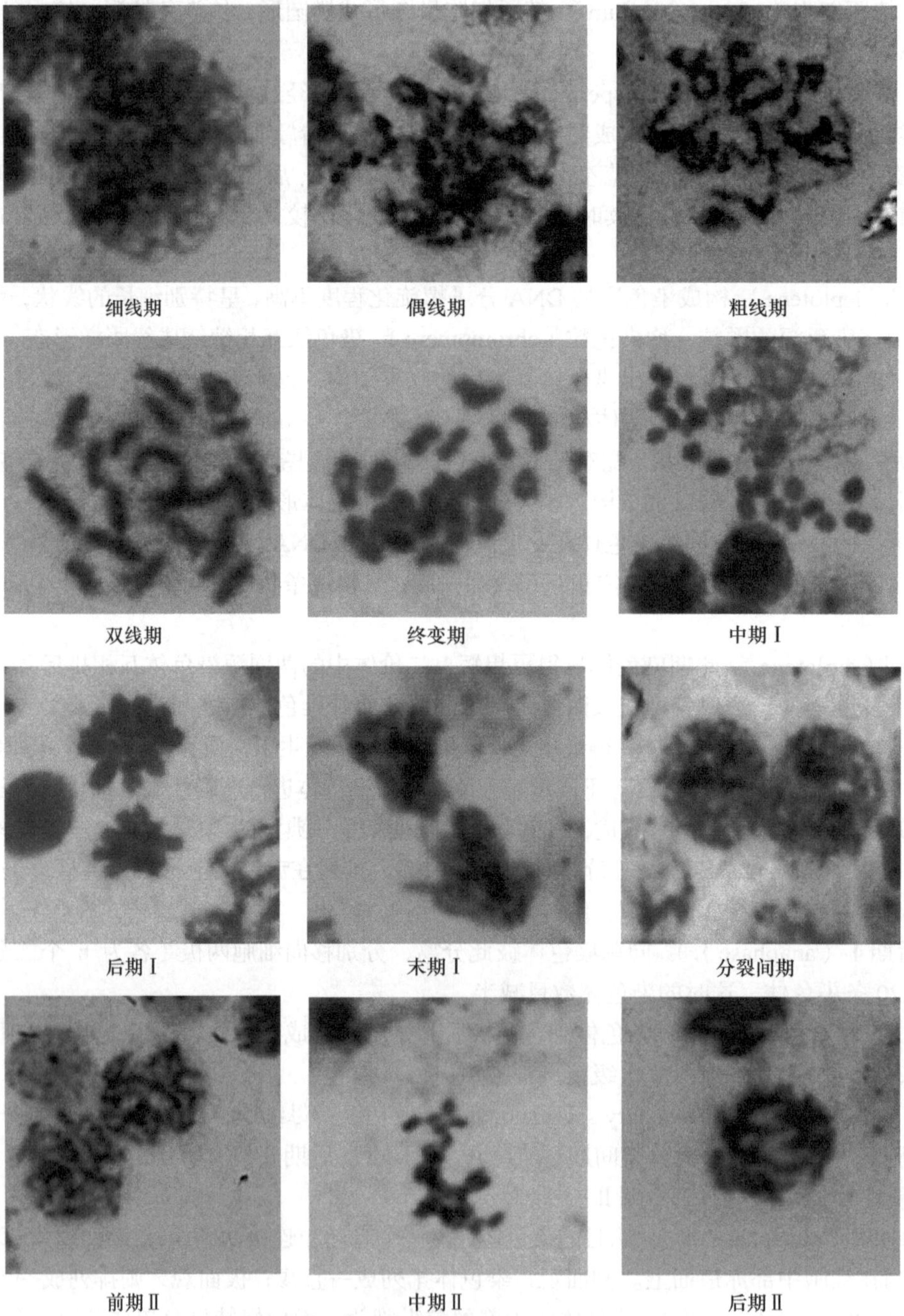

图 9-7　小白鼠减数分裂过程

【注意事项与常见问题】

加入醋酸溶液软化过程一定要注意观察，精细管溶化即终止，否则影响实验效果。

【作业与思考题】

1. 绘图示小鼠精母细胞减数分裂各时期，并叙述其典型特征。

2. 分析减数分裂与有丝分裂的异同。

附：试剂配制

1. 200μg/ml 秋水仙素 秋水仙素 20mg，加生理盐水 100ml，保存于棕色板中，4℃冰箱保存。

2. 0.075mol/L KCl KCl 5.59g 定溶于 1000ml 蒸馏水中即可，4℃冰箱保存待用。

3. 固定液 甲醇与冰醋酸体积比为 3∶1。

4. Giemsa 染液

（1）Giemsa 原液：Giemsa 粉 0.5g，甘油 33ml，将 Giemsa 粉置于研钵内先用少量甘油与之充分混合，研磨至无颗粒；然后将剩余的甘油混在一起，56℃保温 2h 后，加入 33ml 纯甲醇，保存于棕色瓶内。

（2）Sorensen 缓冲液的配制

pH6.81：Na_2HPO_4（1/15mol/L）50ml + KH_2PO_4（1/15mol/L）50ml；

pH6.98：Na_2HPO_4（1/15mol/L）60ml + KH_2PO_4（1/15mol/L）40ml；

pH7.17：Na_2HPO_4（1/15mol/L）70ml+ KH_2PO_4（1/15mol/L）30ml；

pH7.38：Na_2HPO_4（1/15mol/L）80ml + KH_2PO_4（1/15mol/L）20ml。

（3）Giemsa 染液工作液：用 pH6.81～7.38 的 Sorensen 缓冲液，按 1∶9 比例取 Giemsa 原液和 Sorensen 缓冲液混合配成染色液。

实验 9-5 细胞周期特定时相细胞同步化方法

【相关背景】

研究细胞周期过程相关因子表达及调控的重要任务是使细胞实现细胞周期特定时相同步化。细胞同步化的原则就是建立一个完全同步于细胞周期中的细胞群体。为达此目的，需要达到以下几点：①完全停留在细胞周期某一点；②终止的过程完全可恢复；③恢复后的细胞可步调一致地运行于细胞周期。细胞同步化是指自然的或经过人为选择或诱导使得细胞行进于细胞周期统一时相，前者称自然同步化，后者称人工同步化。而人工同步化又可分为：选择同步化和诱导同步化。诱导同步化：是指利用药物阻断代谢，把细胞阻断于细胞周期的某一点上，然后将细胞转入正常培养液中使细胞同步化的方法。例如用羟基脲和过量胸腺嘧啶核苷均可将细胞阻断在 G_1/S 交界处，从而获得 S 期细胞的同步化；利用秋水仙素将细胞阻断在分裂中期；培养基中缺乏异亮氨酸则可将细胞阻断于 G_0/G_1 期。在本部分中，我们将介绍使哺乳类细胞停止在 G_0/G_1，G_1/S 期和有丝分裂期状态的方法。探讨化学物质或生长限制条件在指数生长期细胞同步化方面的应用，及其在细胞周期控制过程中成功应用生化分析的关键点。对于尚无同步化特征的细胞系，或许有必要试用几种不同的方法以得知最适用的技术。

【实验目的】

1. 理解细胞同步化的基本原理。

2. 掌握同步化实验技术。

3. 加深对细胞周期各时期发生事件的理解。

【实验原理】

1. 血清饥饿法和异亮氨酸剥夺法 两种最常用的使细胞处于 G_0/G_1 样状态的同步化方法，是血清饥饿法和异亮氨酸剥夺法。血清饥饿法通过降低培养液中的血清浓度，使培养细胞因缺乏血清生长因子而不能分裂，而异亮氨酸是细胞生长所必需氨基酸，一定时间后再加入含血清完全培养基，细胞就开始同步生长分裂了。但经过生长限止点后，细胞将继续其余的细胞周期和分裂，再重新进入 G_1 前期后被阻止于 G_0/G_1 期。

2. 胸腺嘧啶核苷（TdR）双阻断法 是利用过量 TdR 能阻碍 DNA 合成的原理而设计，过量 TdR 能反馈抑制二磷酸核苷酸还原酶活性，使 CDP 不能合成 dCDP，进而缺少 dCTP，使 DNA 合成不能进行。为了加强细胞同步化效果，常采用两次 TdR 阻断法，即双阻断法。第 1 次阻断时间相当于 G_2、M 和 G_1 期时间的总和或稍长，释放时间不短于 S 期时间，而小于 G_2+M+G_1 期时间，这样才能使所有位于 G_1/S 期的细胞通过 S 期，而又不使沿周期前进最快的细胞进入下一个 S 期。第 2 次阻断时间同第 1 次，再释放，就能得到较高同步化的 S 期细胞。

3. 选择同步化 主要是有丝分裂选择法。单层培养细胞处于对数生长期时，细胞分裂活跃，分裂细胞变圆，隆起，与培养器的附着性降低，稍加振荡，M 期细胞则脱落而悬浮于培养液中，倾出培养液收集 M 期细胞。再加入新鲜培养液 37℃继续培养，15min 后，再依上法收集 M 期细胞，贮于 4℃冰箱中保存，反复上述操作，便可获得一定数量的中期细胞，以供研究。

【实验准备】

1. 实验对象 NIH/3T3 细胞（小鼠胚胎细胞系），CA46 细胞系（人类 Burkitt 淋巴瘤细胞系），HeLa 细胞，Hacat 细胞（人永生化角质细胞）。

2. 实验试剂 DMEM，RPMI-1640 培养基，无异亮氨酸的 RPMI-1640 培养基，小牛血清，胎牛血清，经透析除去任何残存的游离异亮氨酸的胎牛血清，PBS，TdR（H3TdR），双抗，0.25% 胰蛋白酶-EDTA。

3. 实验器材及仪器 37℃培养箱，培养瓶，吸管，移液管，恒温水浴锅，倒置显微镜，离心管。

【实验内容与方法】

1. 通过血清饥饿法富集 G_0/G_1 细胞

（1）选用 NIH/3T3 细胞培养于含 10%新生牛血清的 DMEM 培养基中。

（2）将 80%以上汇合的单层 NIH/3T3 细胞用 0.25% Trypsin-EDTA 消化，（1∶3）～（1∶4）传代。

（3）37℃恒温培养约 20～30h，细胞进入对数生长期（汇合率 30%～40%），弃原培养基。

（4）用 37℃ pH7.4 过滤除菌的 PBS 或无血清培养液洗两次，加入无血清培养液，继续培养。

（5）血清饥饿 24～48h 后，细胞进入 G_0 期样状态。

（6）吸弃无血清培养液，加入含指数生长时所需血清浓度的培养液，细胞将受到刺激重新进入细胞周期。约在刺激后 12h 细胞进入 S 期。

2. 异亮氨酸剥夺法富集 G_0/G_1 细胞

（1）选用 CA46 细胞系培养于含 20%胎牛血清的 RPMI-1640 培养基中。

（2）收集指数生长期的 CA46 细胞，1000r/min 离心 5min，去除原培养基。

（3）用 37℃ pH7.4 过滤除菌的 PBS 或无血清及异亮氨酸培养液洗两次，每次以 1000r/min 速度离心 5min。

（4）以 35%～40%的密度重悬细胞于无异亮氨酸的含血清的 RPMI-1640 培养液中（有些公司出售各种冻干的氨基酸单独包装的培养液，可在溶解时除去异亮氨酸，所加血清经透析除去任何残存的游离异亮氨酸）。

（5）在无异亮氨酸的培养液中培养 30～42h，或者 1～2 个细胞周期，细胞进入 G_0 期样状态。

（6）收集细胞，以 800r/min 离心 5min。

（7）重悬细胞于含指数生长时所需血清浓度的完全培养液中，细胞将受到刺激重新进入细胞周期。

3. 通过双重胸苷阻断法使细胞停留于 G_1/S 期交界处

（1）选用 HeLa 细胞培养于含 10%小牛血清的 RPMI-1640 培养基中。

（2）将 80%以上汇合的单层 HeLa 细胞用 0.25% Trypsin-EDTA 消化，（1∶3）～（1∶4）传代。

（3）37℃恒温培养约 20～30h，细胞进入对数生长期（汇合率 30%～40%），向培养瓶内加入 TdR 至终浓度 2mmol/L，继续培养 19h，进行第一次阻断。

（4）弃去阻断用培养基，用新鲜的不含 TdR 的培养液（37℃）或 PBS 液洗 3 次，去除 TdR。

（5）加入新鲜温浴好的含血清培养液，继续培养 9h，此过程为释放细胞。

（6）向培养瓶内加入 TdR 至终浓度 2mmol/L，继续培养 18h，进行第二次阻断。

（7）弃去阻断用培养基，用新鲜的不含 TdR 的培养液（37℃）或 PBS 液洗 3 次，去除 TdR。

（8）加入新鲜温浴好的含血清培养液，进行培养，这时的细胞大部分处于 G_1/S 交界处，随释放时间的推移，同步化细胞逐渐进入 S 期。

4. 有丝分裂震脱富集分裂期细胞

（1）选用 Hacat 细胞培养于含 15%胎牛血清的 DMEM（内含 2mmol/L L-glutamine）培养基中，使用若干大型 100ml 的方形培养瓶，每瓶接种细胞数为 2×10^6 个。

（2）37℃恒温培养约 30h，细胞进入对数增殖期，这是细胞呈单层贴壁生长。

（3）水平方向轻轻摇动培养瓶，弃去旧培养液，换入新鲜温浴的培养液，37℃继续培养，此目的在于除去漂浮和游离的间期细胞，死亡细胞或细胞碎片。

（4）培养 15min 以后，取出，水平方向轻轻摇动 10～15 次，将带有振荡下来的细胞的培养液收入无菌离心管，4℃保存。再向培养瓶中加入新鲜温浴培养液。

（5）为获得较多的 M 期细胞，可以每隔 15min，按步骤 4 收集一次细胞悬液，4℃贮存。

（6）将所有细胞悬液置于一大的离心管中，以 1000r/min 离心 10min，吸出上清，改换新鲜温浴的培养液，轻轻打匀，放入 37℃温箱内培养。此时大约有 90%的细胞进行 M 期同步分裂。

【注意事项与常见问题】

1. 在选用同步化的方法前，应考虑几个因素

（1）在你的研究中所需要的是细胞周期哪一期的细胞？

（2）所需要同步化的水平是什么？

（3）分析所需要细胞数是多少？

2. 在选择血清饥饿法还是异亮氨酸剥夺法方法之前，要弄清楚指数增长期细胞的倍增时间和将可达到的汇合/最大细胞密度，因为：

（1）血清饥饿方法中，整个细胞群体需要在血清撤除后 24～48h 产生反应。

（2）血清撤离需掌握最佳的撤除血清量。如 REF-52 细胞可稳定地停滞在无血清培养液中，可是 NIH/3T3 细胞在含 0.5%血清的培养液中就表现静止状态。

（3）血清撤离需掌握最佳的撤除时间。常常在超过一定时间后，又会刺激细胞生长而削弱同步化作用。

（4）有些细胞种类不适宜血清饥饿法，或者由于它可将细胞永久地停留于 G_0 期，或者不能停留在 C_0/G_1 期，或者会引发细胞凋亡。

（5）细胞在无异亮氨酸的培养液中培养时间不应超过两个细胞周期，否则会增加对细胞的毒性，且有时会出现不可逆的生长终止。

3. 因饥饿处理后的细胞要比正常指数生长期的细胞脆弱，贴壁细胞也会出现贴壁不牢，所以要减少粗鲁的及不必要的刺激。

【作业与思考题】

试述以上三种同步化方法的异同，有何应用价值。

实验 9-6　细胞运动的观察

【实验目的】

1. 掌握进行细胞运动观察的主要方法。

2. 观察细胞的运动现象。

【实验原理】

细胞是生物有机体最基本的形态结构单位。除病毒外，一切生物有机体都是由细胞组成的。细胞的运动包括迁移、伸展、附着和细胞分裂等形式，是细胞生物学的基本特征之一。观察细胞运动方法主要有细胞刮除法、噬动轨迹法、细胞培养池法、数字影像法等。

细胞刮除法是当细胞生长形成单层时人为刮除一定范围的细胞，一段时间后观察细胞向刮除细胞区域的迁移运动。细胞刮除法多用于血管形成、淋巴管形成和组织愈合的研究。

噬动轨迹法是用一层疏松的胶体金颗粒覆盖培养皿底壁或盖玻片，观察细胞吞噬胶体金后形成的运动轨迹。噬动轨迹法可以应用于肿瘤细胞、上皮细胞和成纤维细胞的实验研究，但不适用于巨噬细胞的研究，因为巨噬细胞吞噬胶体金颗粒后前进运动不明显。

细胞培养池法是利用培养池中的对苯二酸聚乙烯膜观察上池内细胞向下池的迁移或趋化运动。可作单一细胞培养，也可作两种细胞共培养。常用于上皮细胞、内皮细胞、巨噬细胞和肿瘤细胞等研究。

一、细胞刮除法

【实验准备】

1. 实验对象　贴壁细胞。

2. 实验试剂　PBS（pH7.4）和 Giemsa 溶液，含 0.1%明胶的无血清培养液。

3. 实验器材及仪器　35mm 灭菌平皿，细胞刮刀，解剖镊子，显微镜，CO_2 培养箱，目镜测微尺。

【实验内容与方法】

1. 细胞生长形成单层时，用细胞刮刀刮除细胞面积约 $25mm^2$。

2. 镜下观察刮除区域是否干净，细胞刮除是否彻底。

3. 用 PBS 清洗细胞两次，去除刮掉的细胞。

4. 加入培养液，于 37℃，5%CO_2 培养箱培养 1～2 天。

5. Giemsa 染色后，目镜测微尺测量细胞向刮除细胞区域的迁移距离。

6. 内皮细胞迁移速度在刮除细胞后约 12h 达到高峰。一般以某一细胞群的最大迁移距离为参数分析内皮细胞迁移能力，同时可以计数迁移细胞的数目。

【注意事项与常见问题】

1. 刮除细胞注意用力适当，既要刮掉细胞，又不要在培养皿底留下刮痕，从而影响细胞迁移。

2. 在培养皿下面放置黑纸衬托，便于肉眼观察是否彻底刮除细胞。

二、噬动轨迹法

【实验准备】

1. 实验对象　细胞悬液。

2. 实验试剂　1%BSA，36.5mmol/L Na_2CO_3，0.1%甲醛和 14.5mmol/L $AuCl_4H$，无水乙醇，Giemsa 溶液。

3. 实验器材及仪器　22mm^2 盖玻片，培养皿，滤纸，150ml 烧杯，电吹风机，水浴锅，CO_2 培养箱，显微镜。

【实验内容与方法】

1. 用电吹风机向下吹 85℃热风。

2. 将盖玻片浸入 BSA 溶液，数秒后取出，用滤纸去掉水分，再将盖玻片浸入无水乙醇。

3. 迅速取出盖玻片，使盖玻片表面与热风方向平行，快速均匀吹干。

4. 将盖玻片放入培养皿中，每个培养皿内放置 8～10 块。

5. 向 150ml 烧杯内加入 35ml Na_2CO_3 溶液，15ml 蒸馏水，再加入 1.5ml 甲醛溶液和 1.2ml $AuCl_4H$。

6. 迅速将烧杯移至沸水浴中，溶液开始变色时取出烧杯，在光照射下观察溶液颜色，呈纯蓝色。

7. 趁热将胶体金溶液倒入铺有盖玻片的培养皿中，静置 45min，以便金粒黏附到盖玻片上。溶液颜色逐渐变浅，盖玻片呈浅灰色。

8. 用培养液浸洗盖玻片 2 次，加入细胞悬液，37℃ 5%CO_2 培养箱培养 1～2 天。

9. 普通染色后，显微镜下观察噬动轨迹。细胞贴壁伸展生长时，在细胞周围形成圆形轨迹；细胞迁移时，出现直线或曲线轨迹。细胞分裂时可以观察到分向轨迹。

【注意事项与常见问题】

1. 当用电吹风机吹干盖玻片时，应该使盖玻片表面亮泽无条纹。

2. 在加入细胞悬液前，可将铺有盖玻片的培养皿在培养箱内放置 30min。

3. 如果溶液加热后呈紫色，说明反应过快，胶体金颗粒超过 10nm。如果溶液呈黑色，说明胶体金颗粒过多沉淀。

4. 培养液浸洗或染色时，冲洗盖玻片要轻，以免冲洗掉胶体金颗粒。

三、细胞培养池法

【实验准备】

1. 实验对象　细胞悬液。

2. 实验试剂 培养液，生长因子，趋化因子。

3. 实验器材及仪器 细胞培养池（包括细胞培养板和细胞培养嵌套。细胞培养嵌套的对苯二酸聚乙烯膜孔径为 8μm），解剖镊子，刀片，水浴锅，CO_2 培养箱，显微镜。

【实验内容与方法】

1. 将预热的培养液加入细胞培养板孔内。
2. 用解剖镊子将细胞培养嵌套固定在培养板的孔壁上。
3. 将以上组装好的细胞培养池在培养箱中放置 20min，调整下池溶液的 pH。
4. 在上池内加入细胞悬液，放入培养箱内培养。
5. 上池内的细胞贴壁后，在下池内加入生长因子、趋化因子或细胞，继续培养。
6. 用刀片将对苯二酸聚乙烯膜切下，固定后染色，显微镜下观察穿过膜的细胞形态（细胞的伪足或整个细胞经对苯二酸聚乙烯膜上的微孔迁移至下池，贴附于膜的下表面），并对细胞进行计数。

【注意事项与常见问题】

应根据细胞大小和实验目的选择合适孔径的细胞培养嵌套。

【作业与思考题】

1. 常用的观察细胞运动的方法有哪些?
2. 如何根据所要分析细胞特点选择合适的细胞运动观察方法?

实验 9-7　肿瘤细胞的迁移和侵袭试验——Transwell 小室测定法

【相关背景】

肿瘤细胞迁移和侵袭是恶性肿瘤的主要生物学特征，是恶性肿瘤患者致死的首要因素。对于肿瘤细胞迁移和侵袭能力以及其机制的研究将有助于深入了解恶性肿瘤转移过程，为临床的诊断和治疗奠定基础。白藜芦醇是一种广泛存在于天然植物中的多酚化合物，具有抗肿瘤功效，其抗肿瘤机制是近年来的研究热点。

【实验目的】

1. 掌握 Transwell 小室测定法的原理及操作步骤。
2. 观察白藜芦醇对宫颈癌细胞系 HeLa 迁移和侵袭能力的影响。

【实验原理】

将 Transwell 小室放入培养板中，小室内称上室，培养板内称下室，上室内盛装上层培养液，下室内盛装下层培养液，上下层培养液以聚碳酸酯膜相隔。将细胞种在上室内，由于聚碳酸酯膜有通透性，下层培养液中的成分可以影响到上室内的细胞，从而可以研究下层培养液中的成分对细胞生长、运动等的影响。

【实验准备】

1. 实验对象 宫颈癌细胞系 HeLa 细胞正常培养组及白藜芦醇处理组。

2. 实验材料 Transwell 小室（直径 12mm，孔径 8μm），人工基质胶（ECM），24 孔细胞培养板，棉签，载玻片，手术刀片。

3. 实验试剂 1640 培养液，无水乙醇，结晶紫染液。

【实验内容与方法】

1. 收集对数生长期的 HeLa 细胞，经 0.25%胰酶消化获得细胞悬液，细胞计数，调整细胞密度为 $1×10^6$ 个/ml。

2. 将基质胶放在 4℃冰上过夜融化。

3. 基质胶与无血清培养基按 1 : 5 的比例稀释，加入 Transwell 小室的上室，每孔 50μl，置于 37℃、5% CO_2 恒温细胞培养箱（所有接触基质胶的枪头，EP 管等均应在–20℃预冷，整个过程在冰上操作）。

4. 待基质胶交联后开始接种细胞，每孔 $5×10^4$ 个细胞，于 200μl 无血清培养基中重悬，接种到基质胶上，小室下层加入 600μl 含 10%FBS 的完全培养基。

5. 于 48h 取出小室，用棉签小心擦去小室上层的细胞和基质胶，将小室下层的细胞用甲醇固定 15min，PBS 清洗 2 次，结晶紫染色 30min。

6. 倒置显微镜下观察拍照，使用 IPP 软件进行统计学分析。

7. 结果：白藜芦醇处理组的 HeLa 细胞侵袭转移能力明显降低（图 9-8）。

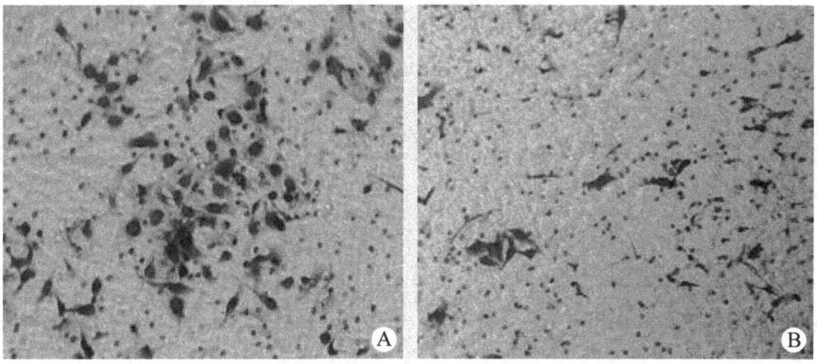

图 9-8　白药物处理后 HeLa 细胞侵袭转移能力降低

A. 正常培养组；B. 白藜芦醇处理组

【注意事项与常见问题】

1. 由于 ECM 在室温或温度更高的情况下极易凝固成胶状，且此过程为不可逆的，因此建议在配制人工基底胶时可在冰上操作。

2. ECM 与双血清培养液的比例可根据试验情况在 1 : 5 到 1 : 10 之间调节。

3. 接种细胞之前一定要细胞计数，控制细胞密度。

4. 细胞培养的时间依肿瘤细胞类别有所不同。

5. 细胞固定及染色时应注意每次都要将小室风干，必要时可将小室倒置。

【作业与思考题】

1. 简述实验的原理。

2. 记录分析实验结果，得出实验结论，根据结果分析白藜芦醇对宫颈癌细胞的侵袭和转移能力是否有影响。

3. 查阅资料思考还有什么其他的检测细胞侵袭和转移能力的实验方法。

（张　朋　孙　媛）

第十章　细胞衰老和凋亡的检测

【相关背景】

细胞凋亡（apoptosis）是指细胞自主的、有序的死亡，它是一个主动的过程，涉及一系列基因的激活、表达和调控。细胞凋亡不同于细胞坏死，是细胞在一定的生理或病理条件下，遵循自身的程序，自己结束其生命的过程，因此又称其为程序性细胞死亡（programmed cell death，PCD）。细胞凋亡在个体的发育过程中具有重要的调控作用，它不仅可维持细胞群体数量的稳定，而且在胚胎发育和免疫系统的克隆选择等方面发挥重要作用。另外，细胞凋亡也在肿瘤发生、发展、抗肿瘤药物的治疗研究等方面发挥举足轻重的作用。

细胞凋亡的机制复杂，根据凋亡细胞固有的形态学和生化特征，人们已经设计了许多不同的细胞凋亡检测方法。有利用形态学观察的染色法（光镜、电镜、荧光显微镜、倒置相差显微镜），如苏木素-伊红染色和 Giemsa 染色，有脱氧核糖核苷酸末端转移酶介导的缺口末端标记法（terminal-deoxynucleotidyl transferase mediated nick end labeling，TUNEL），还有利用 DNA 片断化的电泳检测方法，流式细胞仪定量分析法等等，我们将在这一章中对上述方法加以介绍。

实验 10-1　苏木素-伊红染色法显示凋亡细胞

【实验目的】

1. 熟悉 H.E.染色显示细胞凋亡的方法。

2. 掌握细胞凋亡的形态学特征。

【实验原理】

形态观察是研究细胞凋亡的最基本、最直观、可靠的方法之一。细胞凋亡时主要的形态变化表现在细胞体积变小，胞质浓缩，染色质高度凝集，边缘化，成“新月”状，随后染色质裂解成大小不等的块状，核膜裂解，细胞以类似胞吐的方式形成凋亡小体。

苏木素呈碱性，主要使细胞核内的染色质着紫蓝色，而伊红为酸性染料，主要使细胞质和细胞外基质中的成分着红色。用苏木素-伊红（H.E.）染色，光镜下可见凋亡细胞变小，呈圆形，胞核固缩碎裂，深染呈蓝黑色，染色质成团块状；胞质浓缩，呈淡红色，细胞表面有“出芽”现象。正常细胞核呈均匀淡蓝色或蓝色。

【实验准备】

1. 实验对象　髓母细胞瘤 UW228-3 细胞爬片。

2. 实验试剂　苏木精染液，伊红染液，盐酸乙醇分化液，二甲苯，100%乙醇，95%乙醇，80%乙醇，70%乙醇，50%乙醇，蒸馏水，中性树胶，冷丙酮。

3. 实验器材及仪器　二氧化碳培养箱，细胞爬片，显微镜，载玻片，水浴箱，研钵，离心机，盖玻片，中性树胶。

【实验内容与方法】

1. 贴壁细胞的 H.E.染色

（1）将除过菌的小盖玻片置于培养器皿中，使培养细胞长于玻片上，然后用药物诱导细胞凋亡后取出（具体制备方法见实验 8-3 附录和第十五章）。

（2）1×PBS 将细胞爬片洗 3 次，每次 5min。

（3）冷丙酮，–20℃固定 20min。

（4）待冷丙酮挥发干后，即可进行 H.E.染色。

（5）苏木素染色 5min。

（6）用流水冲洗。

（7）盐酸乙醇分化 30s。

（8）自来水浸泡 15min。

（9）伊红染色 2min。

（10）脱水，透明及封片。按以下步骤操作：50%乙醇 30s，70%乙醇 30s，80%乙醇 30s，95%乙醇（Ⅰ）60s，95%乙醇（Ⅱ）2～5min，100%乙醇（Ⅰ）5min，100%乙醇（Ⅱ）5min，乙醇溶液：二甲苯（1∶1）2min，二甲苯（Ⅰ）2min，二甲苯（Ⅱ）2min，中性树胶封片。

2. 悬浮细胞的 H.E.染色　将悬浮细胞用药物诱导细胞凋亡后，1000r/min 离心 10min，收集细胞，用 PBS 洗 2 次，收集调整细胞数为 1×10^5/ml，制备涂片或用离心甩片，加入冷丙酮，–20℃固定 20min。以后步骤同贴壁细胞（4）～（10）。

3. 结果判定　光镜下可见凋亡细胞体积变小，呈圆形，胞核固缩碎裂，深染呈蓝黑色，染色质成团块状；胞质浓缩，呈淡红色，细胞表面有“出芽”现象。正常细胞核呈均匀淡蓝色或蓝色（图 10-1）。

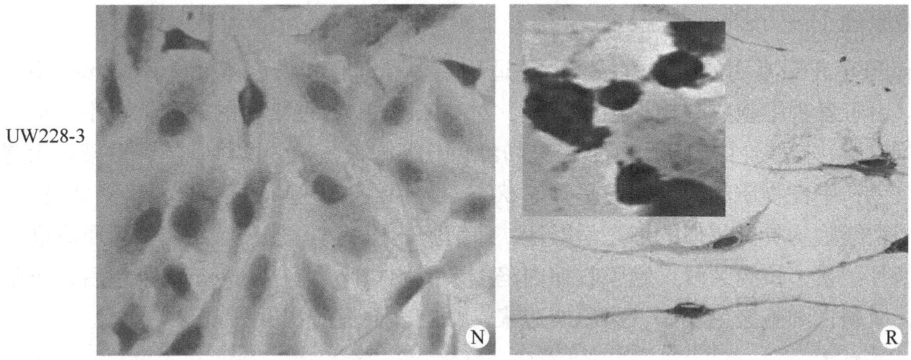

图 10-1　白藜芦醇（Res）处理前后的人髓母细胞瘤细胞的形态学观察

H.E.染色显示：人髓母细胞瘤细胞在 Res 处理后，形态变得细长，呈细线样，一般会有明显的突起。N：对照组；R：100μmol/L Res 处理 48h 组（小图示凋亡细胞）

【注意事项与常见问题】

1. 细胞核染色暗淡，即苏木素染色太淡。苏木素染色时间过短、染液过度氧化，失去染色能力和分化步骤处理时间过长均会影响苏木素染色效果。而苏木素染色液时间过长、分化步骤时间太短则会使细胞核染色过重。

2. 如果细胞核呈红、棕色改变，这主要是由于苏木素染液过度氧化和细胞片在苏木素染色后返蓝不足而造成。因此，每次染色之前应检查苏木素染色液的染色能力，发现氧化过度应及时更换。其次，可用流水或弱碱性溶液，如稀氨水、0.2%碳酸氢钠等，在苏木精染色后，给细胞片以足够的蓝化时间。

3. 苏木素染液使用一段时间后表面易出现亮晶状漂浮物，这可能是液体表面的过氧化物，必须过滤除去，以防沉渣污染组织切片。

4. 分化过程十分重要，是染色成败的关键，若分化失当则会引起染色不匀或过淡过深等现象，因此分化后一定要镜检，观察胞核是否清晰，胞质呈淡白色。

5. 当室温低，不利于染色时，通常可用加热的方法来实现。可将染色液在试管内煮沸后加在玻片上。

6. 伊红宜淡染，复染过深胞核会不清晰，影响镜检。

7. 若脱水、透明等步骤不彻底，细胞爬片的表面会有一层雾状膜。此时，应立即更换无水乙醇脱水，再次透明。

【作业与思考题】

1. H.E.染色过程中需注意哪些问题，才能染出层次浓淡均匀分明的细胞爬片。

2. 如何在细胞形态上区别细胞坏死与凋亡。

实验 10-2　Giemsa 染色法显示凋亡细胞

【实验目的】

1. 熟悉 Giemsa 染色显示细胞凋亡的方法。

2. 掌握细胞凋亡的形态学特征。

【实验原理】

Giemsa 染色是最常用的染色方法之一，适用于多种细胞和染色体染色。Giemsa 主要由天青和伊红组成。由于各种细胞成分化学性质不同，对 Giemsa 中各种染料的亲和力也不一样。嗜酸性颗粒为碱性蛋白质，与酸性染料伊红结合，染粉红色；细胞核蛋白为酸性，与碱性染料天青或美蓝结合，染紫蓝色；中性物质的中性颗粒呈等电状态，与伊红和美蓝均可结合，染淡紫色。

由于凋亡细胞均具有相似的形态学特征，即细胞体积变小，胞质浓缩，染色质高度凝集和边缘化，成“新月”状，核膜裂解，胞膜收缩内陷，形成凋亡小体。故 Giemsa 染色后，正常细胞核的色泽均一，而凋亡细胞染色变深，染色质边集，细胞表面有“出芽”现象。

【实验准备】

1. 实验对象　髓母细胞瘤 UW228-3 细胞或其他类型的细胞（具体方法见实验 8-3 附录、第十四和第十五章）。

2. 实验试剂　Giemsa 染液，低糖 DMEM 培养液（含 10%胎牛血清），白藜芦醇，甲醛。

3. 实验器材及仪器　二氧化碳培养箱，细胞爬片，显微镜，载玻片，水浴箱，研钵，离心机，盖玻片，中性树胶。

【实验内容与方法】

1. 贴壁细胞的 Giemsa 染色

（1）细胞爬片的制备：将除过菌的小盖玻片置于培养器皿中，使培养细胞长于玻片上，然后用药物诱导细胞凋亡后取出。

（2）1×PBS 将细胞爬片洗 3 次，每次 5min。

（3）细胞爬片的固定：甲醛室温固定 10min，空气干燥。

（4）上述固定后的细胞片用 Geimsa 工作液染色 10～20min，流水冲洗后充分干燥，二甲苯透明 2min，中性树胶封片。

2. 悬浮细胞的 Giemsa 染色 悬浮细胞经由药物诱导细胞凋亡后，1000r/min 离心 10min，收集细胞，用 PBS 洗 2 次，收集调整细胞数为 1×10^5/ml，制备涂片或用离心甩片，以后步骤同贴壁细胞（3）和（4）。

3. Geimsa 染色结果判定 高倍镜下观察，正常培养细胞核染成蓝紫色或紫红色，圆形或椭圆形，细胞质淡染，边界不明显。凋亡细胞核内边集的染色质呈深紫色。胞体周围凋亡小体着色深浅不一，深染者提示含有染色质断片。晚期的凋亡小体碎片不规则，淡染。

【注意事项与常见问题】

1. Giemsa 原液配制后放入冰箱可以长期保存，一般刚配制的原液染色效果欠佳，保存 2～3 周后再用较好。

2. Giemsa 工作液宜现用现配，保存时间不超过 48h。稀释原液的 PBS 的 pH 要准确，否则影响染色效果。

3. Giemsa 有毒、易燃、易挥发，请勿靠近火源、撞击。请勿与人体直接接触。

【作业与思考题】

1. 试比较台盼蓝、H.E.和 Giemsa 三种染色法显示凋亡细胞的优缺点。

2. 还有哪些染色方法？染色后可通过光镜观察凋亡细胞。

附：试剂配制

1. Giemsa 原液 Giemsa 粉 0.8g，甘油 50ml，将 Giemsa 粉置于研钵内先用少量甘油与之充分混合，研磨至无颗粒；然后将剩余的甘油混在一起，56℃保温 2h 后，加入 50ml 甲醇，转入棕色瓶内，最好置于 4℃冰箱中密封保存。

2. Giemsa 工作液 使用前将 Giemsa 原液与 PBS（pH6.4～6.8）按 1∶9 的比例混合即可使用。

实验 10-3　凋亡细胞的原位末端转移酶标记法（TUNEL 法）

【实验目的】

1. 熟悉凋亡细胞的原位末端转移酶标记的检测方法。

2. 掌握细胞凋亡的形态学特征。

【实验原理】

细胞凋亡时，会激活胞内的一些核酸内切酶，这些内切酶会切断基因组 DNA 核小体间的连接。因此，染色体 DNA 发生双链或单链断裂，从而产生大量的黏性 3′-OH 末端。通过 DNA 末端转移酶将带有生物素或地高辛标记的 dNTP（多为 dUTP）连接到 DNA 片段的 3′-OH 端，再借助于卵白素或抗地高辛抗体结合的荧光素或 HRP（辣根过氧化物酶），使凋亡细胞被特异性地标记并显示出来，进而进行凋亡细胞的检测，这类方法称为脱氧核糖核苷酸末端转移酶介导的缺口末端标记法（terminal-deoxynucleotidyl transferase mediated nick end labeling，TUNEL）。由于正常的或正在增殖的细胞几乎没有 DNA 的断裂，不会产生 3′-OH，因此很少能够被染色。TUNEL 是对完整的单个凋亡细胞核或凋亡小体进行原位染色，因此能准确地反应凋亡细胞典型的生物化学和形态学特征，因此它实际上是分子生物学与形态学相结合的研究方法，这种方法适用范围广泛，可应用于石蜡包埋组织切片、冰冻组织切片、培养的细胞和从组织中分离细胞的形态测定，并可检测出凋亡细胞，因而在细胞凋亡的研究中被广泛采用。

【实验准备】

1. 实验对象 白藜芦醇处理过的 UW228-3 细胞爬片（具体方法见第十五章和实验 8-3 附录）。

2. 实验试剂 Promega DeadEnd™ Colorimetric TUNEL System 试剂盒：Equilibration Buffer（平衡缓冲液），Biotinylated Nucleotide Mix（生物素标记的核酸混合物），Terminal Deoxynucleotidyl Transferase（末端脱氧核糖转移酶），Recombinant，Proteinase K（蛋白酶 K），20×SSC，Streptavidin-HRP（辣根过氧化物酶标记的链霉亲和素），20×DAB Substrate Buffer（底物缓冲液），20×DAB Chromogen，20×Hydrogen Peroxide（H_2O_2）。

3. 实验器材及仪器 二氧化碳培养箱，细胞爬片，显微镜，载玻片，水浴箱，湿盒（暗盒），离心机。

【实验内容与方法】

1. 4%多聚甲醛室温固定细胞片 10min，1×PBS 冲洗，每次 5min，重复 2 次。

2. 0.2%Triton X-100 室温下孵育 5min。

3. 1×PBS 冲洗，每次 5min 重复 3 次。

4. 每个细胞爬片加上 100 µl 平衡缓冲液，室温孵育 10min。

5. 配置 rTdT 反应混合物（每 100µl 包含 98µl 平衡缓冲液，1µl 生物素标记的核酸混合物和 1µl rTdT 酶）。

6. 每个细胞爬片加上 100µl rTdT 反应混合物，置于湿盒中，37℃孵育 60min，注意避光。

7. 将 20×SSC 按 1∶10 的比例用水稀释成 2×SSC，加到细胞爬片上，室温孵育 15min。

8. 1×PBS 冲洗，每次 5min，重复 3 次。

9. 0.3%过氧化氢封闭内源性的过氧化物酶，室温 5min。

10. 1×PBS 冲洗，每次 5min，重复 3 次。

11. 将 HRP 用 PBS 按 1∶500 比例稀释，每个细胞爬片上加 100µl，室温孵育 30min。

12. 1×PBS 冲洗，每次 5min，重复 3 次。

13. DAB 显色 用锡箔纸包好 1.5ml 的 EP 管，将 50µl 的 20×DAB Substrate Buffer（底物缓冲液）加入到 850µl 去离子水，加入 50µl 的 20×DAB Chromogen 和 50µl 的 20×Hydrogen Peroxide（H_2O_2），每个爬片上加 100µl 配置好的 DAB，当爬片上出现浅棕色背景时，用水终止反应。

14. 结果判定（图 10-2）。

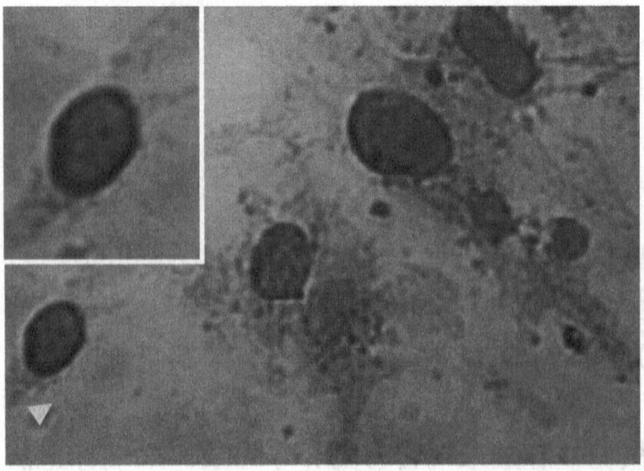

图 10-2 TUNEL 染色显示白藜芦醇诱导 UW228-3 细胞凋亡

【注意事项与常见问题】

1. 固定细胞爬片所用的 4%多聚甲醛要现用现配，存放时间不宜超过 1 周。

2. rTdT 酶反应液即用即配，可短暂于冰上保存。不宜长期保存，长期保存会导致酶活性的失活。

3. DAB 要即用即配，配置时间不宜超过 20min。

4. DAB 染色时可用普通光镜观察染色情况，出现浅棕色时要及时终止染色，以防背景过深。

5. PBS 清洗后，为了使各种反应的有效进行，请尽量除去 PBS 溶液后再进行下一步反应。每次 PBS 冲洗要彻底，以防非特异性染色。

6. 本实验需设置阳性和阴性对照。

7. 20×SSC 要充分溶解后再稀释使用。

8. 极少数细胞凋亡时没有 DNA 断裂，此时不适用 TUNEL 法检测。在个别类型的坏死细胞中也发现 TUNEL 检测呈阳性。在需要严格判断细胞凋亡的情况下，最好同时检测多个凋亡指标。

【作业与思考题】

1. 几种细胞凋亡检测方法中 TUNEL 法的优点和缺点是什么?

2. 如何减弱非特异性染色?

3. DAB 的显色时间和条件如何把握?

实验 10-4　细胞凋亡的琼脂糖凝胶电泳检测

【实验目的】

1. 熟悉细胞 DNA 的提取方法。

2. 掌握 DNA 琼脂糖凝胶电泳的实验方法。

【实验原理】

1. 细胞凋亡的诱导　7TD1 为小鼠杂交瘤细胞株，其生长依赖于 IL-6 的存在（终浓度为 1μg/ml）。镜下观察正常生长的 7TD1 细胞为悬浮细胞，呈圆形或亮水滴样，边缘光滑。剥夺培养液中的 IL-6，D-Hanks 液充分洗涤，24h 后镜下可见凋亡小体的出现。

2. 凋亡细胞的 DNA 检测　Ca^{2+}浓度升高是细胞凋亡的主要特征之一。细胞内 Ca^{2+}浓度持续、快速的升高，可使内源性的核酸内切酶活化，在核小体单位之间的连接区特异性地切割染色质 DNA，首先形成 50～300kbp 长的 DNA 片段，然后再进一步断裂成 180～200bp 整倍数的寡核苷酸片断，从而在琼脂糖凝胶电泳上表现为梯形电泳图谱（DNA ladder）。收集细胞后，采用常规方法分离提纯细胞的基因组 DNA，然后进行琼脂糖凝胶电泳和溴化乙锭染色，利用紫外透射仪或凝胶自动成像仪可观察到典型的凋亡细胞群的 DNA ladder。细胞发生凋亡或坏死，其细胞 DNA 均发生断裂，但凋亡细胞 DNA 断裂点均有规律地发生在核小体之间，出现 180～200bp DNA 片断；而坏死细胞则无此特征，其 DNA 电泳后呈弥散状。近年来，也有学者发现某些细胞类型凋亡时并不出现 DNA ladder，因此，需借助其他检测方法以确定细胞的死亡性质。

【实验准备】

1. 实验对象　7TD1 细胞（小鼠杂交瘤细胞）。

2. 实验试剂　含有 10%小牛血清的 Iscove’s 培养液，IL-6，D-Hanks 液，1×PBS，1×TE，1×TBE，蛋白酶 K，饱和酚，氯仿，NaAc（3mol/L pH5.2），无水乙醇，75%乙醇。

3. 实验试剂　培养瓶，移液管，离心管（灭菌后备用），酒精灯，超净工作台，二氧化碳培养箱，倒置显微镜，EP 管，台式离心机，电泳仪，电泳槽。

【实验内容与方法】

1. 细胞凋亡的诱导　剥夺 7TD1 细胞培养液中的 IL-6 后，7TD1 细胞不能正常生长，凋亡细胞变皱、变小，边缘不光滑，培养液中可见细胞碎屑（具体方法见实验 8-3 附录和第十四章）。

2. 凋亡细胞的 DNA 提取

（1）将收集到的细胞（正常培养组和凋亡诱导组）转移至 1.5ml EP 管中，1000r/min 离心 10min。

（2）吸弃上清液，用 1×PBS 洗一次，1000r/min 离心 10min。

（3）吸弃上清液，留 100μl PBS，加入 180μl 1×TE（pH8.0），混匀，然后加入 20μl 10%SDS 和 3μl 蛋白酶 K（10μg/μl），混匀，50℃ 2h 或 37℃过夜。

（4）加入等体积酚（300μl），轻轻混匀，1000r/min 离心 10min。

（5）将上层水相移入新的 EP 管中。

（6）重复步骤（4）和（5）。

（7）加入 150μl 酚和 150μl 氯仿，轻混。

（8）将上层水相移入新管中，加 1/10V（1/10 体积）的 NaAc（3mol/L pH5.2）和 2V（2 倍体积）的无水乙醇。

（9）4℃静置 5min。

（10）10000r/min 离心 10min。

（11）吸弃上清液，加入 1ml 75%乙醇，将沉淀弹起。1000r/min 离心 10min。

（12）吸弃上清液，风干，加入适量 1×TE（pH8.0），4℃保存。

3. 琼脂糖凝胶电泳检测

（1）取 5×TBE 缓冲液 20ml，加去离子水至 100ml，配制成 1×TBE 待用。

（2）称取 0.3g 的琼脂糖，置于 200ml 锥形瓶中，加入 25ml 的 1×TBE 缓冲液，放入微波炉中加热至琼脂糖全部溶化，取出，冷却后（50～60℃）加入 EB，使 EB 终浓度达到 0.5g/ml，轻轻晃动，混匀。注意不要产生气泡。

（3）将制胶槽放好，插上合适的样品梳子，观察梳子齿下缘应与胶槽底面保持 1mm 的空隙。将冷却好的凝胶倒入胶槽中。

（4）待凝胶完全冷却后，拔出样品梳子，将凝胶转入电泳槽中，加入适量 1×TBE，液体以恰好没过胶面为宜。

（5）取适量样品与加样缓冲液（6×loading buffer）按 5∶1 的比例混合，加入到样品槽内。

（6）用紫外透射仪或凝胶自动成像仪观察并照相。

4. 结果判定 凋亡细胞 DNA 琼脂糖凝胶电泳呈典型的梯状降解带纹，而对照组则无此种带纹（图 10-3）。

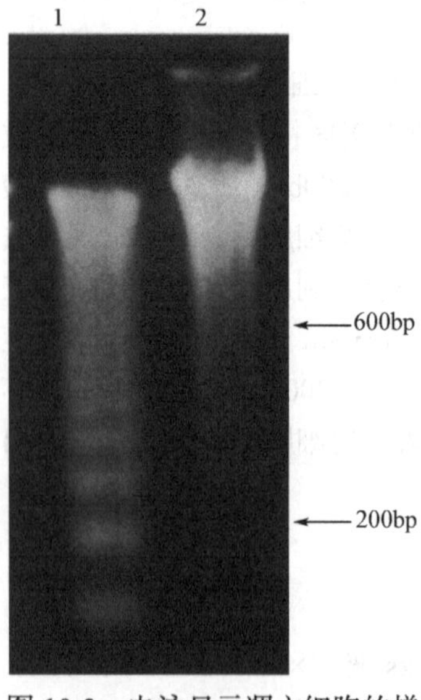

图 10-3 电泳显示凋亡细胞的梯状 DNA（7TD1 细胞）

1. 剥夺 IL-6 48h；2. 没有剥夺 IL-6 的对照组

【注意事项与常见问题】

1. 剥夺 IL-6 后，如果 7TD1 细胞凋亡不显著，可重新收集细胞，重复 D-Hanks 液洗涤步骤，以彻底清除培养液和细胞内残留的 IL-6。

2. 注意收集的细胞量不宜过多，以 5×10^6 左右为宜，否则会影响酶解效果，形成很黏稠的 DNA 溶液，不利于 DNA 的提取。

3. 酚、氯仿和异丙醇均具有腐蚀性，对皮肤、呼吸道有刺激性，故操作时应戴好手套和口罩。

4. EB 为强诱变剂，具致癌性，操作时应戴手套，废弃物要经过处理再丢弃。

5. 污染了EB的容器或物品需经过处理后再彻底冲洗。

6. 配制凝胶时，EB不易加的过多，否则会影响梯状DNA的观察。

【作业与思考题】

1. 绘简图表示细胞凋亡时细胞形态的改变。

2. DNA提取过程中，如何提高DNA的纯度？

3. 如果凋亡细胞未出现DNA ladder，我们如何鉴定其死亡性质？

实验10-5 细胞衰老的检测

【实验目的】

1. 掌握衰老相关β-半乳糖苷酶的检测方法。

2. 掌握细胞衰老的特征。

【实验原理】

细胞衰老（cell aging）是指细胞从一个活性的生长状态转变为不可逆的生长停滞状态。细胞衰老是生物体中普遍存在的一种不可逆的生长停止现象，也是器官衰老的基础。细胞衰老的特征是生长停止，但仍保持代谢功能。即细胞增殖分化停止，基本功能维持。衰老不同于凋亡，衰老是细胞增殖能力的丧失，凋亡是细胞发生一系列变化而引发的程序性细胞死亡。

衰老细胞具有以下基本特征：体积较大，呈多角形；细胞核变大、核膜内陷；染色质聚集、固缩、碎裂、溶解；细胞质内有空泡形成；线粒体的数目及形状改变；高尔基体碎裂；膜流动性减低；衰老相关β-半乳糖苷酶（senescence associated-β-galactosidase，SA-β-gal）活性升高等。这些衰老细胞的基本特征是区分细胞衰老和凋亡的基础。

到目前为止，还没有确定细胞衰老的标准方法，但已有一些普遍接受的检测手段作为判断细胞衰老的标志。如：端粒的长度测定、端粒酶的活性分析、DNA修复基因测定、微卫星不稳定性检测及衰老相关β-半乳糖苷酶的检测等。其中衰老相关β-半乳糖苷酶的检测是一种有效检测细胞衰老的经典染色方法，基于衰老细胞中溶酶体的内容物增多，从而导致溶酶体β-半乳糖苷酶的水平增高。X-Gal（5-溴-4-氯-3-吲哚-β-D-半乳糖苷）是β-半乳糖苷酶的底物。X-Gal是无色的，可被β-半乳糖苷酶水解成半乳糖和蓝色的5-溴-4-氯-靛蓝。因此，通常以X-Gal为底物，在衰老相关β-半乳糖苷酶的催化下生成深蓝色产物，利用光学显微镜观察变成蓝色的细胞，有蓝色颗粒的细胞为阳性细胞，也可通过X-Gal染色后细胞的蓝色深浅程度观察细胞的衰老程度。

【实验准备】

1. **实验对象** 细胞悬液。

2. **实验试剂** PBS（pH7.4），2%甲醛/0.2%戊二醛，X-半乳糖苷酶（X-Gal）染液，梯度乙醇，二甲苯，中性树胶。

3. **实验器材及仪器** 灭菌玻片，6孔板，显微镜。

【实验内容与方法】

1. 6孔细胞培养板接种细胞之前放置灭菌的玻片，每孔加入 10^5 个细胞，37℃、5%的 CO_2 培养箱中培养过夜至细胞贴附于玻片上。

2. 吸弃培养液，用PBS洗细胞一次，2%甲醛/0.2%戊二醛室温下固定3～5min。

3. 吸弃 2%甲醛/0.2%戊二醛固定液，PBS 清洗细胞数次，3 分/次。

4. 吸弃 PBS，用 X-半乳糖苷酶（X-Gal）染液染色，染色液加入量以浸没玻片为宜，37℃保温 4～8h 或 37℃孵育过夜，用保鲜膜封住 6 孔板以防蒸发。

5. 双蒸水冲洗 2 次，再用固定液固定 4min，流水轻轻冲洗，梯度乙醇脱水，二甲苯透明，中性树胶封固。

6. 普通光学显微镜观察（100×或 200×）。细胞胞浆染成蓝色的为衰老的阳性细胞，每张片子镜下计数 400 个细胞，确定 X-Gal 染色阳性衰老细胞所占的百分比。

【注意事项与常见问题】

1. 阳性细胞判断标准：细胞结构清晰、阳性颗粒着色明显高于背景，定位好。

2. 40mmol/L 的醋酸-磷酸钠缓冲液主要用于维持 pH6.0 的反应条件。一个分子量重量的醋酸或磷酸钠溶解在 1L 水中为 1mol/L 浓度，40mmol/L 是 1mol/L 浓度的 1/25，注意两种溶液的比例决定需要的 pH。

3. X-Gal 染液需要现用现配。

4. 固定时间过长和固定之后的清洗过程不彻底，均会抑制后续的酶反应。

5. 避免接触和吸入氰化物，废弃物应按照要求处理。

【作业与思考题】

1. 细胞衰老与凋亡有何区别，如何加以检测？

2. 为什么对细胞 β-半乳糖苷酶的检测可以反映细胞衰老情况？

附：试剂配制

1. X-半乳糖苷酶（X-Gal）染液 含 20mmol/L X-gal，40mmol/L 醋酸-磷酸钠（pH 6.0），5mmol/L 铁氰化钾，5mmol/L 亚铁氰化钾，150mmol/L 氯化钠，2mmol/L 氯化镁。

2. 固定液 70%乙醇、福尔马林、冰醋酸按照体积分数 20∶2∶1 比例混合。

（刘 佳 孔庆友）

第十一章　蛋白质的分离与测定

【相关背景】

尽管核酸在生命活动中占有核心地位，是分子细胞生物学研究的主要对象，但蛋白质是生命活动的最终体现者，也是各种生理功能的直接执行者，因此蛋白质的相关实验技术是细胞生物学研究不可缺少的内容。由于蛋白质是在不同的时间和空间发挥功能的，因此如何从组织细胞中完整地将蛋白质提取出来是关键。本章主要介绍一些蛋白质提取、测定和分析常用的技术的原理和操作。

实验 11-1　真核细胞蛋白质提取

【实验目的】

1. 掌握真核细胞蛋白提取的基本原则及操作要点。

2. 掌握总蛋白质、细胞核和细胞质蛋白提取的过程。

【实验原理】

蛋白质样品制备主要包括：破碎裂解组织细胞、使蛋白质从组织细胞中释放出来、除去非蛋白质组分（如核酸和脂类）等。破碎细胞的方法主要有超声波处理法、玻璃匀浆器匀浆和反复冻融法等。此外，Trition X-100、NP40 等去污剂能通过溶解细胞膜而使蛋白从细胞中释放出来。氧化作用会使半胱氨酸、甲硫氨酸及色氨酸等氧化，因此在蛋白质提取过程中常使用巯基还原剂，如 β-巯基乙醇（β-mercaptoethanol）和二硫苏糖醇（DTT）。细胞中普遍存在的各种蛋白水解酶可导致蛋白质分解，因此低温操作并加入蛋白酶抑制剂和金属螯合剂有益于保护目的蛋白的完整性。经常使用的蛋白酶抑制剂主要有苯甲基磺酰氟（PMSF）、二异丙基氟磷酸（DFP）和对氯高汞苯甲酸（PCMB）等。获得的蛋白可用于 Western blot、免疫共沉淀、酶活性分析及凝胶迁移或电泳迁移率实验（EMSA）等后续研究。

在细胞生物学研究中经常要研究细胞不同组分中相应蛋白质的功能，而研究最多的两个细胞组分就是细胞核和细胞质。细胞核蛋白和细胞质蛋白的分离，不仅用于研究蛋白在细胞内的定位，而且很多时候分离出来的核蛋白可以用于转录调控方面的研究。目前各生物公司的细胞核蛋白与细胞质蛋白抽提试剂盒（nuclear and cytoplasmic protein extraction kit）提供了一种从培养细胞或新鲜组织中抽提细胞核蛋白与细胞质蛋白的简便方法。基本原理是首先用含有去垢剂的低渗透缓冲液使细胞充分膨胀，然后通过破坏细胞膜而使细胞裂解，释放出细胞质蛋白，然后通过离心得到细胞核沉淀。最后通过高盐的细胞核蛋白抽提试剂抽提得到细胞核蛋白。一般所得的细胞质与细胞核组分之间的交叉污染不会超过10%，而且随着技术的不断改良，核蛋白的完整性和功能活性均被很好地保持，因此能够满足多种下游实验的需要。下面以 Thermo 公司的 NE-PER 核蛋白-胞质蛋白抽提试剂盒为例加以介绍。

【实验准备】

1. 实验对象　HeLa 细胞系。

2. 实验试剂　蛋白裂解液，Thermo NE-PER 核蛋白-胞质蛋白抽提试剂盒（包括：胞质抽提试剂Ⅰ(cytoplasmic extraction reagent Ⅰ, CERⅠ); 胞质抽提试剂Ⅱ(cytoplasmic extraction reagent Ⅱ, CERⅡ); 细胞核抽提试剂(nuclear extraction reagent, NER)。

3. 实验器材及仪器 低温高速离心机，制冰机，涡旋振荡器，Tip 头，Enpendoff 管，吸管，冰盒等。

【实验内容与方法】

1. 细胞总蛋白的提取

(1) 细胞收集方法见实验 8-3 的附录。

(2) 每管中加入约 100μl 的蛋白裂解液，反复吹打将细胞充分混匀。

(3) 冰水中超声裂解 3 次，每次 3min。

(4) 煮沸 5min 后迅速置于碎冰中。

(5) 4℃离心，15000r/min，5min。

(6) 上清即为总蛋白，将上清小心转移到新管中。

(7) –20℃保存，备用。

2. 细胞核与细胞质蛋白的提取

(1) 收集贴壁生长的 HeLa 细胞。

(2) 按照表 11-1 加入预冷的 CER I。

表 11-1 试剂配制

细胞量(μl)	CER Ⅰ(μl)	CER Ⅱ(μl)	NER(μl)
10	100	5.5	50
20	200	11	100
50	500	27.5	250
100	1000	55	500

(3) 高速振荡 15s 后使细胞充分悬浮起来，冰上孵育 10min。

(4) 加入预冷的 CER Ⅱ。

(5) 高速振荡 5s，冰上孵育 1min。

(6) 高速振荡 5s，16000*g* 离心 5min。

(7) 迅速将上清(胞质提取物)转移到预冷的新管中，冰冻保存备用。

(8) 将步骤(7)中的细胞沉淀悬浮于预冷的 NER。

(9) 高速振荡 15s 后将样品置于冰中。每 10min 振荡 15s，共计 40min。

(10) 16000*g* 离心 10min。

(11) 迅速将上清(细胞核提取物)转移到预冷的新管中，冰上放置。

(12) –80℃保存，备用。

【注意事项与常见问题】

1. 无论使用何种提取蛋白质的方法，要尽可能用较少的步骤，以便保持蛋白质的完整性和活性。

2. 还原剂 DTT 加入裂解液后 24h 内会被氧化，通常情况下都是另外配好，–80℃保存，用时现加。

3. 由于蛋白酶在动物组织及微生物中普遍存在，分离蛋白要在较低的温度条件下进行。同时可以选择含有多种蛋白酶抑制剂的鸡尾酒试剂盒。

4. 去污剂 Trition X-100、NP40 能溶解细胞膜而使蛋白透过细胞，但能使蛋白变性，细胞破碎后必需除去。

5. 低速离心机和高速离心机分别用于分离完整的细胞和亚细胞成分，价格昂贵，而且运行时有一定危险性，请小心使用。

【作业与思考题】

1. 蛋白质提取的原理及主要步骤。

2. 要避免目的蛋白变性，保证其生物学活性，提取过程中需要注意哪些？

附：试剂配制

1. 蛋白裂解液的配制	1mol/L Tris-HCl	625μl
	10%SDS	2ml
	甘油	1ml
	纯水	375ml
	1mol/L DTT	1ml（使用前加）

2. 1mol/L Tris-HCl（pH 6.8）　30.285g Tris 溶于纯水中，调 pH 至 6.8，定容至 250ml。4℃保存备用。

实验 11-2　双缩脲法测定蛋白质浓度

【实验目的】

1. 掌握蛋白质测定的基本原理。

2. 掌握双缩脲法测定蛋白质浓度的操作及计算。

【实验原理】

双缩脲（$NH_3CONHCONH_3$）是由两分子的脲在 180℃加热的条件下释放出一氨分子得到的，它在强碱溶液中能与硫酸铜发生反应形成紫色络合物（双缩脲反应）。蛋白质中的肽键能与碱性硫酸铜溶液中的铜离子通过双缩脲反应形成紫色络合物，产物颜色的深浅与蛋白质浓度成正比，故可用来测定蛋白质含量。双缩脲法（Biuret 法）的优点是快速，不同种类蛋白质产生的颜色深浅相近。主要的缺点是灵敏度差。因此双缩脲法常用于需要快速，但并不需要十分精确的蛋白质测定。

【实验准备】

1. 实验对象　浓度未知的蛋白样品。

2. 实验试剂　标准蛋白质溶液，双缩脲试剂。

3. 实验器材及仪器　可见光分光光度计，旋涡混合器，试管，移液器，Tip 头等。

【实验内容与方法】

1. 标准曲线的绘制

（1）取 6 支试管，做好标记，按表 11-2 加入各种试剂。

表 11-2　试剂配制

试剂（ml）	管号					
	空白	1	2	3	4	5
标准蛋白质溶液（10mg/ml）	0	0.2	0.4	0.6	0.8	1.0
蒸馏水	1.0	0.8	0.6	0.4	0.2	0
双缩脲试剂	4	4	4	4	4	4

（2）充分摇匀，室温（20～25℃）放置 30min。

（3）用分光光度计测量每管在 540nm 处的吸收值（A_{540}）。以蛋白质的含量为横坐标，光吸收值为纵坐标绘制标准曲线。

2. 样品的测定

（1）取 2～3 个试管，用上述同样的方法，测定未知样品的蛋白质浓度。

（2）用标准品空白校正过的 A_{540} 值对于它们的蛋白质浓度（mg/ml）作图。用内插法从标准曲线上得到样品的浓度。

【注意事项与常见问题】

1. 此法可测定的蛋白浓度为 1～10mg/ml，样品浓度较高时适当稀释后再测定。

2. 该实验中要保证在碱性的条件下进行。

3. 此法测定的精确度低，需要的样品量大。

4. 硫酸铵、Tris 缓冲液、EDTA 和血红蛋白等能对测定产生一定的干扰。

附：试剂配制

1. 标准蛋白质溶液　结晶牛血清清蛋白（BSA）用 H_2O 或 0.9%NaCl 配制成 10mg/ml 的标准蛋白溶液。

2. 双缩脲试剂

试剂 A：称取 25g NaOH，倒入盛有蒸馏水的烧杯中，搅拌溶解后定容至 250ml。

试剂 B：称取 2.5g 硫酸铜（$CuSO_4 \cdot 5H_2O$），倒入盛有蒸馏水的烧杯中，搅拌充分溶解后定容至 250ml。

边搅拌边将试剂 A 加入到试剂 B 中，贮存于塑料瓶中。

实验 11-3　福林-酚法测定蛋白质浓度

【实验目的】

1. 掌握蛋白质测定的基本原理。

2. 掌握福林-酚法测定蛋白质浓度的操作及计算。

【实验原理】

福林-酚法（Lowry 法）测定蛋白浓度的原理与双缩脲方法是相同的，不同的是加入了福林-酚试剂，以增加显色量，进而提高了检测的灵敏度。蛋白质分子中的酪氨酸、色氨酸和半胱氨酸等能与福林-酚试剂中的磷钼酸-磷钨酸反应产生深蓝色。

【实验准备】

1. 实验对象　浓度未知的蛋白样品。

2. 实验试剂　试剂 A，试剂 B，福林-酚试剂，标准蛋白质溶液等。

3. 实验器材及仪器　可见光分光光度计，旋涡混合器，计时器，试管，移液器，Tip 头等。

【实验内容与方法】

1. 将 A 液与 B 液按 50∶1 的比例混合，即为试剂甲。此试剂只在使用当天配制。

2. 标准曲线的测定

（1）取 7 支大试管，按表 11-3 加入各种试剂。

表 11-3　试剂配制

试剂（ml）	管号						
	空白	1	2	3	4	5	6
标准蛋白质溶液（浓度为 250mg/ml）	0	0.1	0.2	0.4	0.6	0.8	1.0
蒸馏水	1.0	0.9	0.8	0.6	0.4	0.2	0
试剂甲	5	5	5	5	5	5	5

（2）涡旋混合器上混后室温（20～25℃）放置 10min。

（3）依次加入 0.5ml 福林-酚试剂，即为试剂乙，立即混匀。

（4）室温放置 30min，于 700nm 处测定各管中溶液的吸光度值。

（5）以蛋白质的量为横坐标，吸光度值为纵坐标，绘制出标准曲线。

3. 待测样品的测定

（1）取 1ml 样品溶液按上述方法进行操作，同时取 1ml 蒸馏水代替样品作为空白对照。

（2）根据所测样品的吸光度值，查标准曲线求得样品蛋白的浓度。

【注意事项与常见问题】

1. 将福林-酚试剂加到碱性的铜-蛋白质溶液中时必须迅速混匀，因为其只在酸性条件下稳定，迅速混匀能保证在磷钼酸-磷钨酸试剂被破坏之前还原反应能进行。

2. 不同蛋白质所含有酪氨酸和苯丙氨酸的量是不同的，显色的深浅会随蛋白质的不同而变化。因此此法通常测定的是蛋白质的相对浓度。

3. 该反应的显色深浅会随时间而变化，因此操作的各个步骤必须精确控制时间。

附：

1. 福林-酚法实验表格（表 11-4）

表 11-4　福林-酚法

试剂（ml）	管号									
	空白	1	2	3	4	5	6	7	8	9
标准蛋白质溶液（浓度为 250mg/ml）	0	0.1	0.2	0.4	0.6	0.8	1.0			
待测蛋白质溶液								0.2	0.4	0.6
蒸馏水	1.0	0.9	0.8	0.6	0.4	0.2	0	0.8	0.6	0.4
试剂甲	5	5	5	5	5	5	5	5	5	5
试剂乙	0.5	0.5	0.5	0.5	0.5	0.5	0.5	0.5	0.5	0.5
吸光度值（A_{700}）										
蛋白质浓度（mg/ml）										

2. 试剂配制

试剂 A 液：称取碳酸钠（Na_2CO_3）2g，溶解于 0.1mol/L 氢氧化钠（NaOH）100ml。

试剂 B 液：称取硫酸铜（$CuSO_4 \cdot 5H_2O$）0.5g，加水溶解。称取酒石酸钾钠 1.0g 加水溶解，两者混合后，加入蒸馏水定容至 100ml。

标准蛋白质溶液：称取结晶牛血清清蛋白溶于蒸馏水，配制成浓度为 250 mg/ml 左右。

实验 11-4 考马斯亮蓝法测定蛋白质浓度

【实验目的】

1. 掌握蛋白质测定的基本原理。

2. 掌握考马斯亮蓝法测定蛋白质浓度的操作及计算。

【实验原理】

由于蛋白质的存在能影响某些指示剂颜色的变化，从而改变这些染料的光吸收，这些指示剂包括考马斯亮蓝、溴甲酚和甲基橙等。1976 年由 Bradford 建立的考马斯亮蓝法（Bradford 法）就是根据这个原理设计的。考马斯亮蓝 G-250 与蛋白质结合后染料最大吸收峰从 465nm 移到 595nm 处，光吸收增加，颜色由棕黄色转变为深蓝色（由棕黑色变为蓝色）。因为蛋白质与染料形成的复合物颜色的深浅与其浓度成正比，因此在一定范围内用来测定蛋白质的浓度。这种蛋白质测定法具有灵敏度高，快速简便和干扰少等优点，是目前灵敏度最高的蛋白质测定法，得到广泛的应用。

【实验准备】

1. 实验对象 浓度未知的蛋白样品。

2. 实验试剂 标准蛋白质溶液，考马斯亮蓝 G-250 染料试剂。

3. 实验器材及仪器 可见光分光光度计，旋涡混合器，试管，移液器，Ep 管，Tip 头，试管架，冰盒等。

【实验内容与方法】

1. 取 10 支试管，编号，按照表 11-5 配制。

表 11-5 试剂配制

试剂（ml）	管号									
	空白	1	2	3	4	5	6	7	8	9
标准蛋白质溶液（1.0mg/ml）	0	0.01	0.02	0.04	0.06	0.08	0.1			
待测蛋白质溶液								0.02	0.04	0.06
蒸馏水	0.1	0.09	0.08	0.06	0.04	0.08	0	0.08	0.06	0.04
考马斯亮蓝 G-250	5	5	5	5	5	5	5	5	5	5
吸光度值（A_{595}）										
蛋白质浓度（mg/ml）										

2. 立即在旋涡混合器上混合。注意：不要太剧烈，避免产生大量气泡。

3. 室温放置 2min 后，于 595nm 比色，以空白管调零，读取各管的光吸收值。

4. 以各管标准蛋白溶液的浓度（mg/ml）为横坐标，吸光度值为纵坐标作图，绘制一条标准曲线。

5. 待检蛋白样品的测定　用蒸馏水将蛋白样品适当稀释，至蛋白质浓度为 10～100μg/ml。按表加入各试剂混匀后，在 595nm 测定 OD 值，取平均值，根据标准曲线推算出样品的蛋白质含量。求得样品管中的蛋白含量，乘以稀释倍数，即为待测样品的浓度。

【注意事项及常见问题】

目前，以此法为基础设计的微量核酸蛋白分析仪广泛应用于蛋白浓度的测定。具有以下主要特点：①样品使用量少，对少于 1μl 的超微量蛋白样品的浓度可进行精确检测。②具有密封的光路系统和多种数据输出方式。③无须使用比色皿和毛细管。④测量结果可以存储，方便以后检索调用。不用对样品进行稀释，省去了烦琐反复的校正、稀释、浓度换算等重复工作。⑤采用适合于非线性标准曲线的二次曲线来计算样品蛋白质的浓度。

【作业与思考题】

采用不同方法实际操作计算出待检蛋白质溶液的浓度。

附：试剂配制

1. 标准蛋白质溶液　牛血清清蛋白（BSA），配制成 1.0mg/ml 的标准蛋白质溶液。

2. 考马斯亮蓝 G-250 染料试剂　称 100mg 考马斯亮蓝 G-250，溶于 50ml 95%的乙醇后，再加入 120ml 85%的磷酸，用水稀释至 1L。

实验 11-5　蛋白质印迹免疫分析（Western blot）

【实验目的】

1. 掌握聚丙烯酰胺凝胶电泳法分离蛋白质的原理和操作。

2. 掌握蛋白质分离和检测的基本过程。

【实验原理】

Western blot 技术是生物大分子印迹法之一。Western blot 技术通过特异性探针对聚丙烯酰胺凝胶电泳（SDS-PAGE）分离并转移到固相介质上的细胞或生物组织蛋白条带进行着色，并通过分析着色的位置和着色深度获得特定蛋白质在所分析的细胞或组织中的表达情况的信息。

聚丙烯酰胺凝胶是由丙烯酰胺和甲叉双丙烯酰胺共聚合而成的网状结构，并且具有电泳和凝胶过滤的特点，即电荷效应、浓缩效应和分子筛效应，因而以聚丙烯酰胺凝胶为支持物的电泳分辨率较高。首先通过 SDS-聚丙烯酰胺凝胶电泳将各种蛋白质组分分离并转移到一种固相支持物（常用醋酸纤维素膜）上，然后用针对特定氨基酸序列的被标记的特异性抗体（探针）与醋酸纤维素膜反应。经过适当洗涤后，与靶蛋白结合的抗体可以和标记的第二抗体反应，然后进行显色，从而对复杂混合物中某种特定蛋白质进行量化比较及特性鉴定。此外，由于此方法中蛋白质的分离几乎总是在变性条件下进行的，所以溶解、聚集及靶蛋白与外来蛋白的共沉淀等问题不复存在。Western 印迹法可以检测出 1～5ng 中等大小的待检蛋白。蛋白质在聚丙烯酰胺凝胶中电泳时，迁移率主要取决于它所带净电荷以及分子的大小和形状等因素。但如果在凝胶中加入一定量的十二烷基磺酸钠（简称 SDS），则蛋白质分子的电泳迁移率主要取决于它的分子量，而与蛋白所带电荷和形状无关。

Western blot 技术的主要优点在于，它能够从生物组织的粗提物或者部分纯化的抽提物中检测和识别特异的蛋白质，且灵敏度高，在对特定蛋白鉴定和定量时，是极为有效的实验方法。

【实验准备】

1. 实验对象 HeLa 细胞样品。

2. 实验试剂 30%聚丙烯酰胺溶液，1mol/L Tris-HCl，1.5mol/L Tris，10%过硫酸铵（APS），10×TBS，10% SDS，四甲基乙二胺（TEMED），5×电泳缓冲液，10×Western blot 缓冲液，1×Western blot 缓冲液，5×样品缓冲液，考马斯亮蓝 R-250 染液，脱色液，封闭液，甘油，漂洗液（TBS-T），蛋白 Marker 等。

3. 实验器材及仪器 转移电泳槽，转移电泳仪等；醋酸纤维素膜，滤纸，铅笔或马克笔，刀片，尺等。

【实验内容与方法】

1. 蛋白样品电泳

（1）安装配制凝胶的模具。

（2）根据所测定蛋白质的相对分子量，选择某一合适的分离胶浓度，按表 11-6 所列的试剂用量配制。将分离胶混匀后立即灌注于两块玻璃板的间隙中，留出浓缩胶所需的空间。用滴管在凝胶溶液上覆盖一层异丙醇封胶。将凝胶放置在室温下，自然凝固。

表 11-6 试剂配制

	7.5%（ml）	10%（ml）	15%（ml）
纯水	4.90	4.10	2.40
30%丙烯酰胺	2.50	3.30	5.00
1.5mol/L Tris	2.50	2.50	2.50
10%SDS	0.10	0.10	0.10
TEMED	0.02	0.02	0.02
10%APS	0.02	0.02	0.02
总体积	10	10	10

（3）待分离胶聚合完全之后，倾倒覆盖层的异丙醇，用蒸馏水洗涤数次。

（4）灌制浓缩胶：按照表 11-7 配制浓缩胶，立即快速混匀并灌注浓缩胶，立即在浓缩胶溶液中插入干净的 Teflon 梳子，小心避免混入气泡。将凝胶放置于室温下聚合。

表 11-7 配制浓缩胶

	3%（ml）	4%（ml）	6%（ml）
纯水	3.20	3.05	2.70
30%丙烯酰胺	0.50	0.65	1.00
1.0mol/L Tris	1.25	1.25	1.25
10%SDS	0.05	0.05	0.05
TEMED	0.05	0.05	0.05
10%APS	0.05	0.05	0.05
总体积	5	5	5

（5）制备样品：将各蛋白样品浓度调节为 20μg/μl，取 10μl 蛋白样品与 2.5μl 5×上样缓冲液在 Eppendorf 管中混合。100℃加热 5min，冰浴冷却。

（6）待浓缩胶完全聚合后，将玻璃板固定在垂直板蛋白电泳槽中，加入电泳缓冲液，移去梳子，注意不要将加样孔撕裂。

（7）加样：用微量注射器取蛋白样品，按预定的顺序加入加样孔的底部。在不用的加样孔中加入等体积的加样缓冲液，并且加上蛋白 Marker。

（8）电泳：恒压进行电泳直到溴酚蓝到达分离胶底部（1.5～2h），关闭电源。

2. 凝胶上蛋白的电转移

（1）转移前准备：将 6 张滤纸和醋酸纤维膜剪成与凝胶相同大小，将膜先在甲醇中浸泡数秒，再与滤纸一同放入 1×Western blot 缓冲液中浸泡 30min。

（2）取下电泳完毕的 SDS-PAGE 凝胶玻璃板，轻轻撬开，小心取出凝胶放到 1×Western blot 缓冲液中。

（3）将处理好的滤纸、醋酸纤维素膜和凝胶按照以下顺序放入电转膜器内：石墨板、三层滤纸、醋酸纤维素膜、凝胶、三层滤纸、上盖，此过程中应避免产生气泡，压紧。

（4）将电泳槽与电源连接，在恒流和室温条件下，转移 1h。

（5）电转移结束后，凝胶用考马斯亮蓝 R-250 染色 20min，然后脱色检测转移效果。

3. 膜的免疫杂交

（1）将膜用 TBS-T 缓冲液洗涤 3 次。

（2）膜的封闭：用 5%脱脂奶粉/TBS-T 缓冲液封闭膜 4℃过夜。

（3）抗原抗体反应（杂交）：用 TBS-T 缓冲液以适当比例稀释目的抗体，将其与膜在杂交袋中孵育 1h。

（4）TBS-T 缓冲液洗脱膜 3 次。

（5）膜与适当稀释的相应二抗在室温条件下孵育 60min。

（6）用 TBS-T 缓冲液洗脱 3 次。

（7）显影：应用增强的化学放射发光法标记结合信号，通过荧光自显影感光在 X-ray 胶片上。

（8）膜的再利用：用 Stripping 洗脱缓冲液漂洗上述膜，50℃间歇震荡 30min，以去除杂交信号。1×TBS-T 洗脱，牛奶封闭后，可用其他抗体进行再次杂交，条件同前。

【注意事项与常见问题】

1. 实验使用的许多试剂如丙烯酰胺等均有一定的毒性，操作时注意防护，在通风橱中操作。

2. 制备分离胶和浓缩胶时，添加 APS 和 TEMED 之前要混匀，一旦加入 APS 和 TEMED 后要快速混匀，灌胶。

3. 电泳时上槽中要加入新鲜的电泳缓冲液，而下槽中可用陈旧的电泳缓冲液。

4. 加入不同蛋白样品之前，一定要用电泳缓冲液冲洗注射器，同时加样时小心操作，不要损坏胶面。

5. 10%APS 尽量使用时现配现用，4℃保存 2 周内用完。

【作业与思考题】

1. 简述实验原理及主要步骤，记录分析实验结果。

2. 采用此法检测核浆蛋白提取的实验中，如何选择内参？

附：试剂配制

1. 30%聚丙烯酰胺溶液 溶解29.2g丙烯酰胺和0.8g N，N'-亚甲基甲叉双丙烯酰胺于纯水中，充分溶解后定容至100ml。4℃避光保存。

2. 1mol/L Tris-HCl（pH 6.8） 30.285g Tris溶于纯水中，调pH至6.8，定容至250ml。4℃保存备用。

3. 1.5mol/L Tris（pH 8.8） 45.427g Tris溶于纯水中，调pH至8.8，定容至250ml。4℃保存备用。

4. 10%过硫酸铵（APS） 过硫酸铵0.1g溶于1ml纯水中，4℃避光保存，1周内稳定。

5. 10×TBS（pH 8. 1） Tris15.15g和36.5g氯化钠溶于纯水中，定容至500ml。

6. 10% SDS 10g SDS于100ml纯水中，完全溶解后室温保存。

7. 5×电泳缓冲液 称取15.14g Tris，甘氨酸94g，溶于900ml纯水中，溶解后，加入10%SDS 50ml，定容至1000ml，室温保存。

8. 10×Western blot缓冲液 称取Tris 14.5g，甘氨酸72.5g，溶于纯水中，充分溶解后，定容到500ml，室温保存。

9. 1×Western blot缓冲液 10×Western blot缓冲液5ml，甲醇5ml，纯水40ml。

10. 5×样品缓冲液 取0.6ml 1mol/L Tris-HCl（pH 6.8），加入2ml 10%SDS、5ml 50%甘油、0.5ml β-巯基乙醇、1ml 1%溴酚蓝、0.9ml的蒸馏水混匀，可在4℃保存数周。

11. 考马斯亮蓝R-250染液 称取0.25g考马斯亮蓝溶于45ml双蒸水中，加入45ml甲醇和10ml冰乙酸，混匀，过滤。

12. 脱色液 300ml甲醇，100ml冰乙酸，加双蒸水至1000ml。

13. 封闭液（含5%脱脂奶粉的T-BST缓冲液） 4℃保存，使用时恢复室温，1周内稳定。

14. 漂洗液（TBS-T） 500ml TBS液中加0.05ml Tween 20。

（马景昕）

第十二章　核酸的分离、测定与分析

实验 12-1　真核生物组织及细胞基因组 DNA 提取

【实验目的】

1. 了解从真核生物的组织和细胞中提取基因组 DNA 的原理。

2. 掌握从真核生物的组织和细胞中提取基因组 DNA 的方法。

【实验原理】

真核生物的 DNA 位于细胞核内，是双链线性分子，与组蛋白构成核小体，核小体再缠绕成中空的螺线管状结构即染色质丝，染色质丝再与许多非组蛋白形成染色体。染色体存在于细胞核中，外有核膜和细胞膜。DNA 提取的主要过程为：先将组织分散成单个细胞，然后破碎细胞膜和核膜，使染色体释放出来，同时去除与 DNA 结合的蛋白质、糖类及脂类等生物大分子。本实验通过蛋白酶 K 和 SDS 使蛋白质变性、破碎核膜和细胞膜，将染色体释放出来，再用酚、氯仿去除与 DNA 结合的蛋白质，交替使用酚和氯仿这两种不同的蛋白质变性剂，以增强去除蛋白质的效果，最后用乙醇及醋酸钠使 DNA 沉淀。其中酚是很强的蛋白质变性剂，氯仿能加速有机相与水相的分离并可去除蔗糖。

【实验准备】

1. 实验对象

（1）新鲜或冰冻组织：取组织块 0.3～0.5cm^3，先用剪刀进行剪切，然后加入 2ml PBS 进行匀浆研磨，将匀浆液转移到 1.5ml Eppendorf 管中，3000*g* 离心 5min，弃去上清。

（2）体外培养的细胞：将培养的细胞悬浮后，用冷的 PBS 洗涤，3000*g* 离心 5min，去除上清液。

2. 实验试剂　Tris 饱和酚（pH8.0），酚/氯仿（酚：氯仿 ＝1：1），氯仿，蛋白酶 K 20mg/ml，NaAc（pH5.2）3mol/L，100%乙醇及 75%乙醇溶液，磷酸盐缓冲液 1×PBS，DNA 提取缓冲液，TE 缓冲液 。

3. 实验器材及仪器　高速台式离心机，玻璃匀浆器，高压灭菌锅，恒温水浴箱，微量移液器，1.5ml Eppendorf 管，高速冷冻离心机，剪刀等。

【实验内容与方法】

1. 在准备好的样品中加 DNA 提取缓冲液 500μl，加 20mg/ml 的蛋白酶 K 5μl（终浓度 200μg/ml），55℃孵育 1～2h 或者 37℃过夜。保温过程中，应不时混匀反应液，反应结束后液体会变得黏稠，表明 DNA 已部分释放出来，操作过程要轻柔。

2. 加等体积（约 500μl）饱和酚至上述样品处理液中，温和并充分混匀 3min。

3. 10000r/min 离心 10min，小心从离心机中取出离心管，禁止晃动，可见有清晰的分层，上层为水相（含 DNA），下层为酚相，一般为黄色，中间可见白色絮状物为蛋白质。

4. 小心吸取上层水相至新管，可将一次性吸头用高压过的剪刀剪去尖端部分使孔径变大，以免 DNA 通过吸头时发生机械性损伤。为避免将中间层及下层酚相吸上来，吸头不要伸入水相中，而是贴附在水相的液面上，并将加样器量程调小，以减少抽吸时的负压。

5. 加等体积饱和酚，轻轻混匀，10000r/min 离心 10min，取上层水相至另一 1.5ml Eppendorf 管中。

6. 加等体积酚/氯仿，轻轻混匀，10000r/min 离心 10min，取上层水相至另一 1.5ml Eppendorf 管中。如水相仍不澄清，可重复此步骤数次。

7. 加等体积氯仿，轻轻混匀，10000r/min 离心 10min，取上层水相至另一 1.5ml Eppendorf 管中。

8. 加 1/10 体积的 3mol/L NaAc（pH5.2）和 2.5 倍体积的无水乙醇，轻轻倒置混匀，–20℃放置 30min。

9. 待絮状物出现时，10000r/min 离心 5min，弃上清液。

10. 沉淀中加入 75%乙醇 500μl，小心洗涤沉淀，10000r/min 离心 5min，弃上清。

11. 干燥 10～15min，加 50～100μl TE 溶液溶解沉淀（不要等沉淀完全干燥，否则难以溶解），–20℃保存备用或–70℃长期保存（图 12-1）。

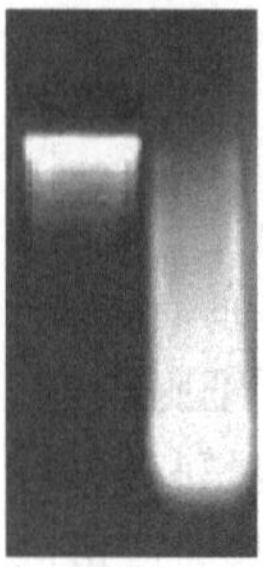

图 12-1　DNA 琼脂糖凝胶电泳

【注意事项与常见问题】

1. 不要使 DNA 沉淀完全干燥，干燥的 DNA 溶解极为困难。

2. 所用用品均需要高压灭菌，以灭活残余的 DNase。

3. 所有试剂均用高压灭菌纯水配制。

4. 在提取过程中，基因组 DNA 容易发生机械性断裂，产生大小不同的片段（图 12-1），因此，提取基因组 DNA 时应尽量在温和的条件下操作，如尽量减少酚/氯仿抽提的次数、所有混匀过程都要轻柔，以保证得到较完整的 DNA 片段。

【作业与思考题】

1. DNA 提取过程中的关键步骤及注意事项有哪些?

2. 真核生物中 DNA 提取的基本原理是什么?

附：试剂配制

1. 磷酸盐缓冲液 1×PBS（500ml）　NaCl 137mmol/L，KCl 2.7mmol/L，Na_2HPO_4 4.3mmol/L，KH_2PO_4 1.4mmol/L。需要高压灭菌。

2. DNA 提取缓冲液　Tris-HCl 10mmol/L（pH8.0），EDTA 0.1mol/L（pH8.0），0.5% SDS。

3. TE 缓冲液　Tris-HCl 10mmol/L（pH8.0），EDTA 1mmol/L（pH8.0），配后高压灭菌。

实验 12-2　组织及细胞中 RNA 的提取

【实验目的】

1. 了解组织及细胞中 RNA 的结构、功能、种类及分布。

2. 掌握组织及细胞中总 RNA 的提取方法。

【实验原理】

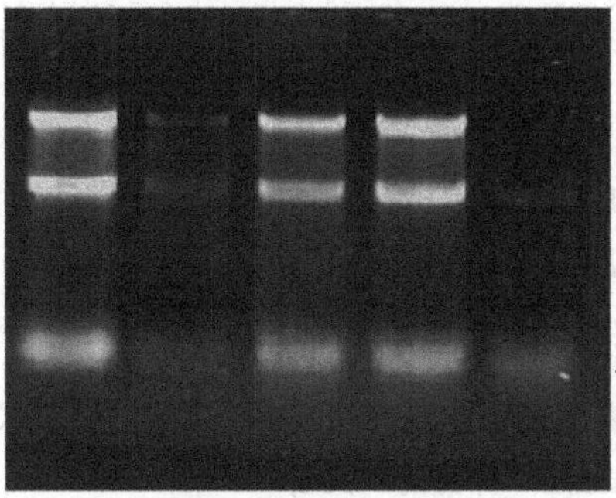

Lane1～5：总的RNA样品

图 12-2 RNA 琼脂糖凝胶电泳

组织及细胞中的 RNA 主要分布在细胞质中，包括 mRNA、tRNA 和 rRNA 三种。mRNA 含量最低，半衰期短，易于降解。在 RNA 的提取过程中，主要采用强变性剂如异硫氰酸胍等破坏细胞的结构，灭活 RNA 酶；细胞碎片、蛋白质等经酚、氯仿等有机溶剂的抽提可被去除。RNA 提取的关键是防止内源性和广泛存在的外源性 RNA 酶，如器皿、试剂和手上都存在的 RNA 酶对核酸的降解作用，因此，所用材料、器皿均需经 DEPC 处理（即 0.1%DEPC 溶液浸泡过夜，蒸馏水冲洗及高压灭菌 15min 去除残存的 DEPC）。真核生物中的 18S rRNA 和 28S rRNA 经琼脂糖凝胶电泳后，在紫外光照射下可观察到两条清晰的条带。有时可见 5S rRNA（图 12-2）。

【实验准备】

1. 实验对象

（1）新鲜或冰冻组织：组织离体后，迅速切成质量＜2g 的组织块，放入液氮中速冻。提取 RNA 之前将组织从液氮中取出或直接用新鲜的组织，快速称取 100mg，放入高压处理过的匀浆器中，加入 1ml Trizol 试剂进行匀浆，然后将匀浆液转移到 1.5ml Eppendorf 管中。

（2）体外培养的细胞：将培养的细胞悬浮后，用冷的 PBS 洗涤，3000*g* 离心 5min，去除上清液，加入 1ml Trizol 试剂，重悬细胞，使 Trizol 试剂能够充分裂解细胞。

2. 实验试剂 Trizol 试剂，氯仿，异丙醇，75%乙醇（用高压过的 0.1% DEPC 水配制），0.1% DEPC 水（需高压），磷酸盐缓冲液 1×PBS。

3. 实验器材及仪器 电子天平，匀浆器，1.5ml Eppendorf 管，冰盒，低温冷冻高速离心机，微量移液器，手套，口罩，帽子，高压灭菌锅。

【实验内容与方法】

1. 细胞或组织中加入 Trizol 试剂后，冰浴 10min，使其充分裂解。
2. 加入 200μl 氯仿（Trizol 体积的 1/5），充分震荡混匀，静置分层。
3. 4℃离心，12000*g*，15min。
4. 吸取上层水相，至另一新的 1.5ml Eppendorf 管中。
5. 加入 500μl 异丙醇（4℃预冷，Trizol 体积的 1/2）混匀，冰浴 5～10min。
6. 4℃离心，12000*g*，10min。弃上清，RNA 沉淀于管底。
7. 加入 1ml（与 Trizol 等体积）75%乙醇，轻柔振荡离心管，使沉淀悬浮。
8. 4℃离心，8000*g*，5min。弃上清，置于冰上晾干或真空干燥。
9. 加入 20μl 0.1%DEPC 水溶解 RNA 沉淀，–80℃保存备用。

【注意事项与常见问题】

1. 整个实验过程必须严防 RNase 的污染。
2. 实验中用到的玻璃器皿在使用前均应用水冲洗干净后，200℃干烤 4h。
3. 实验中尽量使用一次性塑料制品，并用 0.1%DEPC 水浸泡过夜或者 37℃ 2h，然后 1.2atm 高压 30min 去除残留的 DEPC；不能进行高压灭菌的试剂，应用处理好的 0.1%DEPC 水配制，然后经 0.22m 滤膜过滤除菌。

4. 实验操作人员戴一次性口罩、帽子、手套，整个过程要在低温环境下进行（冰上）。

【作业与思考题】

1. RNA 提取过程中的关键步骤及注意事项有哪些？

2. RNA 提取的基本原理是什么？

附：试剂配制

磷酸盐缓冲液 1×PBS（500ml） NaCl 137mmol/L，KCl 2.7mmol/L，Na_2HPO_4 4.3mmol/L，KH_2PO_4 1.4mmol/L。需要高压灭菌。

实验 12-3 DNA 与 RNA 含量测定

【实验目的】

1. 熟悉紫外分光光度法进行 DNA 与 RNA 分子定量的基本原理。

2. 掌握紫外分光光度法进行 DNA 与 RNA 分子定量的方法。

【实验原理】

组成核酸分子的碱基含共轭双键，均具有一定的吸收紫外线的特性，最大吸收值位于波长为 250～270nm 之间，例如尿嘧啶的最大紫外线吸收值在 259nm 处，腺嘌呤在 260.5nm，胸腺嘧啶在 264.5nm，胞嘧啶在 267nm，鸟嘌呤在 276nm。这些碱基与戊糖、磷酸形成核苷酸后，其最大吸收峰的位置不会改变，核酸的最大吸收波长为 260nm，吸收低谷在 230nm 处。核酸所具有的这种物理特性为核酸溶液的浓度测定提供了理论基础。在波长为 260nm 的紫外线下，1OD 的光密度值相当于双链 DNA 的浓度为 50g/ml；单链 DNA 或 RNA 的浓度为 40μg/ml。所以：

$$\text{DNA 浓度}（\mu g/\mu l）= 50\mu g/ml \times A_{260} \times \text{稀释倍数}/1000$$

$$\text{RNA 浓度}（\mu g/\mu l）= 40\mu g/ml \times A_{260} \times \text{稀释倍数}/1000$$

蛋白质由于含有芳香族氨基酸，因此对紫外光也有吸收，通常蛋白质在 280nm 波长处存在特异吸收峰，因此核酸的 A_{260}/A_{280} 比值可反应样品中核酸的纯度。根据经验数据，纯的 DNA 样品 A_{260}/A_{280} 应在 1.6～1.8 之间，若 A_{260}/A_{280} 大于 1.9，表明存在 RNA 污染，可以考虑用 RNase 处理样品；A_{260}/A_{280} 小于 1.6 时表明样品中存在蛋白质或酚污染。当然也会出现既含有蛋白质又含 RNA 的 DNA 样品比值为 1.8 的情况，所以应结合凝胶电泳等方法鉴定有无 RNA 或用测定蛋白质的方法检测是否存在蛋白质。纯的 RNA 样品 A_{260}/A_{280} 比值应在 1.7～2.0 之间。若 RNA 样品 A_{260}/A_{280} 比值太小，表明存在蛋白质或酚污染。注意，当用 TE 作为缓冲液检测吸光度时，A_{260}/A_{280} 比值可能会大于 2（一般应小于 2.2）。当 A_{260}/A_{280} 比值大于 2.2 时，说明 RNA 已经水解成单核苷酸。另外，紫外分光光度法只能用于测定浓度大于 0.25μg/ml 的核酸样品。

【实验准备】

1. 实验对象 DNA 和 RNA 样品。

2. 实验试剂 纯水，0.1% DEPC H_2O。

3. 实验器材及仪器 紫外分光光度计，比色杯和微量移液器等。

【实验内容与方法】

1. DNA 的测定

（1）取待测 DNA 样品 10μl，加纯水 990μl，混匀。

（2）以纯水做对照，分别在波长 260nm 和 280nm 处读出 A_{260} 和 A_{280}。

（3）计算 DNA 的含量：DNA 浓度（μg/μl）= 50μg/ml×A_{260}×稀释倍数/1000。

（4）根据 DNA 的 A_{260}/A_{280} 值判断其纯度。

2. RNA 的测定

（1）取待测 RNA 样品 10μl，加 0.1%DEPC H_2O 990μl，混匀。

（2）以 0.1%DEPC H_2O 做对照，分别在波长 260nm 和 280nm 处读出 A_{260} 和 A_{280}。

（3）计算 RNA 的含量：RNA 浓度（μg/μl）= 40μg/ml×A_{260}×稀释倍数/1000。

（4）根据 RNA 的 A_{260}/A_{280} 值判断其纯度。

【注意事项与常见问题】

1. 待测 DNA 和 RNA 样品最好为纯的制品（无显著的蛋白质、酚或其他核酸、核苷酸等杂质），若样品中含杂质较多，则无法用紫外分光光度法测得其准确浓度。

2. 进行测定前应使用与溶解样品相同的溶剂对紫外分光光度计进行调零。

3. 测定 RNA 浓度时，要确保比色杯无 RNase 污染。实验之前可用 0.1mol/L NaOH·1mmol/EDTA 溶液清洗比色杯，然后使用无 RNase 的水进行淋洗。

4. 采用紫外分光光度法测定核酸的含量和纯度时，应根据样品的大致浓度确定适当的稀释倍数，以保证 OD 值在浓度公式的线性范围内。

【作业与思考题】

1. 紫外分光光度法进行 DNA 与 RNA 分子定量的基本原理是什么？

2. 采用紫外分光光度法进行 DNA 和 RNA 分子定量时，应注意什么？

实验 12-4　聚合酶链反应技术（PCR）体外扩增 DNA 片段

【实验目的】

1. 掌握聚合酶链反应 DNA 扩增技术的基本原理和实验方法。

2. 了解引物设计的基本要求。

【实验原理】

聚合酶链反应（polymerase chain reaction，PCR）是选择性体外酶促合成特异性 DNA 片段的一种方法。利用 PCR 技术可在数小时之内大量扩增目的基因或 DNA 片段，从而免除基因重组和分子克隆等一系列烦琐的操作。由于这种方法操作简单、实用性强、灵敏度高并可自动化，因而在分子生物学、基因工程研究以及对遗传病、传染病和恶性肿瘤等基因诊断和研究中得到广泛应用。

PCR 反应的基本条件包括：①DNA 模板（在 RT-PCR 中模板是 RNA）；②寡核苷酸引物；③4 种 dNTP 作为底物；④Taq DNA 聚合酶。

PCR 过程中的每一个循环由三个步骤组成：①变性（denaturating）：通过加热使模板双链 DNA 间的氢键断裂，DNA 双链解离成单链；②退火（annealling）：降低温度，使人工合成的寡核苷酸引物在低温条件下与模板 DNA 链上相应的序列结合；③延伸（extension）：在适宜温度下，在 DNA 聚合酶、四种 dNTP 及 Mg^{2+}存在的条件下，Taq DNA 聚合酶利用 dNTP 使引物端向前延伸，合成与模板碱基序列完全互补的 DNA 链。每一个循环产物可作为下一个循环的模板，因此通过 35 个循环后，目标 DNA 片段扩增可达 2^{35} 倍。

PCR 反应的影响因素：

1. 模板 单链、双链 DNA 或 RNA 皆可作为 PCR 反应的模板，若模板是 RNA，则需先通过反转录反应得到一条 cDNA 链。为提高 PCR 反应的特异性，所加 DNA 或 RNA 的模板量应作相应的调整。进行 PCR 反应的模板可以是粗提制品，但不能混有蛋白酶、核酸酶、Taq DNA 聚合酶抑制剂以及任何能结合 DNA 或 RNA 的蛋白质。

2. 引物 引物是决定 PCR 反应结果的关键。

引物的设计应遵循以下原则：①引物的长度一般为 18～25 个碱基；②G+C 含量一般为 40%～60%；③碱基要随机分布；④无二聚体。

3. 反应温度和时间 PCR 反应涉及变性、退火、延伸三个不同的温度和时间。通常变性温度和时间为 95℃，45s 至 1min，过高温度或持续时间过长会降低 Taq DNA 聚合酶的活性且可能破坏 dNTP 分子。退火温度一般可选择比引物的变性温度（*Tm*）低 2～3℃，而引物的变性温度按 *Tm*（℃）= 4（G+C）+2（A+T）计算。在 *Tm* 值允许的范围内，较高的退火温度有利于提高 PCR 反应的特异性，退火时间一般为 0.5～1min。延伸温度为 72℃，时间与待扩增片段长度有关，一般 1kb 以内的片段延伸时间为 1min，如果扩增片段较长可适当增加延伸时间。

4. Taq DNA 聚合酶 目前市场上存在两种 Taq DNA 聚合酶，一种为从嗜热水生菌中提取的天然酶，另一种为大肠杆菌表达的重组 Taq DNA 聚合酶（Ampli Taq™）。两种酶均具有 5′→3′外切酶活性，但缺乏 3′→5′外切酶活性，在 PCR 反应中，它们可以相互替代。催化典型的 PCR 反应所需酶量一般为 1～2.5 个单位，酶量偏少，PCR 反应产物会相应减少，酶量过高则会增加非特异性反应。

5. dNTP 浓度 dNTP 在饱和浓度（200μmol/L）下使用。由于 dNTP 溶液有较强的酸性，配制时可用 1mol/L NaOH 溶液将其贮存液（50mmol/L）的 pH 调至 7.0～7.5，进行分装，–20℃保存，反复冻融会使其降解。

6. PCR 缓冲溶液 在反应体系中二价阳离子的存在至关重要，Mg^{2+}优于 Mn^{2+}，而 Ca^{2+}无效。它对引物与模板的结合、产物的特异性、错配率、引物二聚体的生成及酶的活性等方面有较大的影响。Mg^{2+}浓度一般在 0.5～2.5mmol/L 之间。每当首次使用靶序列和引物的一种新组合时，要调整 Mg^{2+} 浓度至最佳。

【实验准备】

1. 实验对象 模板 DNA。

2. 实验试剂 PCR 扩增试剂盒，DNA marker（DL2000），扩增基因的上、下游引物。

3. 实验器材及仪器 PCR 扩增仪，小型台式离心机，Eppendorf 管（EP 管），微量移液器，Tip 头及凝胶成像系统等。

【实验内容与方法】

1. 在 0.5ml EP 管中加入下列物质，并混匀（表 12-1）。

表 12-1

成分	50μl 反应总体系中（μl）
10×PCR buffer（无 Mg^{2+}）	5.00
25mmol/L $MgCl_2$	3.00
10mmol/L dNTP	4.00
上游引物	0.50
下游引物	0.50
Taq（5U/μl）	0.25
模板（基因组 DNA<0.1 μg）	5.00
ddH_2O	31.75

2. 将上述 PCR 反应混合物混匀放入 PCR 扩增仪中。

3. 设置特定的 PCR 反应条件进行扩增。

4. PCR 产物鉴定　取 10μl PCR 产物加 2μl 6×上样缓冲液，用 1%的琼脂糖凝胶进行电泳（图 12-3）。

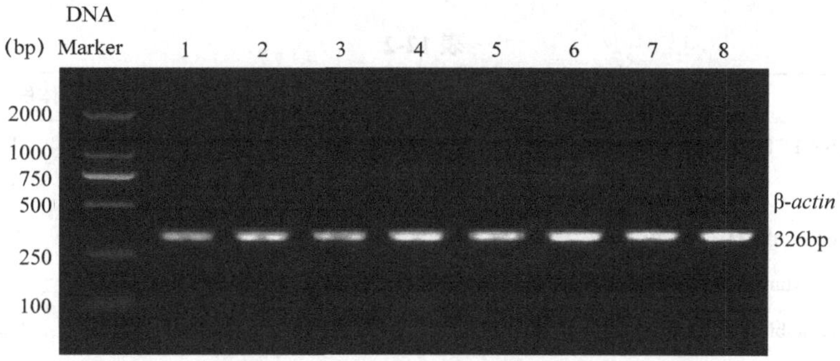

图 12-3　β-*actin* 基因 PCR 产物琼脂糖凝胶电泳结果

【作业与思考题】

1. PCR 的基本原理是什么？

2. 影响 PCR 的因素有哪些？

实验 12-5　反转录聚合酶链反应（RT-PCR）

【实验目的】

1. 熟悉 RT-PCR 反应的原理。

2. 掌握 RT-PCR 的实验方法。

【实验原理】

PCR 是体外扩增 DNA 的方法，但不能直接以 RNA 为模板进行扩增。而反转录聚合酶链反应（reverse transcription polymerase chain reaction，RT-PCR）可利用反转录酶（reverse transcriptase）由 mRNA 生成 cDNA（第一链）。以此 cDNA 为模板即可进行 RNA 的 PCR 扩增。如果在 PCR 反

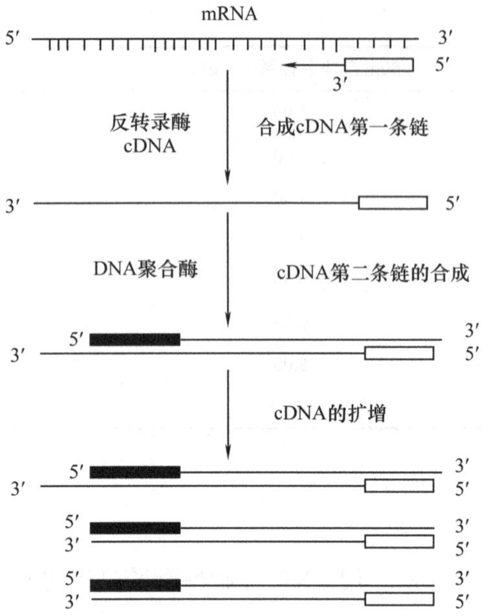

图 12-4 RT-PCR 的基本原理

应中，除加入待扩增的特异基因的引物外，再加入常用的β-*actin* 或 GAPDH 引物作为内参基因扩增，则可对特异基因的转录水平进行半定量分析（图 12-4）。

【实验准备】

1. 实验对象 RNA 样本。

2. 实验试剂 特异基因的上、下游引物，RT-PCR 试剂盒。

3. 实验器材及仪器 PCR 扩增仪，恒温水浴箱，Eppendorf 管，手套，口罩，冰盒，微量加样器及 Tip 头等。

【实验内容与方法】

以 TaKaRa 的 RT-PCR 试剂盒为例说明 RT-PCR 的操作过程。

1. 反转录反应

（1）在 EP 管中加入以下反应液，并混匀（表 12-2）。

表 12-2

成分	体积（μl）
10×RNA PCR Buffer	1.0
$MgCl_2$	2.0
RNase Free dH_2O	3.75
dNTP Mixture（10mmol/L each）	1.0
RNase Inhibitor	0.25
AMV Reverse Transcriptase	0.5
Random 9 mers 或 Oligo dT-Adaptor Primer 或特异性下游引物	0.5
RNA 样品（≤0.5g total RNA）	1.0
总反应体系	10

（2）按表 12-3 条件进行反转录反应。

表 12-3

30℃	10min	
42～55℃	15～30min	1 cycle
99℃	5min	1 cycle
5℃	5min	1 cycle

2. PCR 反应

（1）取上液 10μl 加入 EP 管中，再加入下列试剂（表 12-4）：

表 12-4　试剂配制

成分	体积（μl）
5×RNA PCR Buffer（含 $MgCl_2$）	10.00
灭菌蒸馏水	28.75
TaKaRa Taq™	0. 25
上游引物	0. 50
下游引物	0. 50
总反应体系	50.00

（2）混匀后，放入 PCR 扩增仪中，设置特定的 PCR 反应条件进行扩增，然后用电泳鉴定 PCR 产物（5～10μl），如图 12-5。

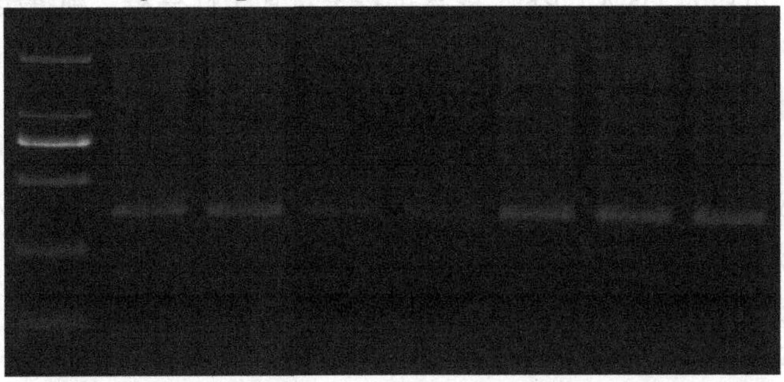

图 12-5　RT-PCR 技术分析 *lum* 基因在人巩膜及角膜组织中的表达情况

【注意事项与常见问题】

1. 反转录酶（reverse transcriptase）能与 cDNA 结合，直接进行 PCR 反应有阻碍作用。因此，PCR 反应前，必须进行 99℃、5min 加热使反转录酶失活。RT 反应液中反转录酶的浓度增加会使失活变得困难，在使用长链 RNA 进行反转录反应时，不要增加反转录酶的量，可将延伸反应时间延长。

2. 使用 Random 9mers 时，先进行 30℃保温 10min，使 Random 9mers 达到足够长度，以便在 42～55℃退火时与模板 RNA 充分结合。

3. AMV 源性的反转录酶，即使在 55℃下也能进行反转录反应。但在反转录长链 RNA（＞2kb）时，建议在 42℃左右进行。

4. PCR 条件设定时注意：可根据实际情况适当地提高或降低退火温度（50～65℃）；延伸时间因目的片段长度的不同而不同；cDNA 量较少时，循环次数可增加为 40～50 次。

5. 如果 PCR 产物需用于以后的实验，须将 PCR 产物冷冻保存。

【作业与思考题】

1. RT-PCR 技术的基本原理是什么？

2. 进行 RT-PCR 时，应注意哪些环节？

实验 12-6 实时定量 PCR（Real time-PCR）

【实验目的】

1. 学习实时定量 PCR 技术的基本原理。
2. 掌握实时定量 PCR 的实验方法。

【实验原理】

实时定量 PCR（real-time polymerase chain reaction）又称荧光定量 PCR，是通过荧光染料或荧光标记的特异性探针，对 PCR 产物进行标记跟踪，实时监控 PCR 反应过程，荧光信号强度可随 PCR 反应产物量的累积成比例增加即每经过一个循环，收集一个荧光强度信号，因此，可以通过荧光强度的变化监测产物量的变化，结合相应的计算机软件技术对产物进行分析，得到一条实时扩增曲线，可计算待测样品初始模板的拷贝数，做到真正意义上的 DNA 定量。实时定量 PCR 是美国 PE 公司（Perkin Elmer）于 1995 年研制出的一种新的核酸定量技术，比普通终点定量方法更加准确。运用该项技术，可以对 DNA、RNA 样品进行定量和定性分析。根据荧光化学原理的不同，荧光定量 PCR 技术遵循的检测方法可分为 DNA 结合染色、TaqMan 技术、Amplisensor、分子灯塔、复合探针法、杂交探针、自身淬灭技术等。目前，荧光定量 PCR 技术已被用于病原体测定、免疫分析、肿瘤基因测定、基因表达、突变和多态性检测等多项研究中。实时荧光定量 PCR 需要定量 PCR 仪，目前常见的仪器有 PE 公司的 PE 系列、罗氏公司的 Lightcycle 系列及 Robbett 公司的 RG 系列。下面重点介绍嵌合荧光染料检测法和 TaqMan 探针法的实验原理。

1. 荧光染料检测法（SYBR Green Ⅰ） SYBR Green Ⅰ是一种荧光定量 PCR 技术最常用的 DNA 结合荧光染料，能与双链 DNA 非特异性结合，SYBR Green Ⅰ仅在与双链 DNA 结合时发出荧光，而不掺入 DNA 双链中的 SYBR 染料分子不会发出任何荧光信号（图 12-6），荧光信号与双链 DNA 分子数成正比，随着扩增产物的增加而增加，荧光信号的强度代表了反应体系中双链 DNA 分子的数量。因此，可以通过检测反应体系中 SYBR Green Ⅰ的荧光强度，达到检测 PCR 产物扩增量的目的。

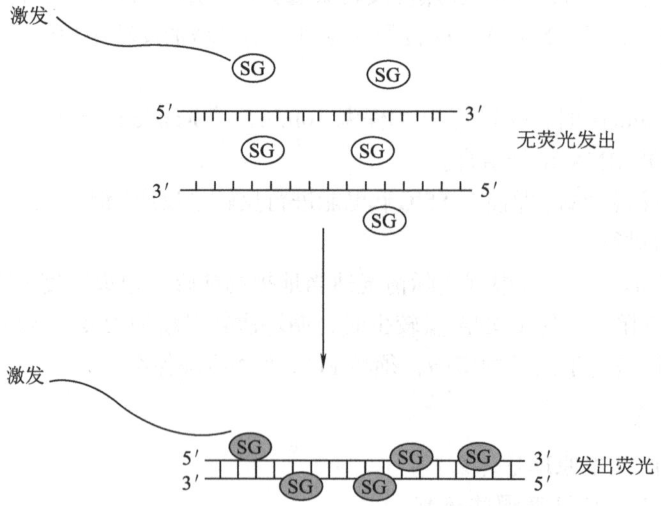

图 12-6 荧光染料检测法原理

2. TaqMan 探针法　此方法是使用 5′端带有荧光物质（如：FAM 等）且 3′端带有淬灭物质（如：TAMRA 等）的 TaqMan 探针进行荧光检测。当探针完整时，5′端的荧光物质受到 3′端淬灭物质的制约，无法发出荧光。PCR 扩增时在加入一对引物的同时加入一个特异性的荧光探针即 TaqMan 探针，在 PCR 反应的退火过程中，荧光探针便会和模板杂交。在 PCR 反应的延伸过程中，Taq 酶的 5′端→3′端外切酶活性可以分解与模板杂交的荧光探针，使荧光物质和淬灭荧光物质分离，游离的荧光物质便发出荧光。随着扩增循环数的增加，释放出来的荧光物质不断积累，因此荧光强度与扩增产物的数量呈正比关系。通过检测反应体系中的荧光强度，即可以达到检测 PCR 产物扩增量的目的（图 12-7）。

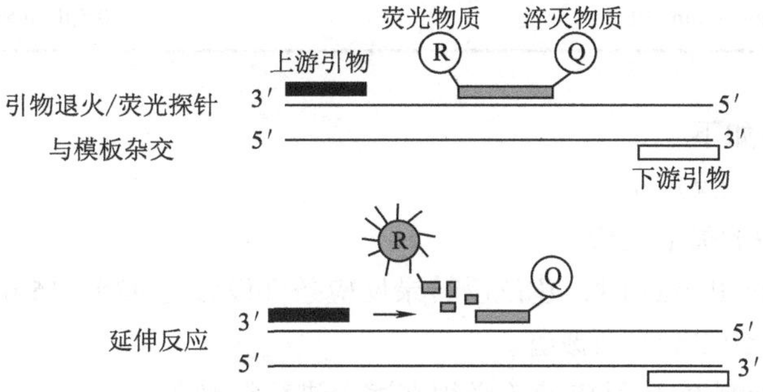

图 12-7　TaqMan 探针法检测原理

【实验准备】

1. 实验对象　RNA 样本。

2. 实验试剂　特异基因上、下游引物，PrimeScript®RT-PCR（Perfect Real Time）试剂盒。

3. 实验器材及仪器　Real Time PCR 扩增仪（Smart Cycler System），Eppendorf 管，手套，口罩，冰盒，微量加样器及 Tip 头等。

【实验内容与方法】

下面介绍 TaqMan 探针法进行定量 RT-PCR 的具体过程。

以 TaKaRa 的 PrimeScript®RT-PCR（Perfect Real Time）试剂盒为例说明实时 RT-PCR 的操作过程。

1. 按表 12-5 组分配制 RT 反应液（必须在冰上进行配制）。

表 12-5　试剂配制

成分	体积（μl）
5×PrimeScript®Buffer（for Real Time）	2
PrimeScript®RT Enzyme Mix I	0.5
Random 6 mers（100μmol/L）*	2
Oligo dT Primer（50μmol/L）*	0.5
Total RNA（≤1.0g total RNA）	1
RNase Free dH_2O	4#
Total	10#

反应体系可按需求相应放大，10μl 反应体系可最大使用 1μg 的 Total RNA。

*Random 6 mers 和 Oligo dT Primer 同时使用，可有效地将全长 mRNA 反转录成 cDNA。使用单引物进行反转录时，使用量分别如表 12-6：

表 12-6 试剂配制

成分	体积
Random 6 mers（100μmol/L）	2.0μl（200pmol）
Oligo dT Primer（50μmol/L）	0.5μl（25pmol）
Specific Primer（2μmol/L）	0.5μl（1pmol）

2. 反转录反应条件如下

37℃ 15min*（反转录反应）

85℃ 5s（反转录酶的失活反应）

*应用 Gene Specific Primer 时，建议反转录反应条件设置为 42℃ 15min。PCR 反应有非特异性扩增时，将温度升到 50℃会有所改善。

3. 按表 12-7 组分配制 PCR 反应液（必须在冰上进行配制）。

表 12-7 试剂配制

成分（Smart Cycler System）	体积（μl）
Premix Ex Taq™（2×）	12.5
PCR Forward Primer（10μmol/L）	0.5
PCR Reverse Primer（10μmol/L）	0.5
TaqMan Probe（3μmol/L）	1
ddH_2O（灭菌蒸馏水）	8.5
Total	23

4. 将上述 PCR 反应液加入 Real Time PCR 反应管中，然后再加入 2μl*的 RT 反应液，保证最终反应体积为 25μl。

*RT 反应液的加入量不要超过 real time PCR 反应体积的 1/10（*V/V*）量。

5. 进行 Real Time PCR 表 12-8 反应时，PCR 反应条件如表 12-8：

表 12-8

95℃ 30s	1 cycle
95℃ 5s	40 cycles
60℃ 20s	

6. Real Time PCR 反应结果分析 如果实验检测到目标基因相当量的 cDNA，同时标准曲线的线性关系良好且在实验浓度范围内即能够进行准确定量（图 12-8）。

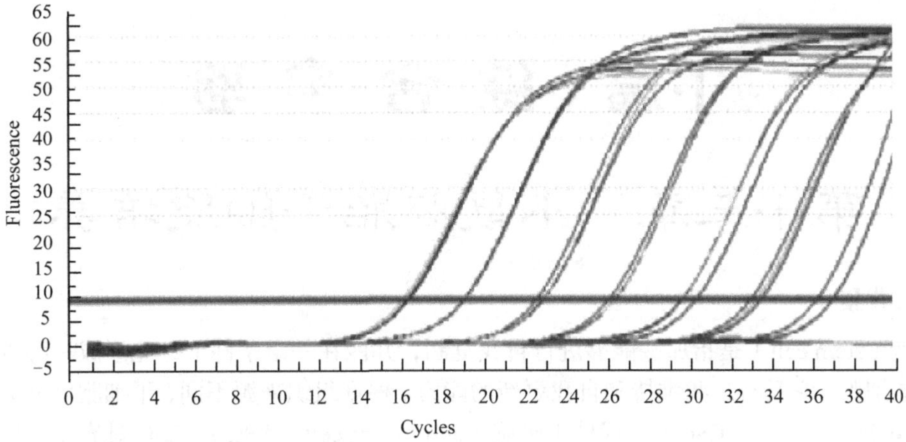

A

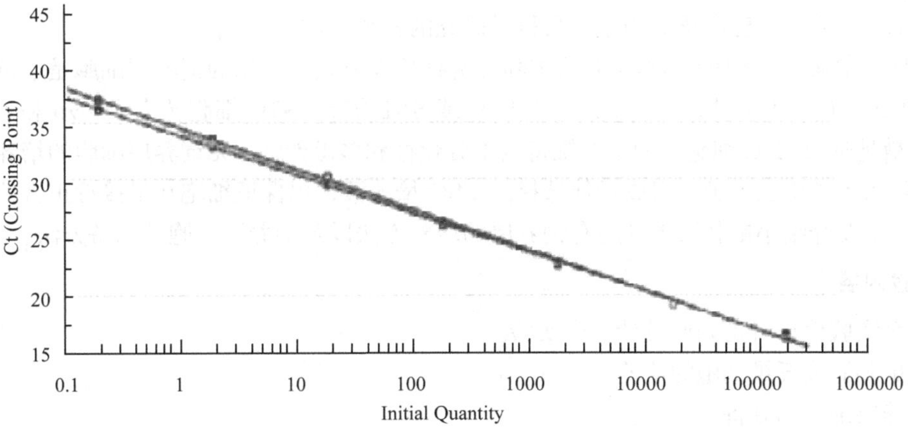

B

图 12-8　实时定量 PCR 结果分析

A. 扩增曲线图；B. 标准曲线图

【作业与思考题】

1. 实时定量 PCR 的基本原理是什么？

2. 与普通的 RT-PCR 相比，实时定量 PCR 具备哪些优点？

（李　宏　王　婷　刘　铭）

下篇 综合实验

第十三章 小鼠胚胎干细胞培养

【相关背景】

干细胞（stem cell）是指那些能够进行自我复制，并能在一定条件下分化形成一种以上类型细胞的多潜能细胞，它具有自我维持和自我更新的能力。根据组织来源不同，干细胞可分为胚胎干细胞（embryonic stem cell，ESC）和成体干细胞（adult stem cell，ASC）。ESC 具有发育成完整动物体的能力，可以为细胞的遗传操作和细胞分化研究提供丰富的实验材料。目前，小鼠 ES 细胞的分离方法已基本成熟，且已广泛应用于生命科学研究的各个领域。

体外培养 ESC 可分为有饲养层和无饲养层两种培养方式。常用的饲养层细胞是小鼠胚胎成纤维细胞（MEF）和 SIM 小鼠的成纤维细胞系 STO 或 SNL 细胞（STO 细胞转染了 *nero* 和 *LIF* 基因）。MEF 能有效地促进 ESC 细胞的增殖并维持其未分化性和多潜能性。无饲养层细胞的培养则需要在培养液中加入各类生长因子，组成最佳选择的 ESC 培养液，以保证细胞在最接近正常的条件下生长。本章将主要介绍小鼠胚胎干细胞有饲养层的培养方法以及饲养层细胞的制备方法。

【实验内容】

1. 体会实验设计者是如何设计一个实验。
2. 小鼠胚胎成纤维细胞的培养。
3. 饲养层细胞的制备。
4. 小鼠胚胎干细胞的分离及培养。

【目的要求】

1. 熟悉实验设计的总体思路。
2. 掌握成纤维细胞原代培养和传代培养的方法。
3. 熟悉滋养层细胞制备方法。
4. 熟悉小鼠胚胎干细胞的培养方法。

实验 13-1 小鼠胚胎成纤维细胞的培养

【实验目的】

1. 熟悉小鼠胚胎成纤维细胞的原代培养和传代培养过程。
2. 熟悉细胞培养过程中的无菌操作技术。

【实验原理】

小鼠胚胎成纤维细胞（mouse embryonic fibroblast，MEF）是目前最常用的饲养层细胞。体外培养胚胎干细胞时，不仅要维持干细胞的增殖特性，同时还要维持其未分化的状态。而作为饲养层的 MEF 既可分泌细胞生长因子，又能分泌分化抑制因子，因此，在胚胎干细胞的培养过程中，MEF

能有效促进胚胎干细胞的增殖并抑制其自主分化。MEF 取材方便，易于铺层，分泌能力强，因此是胚胎干细胞首选的饲养层细胞。

【实验准备】

1. 实验对象 受孕12.5～13.5天的小鼠。

2. 实验试剂 含10%胎牛血清的高糖DMEM培养液，双抗（青霉素、链霉素）100U/ml，75%乙醇溶液，PBS，0.25%胰蛋白酶-0.02%EDTA混合消化液。

3. 实验器材及仪器 手术器械（解剖剪、解剖镊、眼科剪、眼科镊），平皿，培养瓶，吸管，离心管（灭菌后备用），酒精灯，烧杯，纱布，超净工作台，二氧化碳培养箱，倒置显微镜等。

【实验内容与方法】

1. 小鼠胚胎成纤维细胞的原代培养

（1）获取12.5～13.5天的小鼠胚胎，颈椎脱臼法处死，75%乙醇溶液消毒。

（2）无菌分离受孕小鼠胚胎。剪开小鼠腹壁，暴露子宫，将子宫置于平皿内。

（3）沿子宫系膜侧剪开子宫，破胎膜，分离胚胎。

（4）去除胚胎的头、四肢和内脏。用PBS或无血清的DMEM冲洗3次。

（5）用眼科剪将处理好的胚胎剪碎，成1mm^{3}以下的碎块。

（6）将组织碎块转移至10ml离心管中，加入2ml 0.25%胰蛋白酶-0.02%EDTA混合消化液，37℃水浴中消化30min，每隔5min摇动一下试管，使组织与消化液充分接触。

（7）加入4ml含血清的高糖DMEM培养液终止消化，用吸管充分吹打。

（8）静置1min，将上清转移至另一离心管中。

（9）1000r/min离心5min，弃上清，加入6ml含血清的DMEM培养液，充分吹打混匀，静置2min。

（10）取上清液加入培养皿中，在培养皿上做好标记：培养物的名称、组号和日期。37℃ 5%CO_2培养箱中培养。

（11）第2天更换新鲜培养液。

2. 小鼠胚胎成纤维细胞的传代培养

（1）待原代培养3～7天后，MEF通常达80%以上的汇合，此时可进行传代培养。

（2）吸弃旧培养液，用无菌PBS（或D-Hanks液）冲洗2次。

（3）每个培养皿中加入1ml 0.25%胰蛋白酶-0.02%EDTA混合消化液（具体用量以液体覆盖细胞面为宜），37℃消化5min。

（4）加入4ml培养液终止消化，吹打混匀，转移至离心管中。

（5）1000r/min离心10min，去上清。

（6）加入6ml新鲜培养液，充分吹打混匀成单细胞悬液，平均分到2～3个培养皿中。

（7）补足培养液，持皿前后、左右十字形水平晃动后，置于37℃ 5%CO_2培养箱中培养。

3. 结果判定 原代培养中常混有少量杂细胞，以非成纤维细胞为主，因此，前三代培养物中，细胞形态多样。随着传代次数的增加，一般到第三代时，细胞形态逐渐一致。大部分MEF细胞为梭形，少数为圆形或不规则性。细胞质内颗粒很少，细胞较为透明。但细胞连接成片时，由于细胞之间连接紧密，因此，界限不清。

【注意事项与常见问题】

1. 进行 MEF 原代培养时，通常选择 12.5～13.5 天的胎鼠，胎龄过大，成纤维细胞分离效率低，胎龄过小，不利于分辨躯干部分。另外，12.5～13.5 天的胎鼠，其来自于中胚层的成纤维细胞更易培养。

2. 原代培养细胞中混有的少量组织块，传代时要尽量制成单细胞悬液，组织块将逐渐消失。

3. 通常 MEF 在第 3～5 代时用作饲养层细胞最好，对已进入对数生长期的细胞要及时做成饲养层细胞或冻存。

4. 原代培养时最好使用进口的一次性培养皿，如果使用普通培养皿或瓶，在原代培养前，可加 0.2%的明胶溶液，使其覆盖皿底或瓶底，预处理 30min 后再使用。

【作业与思考题】

1. 制备 MEF 时，为何要选用 12.5～13.5 天的胎鼠。

2. 记录实验过程和观察到的细胞生长情况。

实验 13-2　饲养层细胞的制备

【实验目的】

1. 熟悉饲养层细胞制备的基本方法。

2. 掌握细胞培养过程中的无菌操作技术。

【实验原理】

小鼠胚胎成纤维细胞（MEF）作为饲养层是最早，也是最常用的培养 ESC 方法之一。MEF 最主要的作用是分泌 LIF 等能抑制 ESC 自主分化的因子和促进 ESC 增殖的因子，能有效地促进 ESC 细胞的增殖并维持其未分化性和多潜能性。

饲养层（feeder layer）是一层经过丝裂霉素 C（mytomycin C）或 γ 射线照射的丧失有丝分裂能力的细胞。处理后的饲养层细胞虽不再分裂，但仍能保持生存能力，并能合成分泌成纤维细胞生长因子（fibroblast growth factor，FGF）和白血病抑制因子（leukemia inhibitory factor，LIF），FGF 具促有丝分裂因子的作用，而 LIF 则是细胞分化的抑制因子，能有效抑制 ESC 的自发性分化。因此，饲养层细胞可为 ES 细胞的生长提供所必需的因子，去除体外培养环境中的毒素和代谢抑制因子，并最大限度地保证了 ESC 细胞的特性。

【实验准备】

1. 实验对象　3～5 代的小鼠胚胎成纤维细胞。

2. 实验试剂　含 10%胎牛血清的高糖 DMEM 培养液，双抗（青霉素、链霉素）100U/ml，75%乙醇溶液，PBS，0.25%胰蛋白酶-0.02%EDTA 混合消化液，丝裂霉素（0.5mg/ml）。

3. 实验器材及仪器　培养皿或培养瓶，吸管，离心管（灭菌后备用），酒精灯，超净工作台，二氧化碳培养箱，倒置显微镜，水浴箱，离心机等。

【实验内容与方法】

1. 吸弃 MEF 培养液，用无菌 PBS（或 D-Hanks 液）冲洗 3 次。

2. 培养皿或瓶中加入 3ml 含丝裂霉素的培养液。

3. 置于二氧化碳培养箱中 4h。

4. 吸弃含丝裂霉素的培养液。

5. 用无菌 PBS（或 D-Hanks 液）冲洗 5 次。

6. 加入新鲜的培养液，置于 37℃、5%CO_2 培养箱中培养。

7. 制备好的 MEF 饲养层细胞 1 周内均有效，可支持小鼠胚胎干细胞的生长，维持其未分化状态。

【注意事项与常见问题】

1. 丝裂霉素的浓度和处理时间会直接影响 MEF 饲养层细胞的状态。处理时间过短，MEF 细胞会继续增殖，这样不仅消耗培养液的养分，而且分泌的 LIF 少，不利于小鼠胚胎干细胞的生长。处理时间过长，对 MEF 损伤过大，易造成 MEF 死亡，干扰小鼠胚胎干细胞的生长。

2. 丝裂霉素 C 在使用前可用适量 PBS 溶解，除菌后分装保存在 4℃。如果分装的丝裂霉素 C 溶液析出结晶或颜色发生变化（由浅蓝色变为紫红色），说明丝裂霉素已失效，不能再继续使用。

【作业与思考题】

1. 饲养层细胞在胚胎干细胞培养过程中的作用。

2. 丝裂霉素 C 对 MEF 的作用。

3. 记录实验过程和细胞生长状况。

实验 13-3　小鼠胚胎干细胞的分离及培养

【实验目的】

1. 熟悉小鼠胚胎干细胞培养的基本过程。

2. 了解小鼠胚胎干细胞在 MEF 饲养层上的生长特点。

【实验原理】

胚胎干细胞（embryonic stem cell，ESC）是从胚胎期桑葚胚的卵裂球或胚泡的内细胞团分离出来的一类细胞，它具有能在体外培养、无限增殖、自我更新和多向分化的特性。

目前，小鼠 ES 细胞的分离方法基本成熟，且已广泛应用于生命科学研究的各个领域。体外培养 ES 的关键是在促进 ES 细胞增殖的同时，维持其未分化状态。ES 细胞一旦分化，将失去其全能性，是干细胞培养的大忌。目前，体外培养 ES 细胞的方法主要有饲养层培养法和无饲养层培养法。

【实验准备】

1. **实验对象**　受孕 12.5～13.5 天的小鼠。

2. **实验试剂**　ES 培养液，冲胚液，无钙镁 PBS（pH7.5），D-hanks 液，0.25%胰蛋白酶-0.02%EDTA 混合消化液，75%乙醇溶液。

3. **实验器材及仪器**　手术器械（解剖剪，解剖镊，眼科剪，眼科镊），平皿，6 孔板，吸管，离心管（灭菌后备用），酒精灯，烧杯，纱布，超净工作台，二氧化碳培养箱，倒置显微镜等。

【实验内容与方法】

1. 将用丝裂霉素 C 处理后的饲养层细胞置于用明胶包被过 6 孔板内，做成饲养层。

2. 取受孕 3.5 天的小鼠，颈椎脱臼法处死，75%乙醇溶液消毒。

3. 无菌分离受孕小鼠胚胎。剪开小鼠腹壁，暴露子宫角，用冲胚液从子宫一侧冲出胚胎。

4. 将小鼠胚囊放入铺有饲养层细胞 MEF 的 6 孔板上，每孔 1 枚。每孔加入 2ml ES 培养液，置于 37℃、5%CO_2 培养箱中培养。

5. 每天观察生长状况，通常 24～48h 后，胚胎可从透明带中孵化出来，镜下可见内细胞团细胞。

6. 4～5 天后，内细胞团细胞生长呈明显柱状，用无菌玻璃针使其与饲养层细胞分离。

7. D-Hanks 液冲洗细胞团 2 次，0.25%胰蛋白酶-0.02%EDTA 混合消化液消化细胞团 5min，使内细胞团细胞离散。

8. 加 ES 培养液终止消化，将细胞转移至离心管中，1000r/min 离心 5min。

9. 弃上清，轻混，使细胞重新悬浮在 ES 培养液中。

10. 以一定比例[1：（3～5）]稀释细胞，重新接种到新制备的有饲养层细胞的培养板上，补足培养液，置于 37℃、5%CO_2 培养箱中培养。

11. 通常 1 天后细胞贴壁，2 天后可见鸟巢状 ES 细胞集落出现，此时半量换液。

12. 继续培养 3～4 天后，可见集落体积增大，折光性增强。挑取形态典型，周围没有分化迹象，生长旺盛的 ES 集落，消化离散，重新接种。

13. 消化时加入的消化液以刚好覆盖细胞为宜，随时在镜下观察 ES 细胞是否从 MEF 上脱落，通常 2～3min 后，可轻敲培养板底部，当饲养层细胞出现裂缝时，即可终止消化。

14. 结果判定 体外培养时，ES 细胞排列紧密，呈集落状生长。细胞克隆和周围存在明显界限，形成的克隆细胞彼此界限不清，细胞表面平滑，有折光较强的脂状小滴。细胞隆起生长，多数呈岛状或巢状。若 ES 细胞出现分化，则集落会变得扁平，集落边缘不清，细胞表面粗糙，有较大内胚层样细胞结构。

【注意事项与常见问题】

1. 胎牛血清是培养液中不可缺少的部分，但血清中成分复杂，有时会干扰 ES 细胞的生长，因此，如果有条件的话，可采用特殊的无血清的 ES 培养基（GIBCO 公司），在无血清培养基中，细胞黏附力较差，可通过明胶包被培养瓶或皿来缓解上述情况。

2. ES 细胞的培养一定要严格按照最初的培养条件，减少 ES 细胞分化变异的机会。

3. 要控制 ES 细胞的接种密度，以 2 天左右传一代为宜，以防 ES 细胞分化。

4. 培养过程中要密切注意培养液 pH 的变化，及时换液（最好每次更换 1/2～2/3）。

【作业与思考题】

1. 小鼠 ES 细胞培养时要注意哪些问题。

2. 在 ES 细胞的培养过程中如何防止细胞分化的出现。

附：试剂配制

1. ES 培养液 高糖 DMEM 培养液，含 4.5g/L 葡萄糖，2mmol/L 谷氨酰胺，0.1mmol/L β-巯基乙醇，1mmol/L 丙酮酸钠，0.1mmol/L 非必需氨基酸，10%胎牛血清和双抗（青霉素、链霉素）100U/ml。

2. 冲胚液 含 10%胎牛血清的高糖 DMEM 培养液和 25mmol/L 的 HEPES（pH7.4）。

（王 茜）

第十四章　IL-6 剥夺诱导小鼠 B 细胞杂交瘤细胞系 7TD1 细胞凋亡、观察及检测

【相关背景】

肿瘤细胞系来源广泛，种类繁多，生长特性差异较大。细胞培养是一种模拟体内生理环境，使细胞在体外存活并生长、繁殖的技术，可为各种细胞研究提供具有良好均一性的细胞来源。维持细胞体外繁殖的主要手段是进行细胞的传代培养，即将培养中的细胞分散，从容器中取出，以 1∶2 或 1∶3 以上的比率转移到另外的容器中进行培养。

体外培养的细胞主要有两种状态。一种是能贴附在培养支持物上的细胞，如 HeLa 细胞、NH3T3 等，叫贴壁型细胞，体外培养的细胞绝大多数都属于这种细胞。另一种细胞并不贴附在容器的壁上，而是悬浮在培养液中生长，如 HL-60，叫作悬浮型细胞，这类细胞主要是血液原性或癌原性的细胞。贴壁型细胞与悬浮型细胞传代方式不同，贴壁型需用胰酶消化，悬浮型则可直接分瓶传代。细胞接种 2～3 天分裂增殖旺盛，是活力最好时期，称指数增生期（对数生长期），适宜进行各种试验。

小鼠 B 细胞杂交瘤 7TD1 是一株对 IL-6 依赖的细胞系，由 Van Snick 1986 年建立。该细胞是依赖 IL-6 的、悬浮生长的细胞。健康细胞在光镜下呈圆形，水滴样。去除培养基中的 IL-6，4h 后即可出现凋亡细胞。

细胞凋亡是细胞最基本的一种生物学行为，是不同于坏死的一种细胞死亡形式。坏死可认为是细胞的被动死亡，而凋亡则是发生于细胞内的、由基因控制的自主性死亡过程。伴随凋亡的发生，细胞将出现一系列的形态学和生化改变。主要包括细胞皱缩变小、染色质凝集、膜发泡、凋亡小体形成、细胞膜磷脂酰丝氨酸外翻、DNA 片段化产生相差约 200bp 的电泳图谱、凋亡相关基因活化等。目前已发展了各种针对凋亡细胞特征的检测方法，可对凋亡细胞进行分析，以研究凋亡的发生机制及各种诱导因素的作用等。

【实验内容】

1. 体会实验设计者如何设计一个实验。
2. 细胞复苏与传代培养。
3. 诱导凋亡、细胞收集、细胞片制备。
4. 细胞凋亡的形态特征观察及检测（1）：苏木素-伊红显示凋亡细胞。
5. 细胞凋亡的形态特征观察及检测（2）：Giemsa 染色法显示凋亡细胞。
6. 细胞基因组 DNA 及凋亡生化特征检测：DNA ladder（梯状电泳带）。

【目的要求】

1. 熟悉实验设计的总体思路。
2. 掌握细胞传代培养、细胞收集和细胞片制备方法。
3. 掌握倒置显微镜下观察细胞凋亡的形态特征的方法。
4. 掌握苏木素-伊红染色法和 Giemsa 染色法。
5. 熟悉细胞基因组 DNA 的提取和电泳操作过程。

6. 熟悉如何安排综合性实验的时间及如何保证综合性实验的成功。

实验 14-1　小鼠 B 细胞杂交瘤细胞系 7TD1 细胞复苏与传代培养

【实验目的】

1. 掌握动物细胞传代的原理及培养方法。

2. 了解动物细胞培养的基本操作过程。

3. 观察体外培养细胞的形态及生长状况。

【实验原理】

在实际操作中，冻存细胞要进行复苏，再培养传代。复苏细胞一般采用快速融化法，以保证细胞外结晶快速融化，避免慢速融化水分渗入细胞内，再次形成胞内结晶而损伤细胞。

培养中的细胞增殖达到一定数量后，为了避免生存空间不足或密度过大，造成细胞营养发生障碍，从而影响细胞的生长，需要对细胞加以及时的分离、稀释。将培养的细胞从原培养瓶中加以分离、稀释、再接种于新的培养瓶中，这一过程即为传代。

【实验准备】

1. 实验对象　小鼠 B 细胞杂交瘤细胞系 7TD1。

2. 实验试剂　胎牛血清（FBS），三蒸水或 Millipore 超纯水，含有 10%小牛血清的 Iscove's 培养液，IL-6。

3. 实验器材及仪器　电子天平，冰箱，pH 计（或 pH 试纸），抽滤泵 1 套，过滤器 1 套，高压灭菌锅，磁力搅拌器，烧杯，量筒，容量瓶，洗瓶，滴管，1ml 移液器及枪头，200μl 移液器及枪头，0.22μm 的无菌过滤器，100ml 无菌血清瓶，25ml 无菌血清瓶等。

【实验内容与方法】

1. 7TD1 细胞复苏步骤

（1）佩戴眼镜和手套，从液氮罐中取出 7TD1 细胞冻存管（culture medium + 50% FBS + 10% DMSO）。

（2）迅速放入 37℃水浴中，并不时摇动，在 1min 内使其完全融化，然后在无菌下取出细胞，置于 5ml 新鲜培养液中。

（3）1000r/min 离心 5～10min。

（4）弃去上清液，加入 5ml 培养液（含有 10%小牛血清的 Iscove's 培养液，IL-6 终浓度为 1μg/ml），吹散混匀后接种于培养瓶中，置 37℃温箱静置培养。

（5）次日收集细胞于离心管中，在 1000r/min 速度下离心 5～10min，弃上清。

（6）加入 10ml 10%小牛血清和 IL-6（终浓度为 1μg/ml）的 Iscove's 培养液，继续培养。

2. 传代步骤

（1）将指数生长期的 7TD1 细胞培养瓶从 37℃二氧化碳培养箱中取出，注意观察细胞培养液的颜色和清澈度，培养基不要过黄。然后，将细胞培养瓶平稳地放在倒置显微镜载物台上，此时应注意不要将瓶翻转，也不要让瓶内的液体接触瓶塞或流出瓶口。

（2）打开倒置镜光源，通过双筒目镜将视野调到合适的亮度。

（3）调节载物台的高度进行对焦，在看到细胞层之后，再用细调节器将物像调清楚，注意观察细胞的轮廓、形状和内部结构。

（4）将培养瓶置于超净工作台，用移液管轻吹打瓶底细胞，尽量不要出现气泡。

（5）收集细胞于 10ml 离心管，1000r/min 离心 8min，去除原培养基。

（6）加入完全培养基（含 10%小牛血清，终浓度为 1μg/ml 的 IL-6 的 Iscove's 培养液）5ml，轻轻吹散。

（7）培养细胞的计数：进行活细胞的鉴定和细胞的计数、调整细胞的密度，是进行实验必不可少的一种基本技能。在物镜（10×）下计数四个大格内的细胞数，压线者数上不数下，数左不数右，按下式进行细胞浓度的计数：

$$4\text{ 大格中细胞总数}/4 \times 10^4 \times \text{ 稀释倍数} = \text{细胞数/ml 悬液}$$

（8）取处于对数生长期的 7TD1 细胞按 10^5 个/ml 的密度或以 35%～40%的密度重悬细胞于 2～3 个培养瓶中。

（9）一般 2～3 天传代一次。

【注意事项与常见问题】

1. 每天观察细胞形态，判断细胞是否健康的标准：健康细胞的形态饱满，折光性好，生长致密时即可传代。

2. 注意无菌操作并防止细胞之间的交叉污染，每次最好只进行一种细胞的操作。

3. 注意消化时间的掌握。

4. 注意手拿移液管的位置。

5. 操作要尽量靠近酒精灯火焰。

6. 取液、加液时移液管勿碰用过的培养瓶口。

7. 培养瓶瓶盖勿拧紧。

8. 传代的密度约 10^5/ml，密度过低细胞生长状态会不好。

【作业与思考题】

细胞传代时，应注意哪些问题才能保证传代的成功。

附：试剂配制

1. Iscove's 培养液配方　取一袋干粉培养基（配 1000ml 量），加入 940ml H_2O，依次加入 30ml 7.5% $NaHCO_3$、8ml Additives、10ml HEPES（1mol/L）、2ml 双抗（青霉素和链霉素），充分混匀，抽滤除菌，等量分装成两瓶，于超净台中将 5ml 10mmol/L β-巯基乙醇（终浓度 50μmol/L）和 5ml 0.3mol/L 谷氨酰胺（终浓度 1.5mmol/L）加入瓶中，混匀。

2. Additives　精氨酸 1.16g，天门冬酰胺 0.317g，胸苷 0.039g，次黄嘌呤 0.136g，加 80ml NaCl（0.9%）。

3. 10mmol/L β-巯基乙醇　100μl β-巯基乙醇+140ml NaCl（0.9%）。

4. 0.3mol/L 谷氨酰胺　2.19g 谷氨酰胺加 50ml H_2O，混匀。

5. 1mol/L HEPES　1000ml 培养液中加入 238g HEPES。

实验 14-2 7TD1 细胞的凋亡诱导（IL-6 剥夺）及细胞收集

【实验目的】

1. 掌握诱导细胞凋亡和观察细胞凋亡小体的方法。

2. 熟悉细胞收集方法。

【实验原理】

IL-6 是一种多功能细胞因子，具有肿瘤生长刺激因子的作用，参与肿瘤转移及促进其恶化。小鼠 B-杂交瘤细胞系 7TD1 的生长依赖于 IL-6 的存在。细胞在缺乏 IL-6 时，生长停滞并出现细胞凋亡的典型特征。IL-6 可能通过抑制 7TD1 内部持续存在的细胞死亡程序来促进细胞存活和生长；而这种抑制作用需要新的蛋白质合成。IL-6 对凋亡调节作用的研究具有潜在的临床意义。

【实验准备】

1. 实验对象 7TD1 细胞（小鼠腹水瘤细胞）。

2. 实验试剂 含有 10%小牛血清的 Iscove's 培养液，IL-6，Hanks 液，1×PBS。

3. 实验器材及仪器 培养瓶，移液管，离心管（灭菌后备用），酒精灯，超净工作台，二氧化碳培养箱，倒置显微镜，EP 管，台式离心机。

【实验内容与方法】

1. 从二氧化碳培养箱中取出同步传代培养的 7TD1 细胞两瓶。

2. 在超净工作台中将培养瓶内的培养液分别转移至两个离心管中。

3. 1000r/min 离心 10min。

4. 分别吸弃上清液，加入适量 Hank's 液，吹打混匀。

5. 1000r/min 离心 10min。

6. 重复步骤 4 和 5 两次。

7. 其中一支离心管加入新鲜不含 IL-6 的含血清 Iscove's 培养液，另一支加入含 IL-6 的含血清 Iscove's 培养液的正常培养液，分别移至两个培养瓶中，标记①、②，其中①号瓶培养液中剥夺 IL-6，②号瓶作对照。共同置 37℃，5%CO_2 培养箱中继续培养。

8. 4h 后即可出现凋亡细胞，随着时间的延长，凋亡细胞数增加，凋亡细胞体积变小，全面皱缩；凋亡小体为数个圆形小体围绕在细胞周围，当培养瓶中的 50%以上的 7TD1 细胞出现凋亡时收集细胞（约 24h）。在超净工作台中将①、②培养瓶内的培养液转移至离心管中。

9. 1200r/min 离心 10min，吸弃上清液。

10. 加入适量 PBS 液，吹打混匀。

11. 重复步骤 9 和 10 一次，备用。

【注意事项与常见问题】

1. 对于不同的细胞，需要摸索细胞凋亡诱导试剂的不同浓度和诱导时间。

2. 剥夺 IL-6 后，如果 7TD1 细胞凋亡不显著，可重新收集细胞，重复 D-Hanks 液洗涤步骤，以彻底清除培养液和细胞内残留的 IL-6。

3. 为了安全和健康，请穿实验服并戴一次性手套操作。

4. 注意收集的细胞量不宜过多，以 5×10^6 左右为宜，否则会影响酶解效果，形成很黏稠的 DNA

溶液，不利于 DNA 的提取。

【作业与思考题】

1. 什么是细胞凋亡?

2. 细胞凋亡与细胞坏死有什么区别?

附：Hank's 液

1. 浓缩母液配制（10×）

A 液：先取 400ml 三蒸水，依次溶解 NaCl 80g，$MgCl_2 \cdot 6H_2O$ 1g，KCl 4g，$MgSO_4 \cdot 7H_2O$ 1g，$CaCl_2$ 1.4g（$CaCl_2 \cdot H_2O$ 1.85g），待完全溶解，补足三蒸水至 500ml。

B 液：取 450ml 三蒸水，依次溶解下列试剂：Na_2HPO_4 0.6g（$Na_2HPO_4 \cdot 12H_2O$ 1.52g），K_2HPO_4 0.6g，葡萄糖 10g，0.4%酚红 50ml。

2. 工作液配制法　取上述 A、B 液等量，用三蒸水稀释 10 倍，即成工作液，高压灭菌，4℃保存。例如配制 1000ml Hanks 液，则取三蒸水 900ml 加入 A 液 50ml、B 液 50ml 混匀，114℃ 高压灭菌 15min。使用时，用 7.4%$NaHCO_3$ 溶液调至所需 pH。

实验 14-3　IL-6 剥夺诱导 7TD1 细胞凋亡的形态特征观察

【实验目的】

1. 掌握凋亡细胞的形态特征。

2. 熟悉苏木素-伊红显示凋亡细胞的方法。

3. 熟悉 Giemsa 染色法显示凋亡细胞的方法。

【实验原理】

凋亡检测中形态学观察是最直观、可靠的方法之一。对组织和各种细胞进行染色后，在光学显微镜、荧光显微镜或电子显微镜下观察，通过观察细胞的形态或染色的类型来判断凋亡的发生与否。细胞死亡分为两种类型：程序性细胞死亡（或称凋亡）和坏死。凋亡细胞的膜保持完整性，但染色质高度凝集，有些凝集块附着于核膜上，使细胞核的外形发生改变，并产生出大小不同被膜包围的凋亡小体；正常细胞的膜保持完整，且染色质较均匀分布；坏死细胞的膜损伤，染色质凝集程度远低于凋亡细胞。本实验采用苏木素和伊红 Y 染色以及 Giemsa 染色观测凋亡细胞及细胞核的形态学改变，原理见基础实验。

【实验准备】

1. 实验对象　小鼠 B 细胞杂交瘤细胞系 7TD1。

2. 实验试剂　PBS，苏木素-伊红染色染液，4%多聚甲醛，乙醇，10% Giemsa 染液，1∶3 醋酸/甲醇固定液或 4%甲醛或甲醇，二甲苯，光学树脂胶。

3. 实验器材及仪器　显微镜，CO_2 培养箱，超净工作台，倒置显微镜和离心机，微量加样器（1μl～1ml），0.5ml 和 1.5ml 的 Eppendof 管（微量离心管），吸头（20μl、200μl 和 1ml），10ml 培养瓶，载玻片，盖玻片等。

【实验内容与方法】

1. 苏木素-伊红染色法（H.E.染色法）

（1）IL-6 剥夺诱导小鼠 B 细胞杂交瘤细胞系 7TD1 细胞凋亡后，1000r/min 离心收集细胞，用

PBS 洗 2 次，收集调整细胞数为 1×10^5/ml，细胞滴片，晾干。

（2）用 4%多聚甲醛固定 10min。

（3）苏木素染色 5min。

（4）用流水冲洗。

（5）盐酸乙醇分化 30s。

（6）自来水浸泡 15min。

（7）伊红染色 2min。

（8）脱水，透明及封片按以下步骤：95%乙醇（Ⅰ）1min，95%乙醇（Ⅱ）1min，100%乙醇（Ⅰ）1min，100%乙醇（Ⅱ）1min，二甲苯乙醇（3∶1）1min，二甲苯（Ⅰ）1min，二甲苯（Ⅱ）1min，中性树胶封片。

（9）结果判断：用苏木素-伊红（H.E.）染色：光学显微镜下，与正常细胞相比，凋亡细胞有明显的形态学变化，细胞核深染，染色质边集、呈环状、团块或新月体状，以及细胞质浓缩和“出泡”现象等变化（图 14-1）。

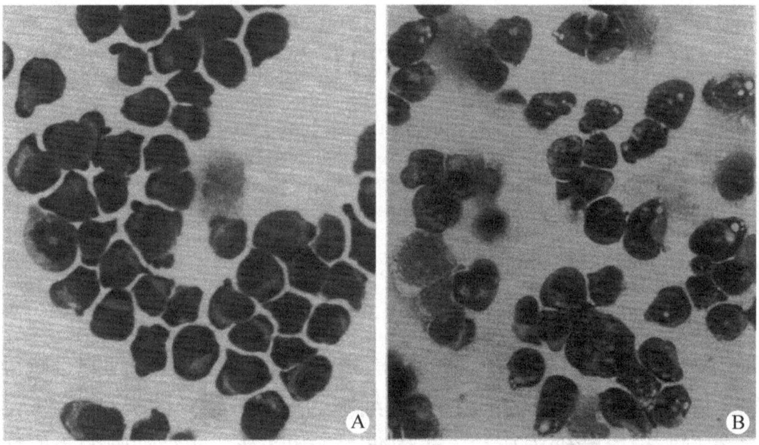

图 14-1　小鼠 B 细胞杂交瘤细胞株染色显示细胞形态

A. 正常对照组；B. IL6 剥夺组

2. Giemsa 染色

（1）IL-6 剥夺诱导小鼠 B 细胞杂交瘤细胞系 7TD1 细胞凋亡后，1000r/min 离心收集细胞，用 PBS 洗 2 次，收集调整细胞数为 1×10^5/ml，细胞滴片，晾干。

（2）细胞标本用甲醇固定 10min，或用 1∶3 醋酸/甲醇固定 30min 或 4%的甲醛固定 10min，自然干燥。

（3）将染色液滴满玻片，亦可用染色缸染色，染色 10～15min。

（4）流水冲洗玻片上的染料，自然干燥，用二甲苯透明后，滴加光学树脂胶封片。

（5）光学显微镜下观察凋亡细胞，计算凋亡指数（凋亡细胞数/计数细胞总数）。

染色结果：Giemsa 染色法普通光镜下观察正常细胞核的色泽均一，凋亡细胞染色变深，凋亡细胞的染色质浓缩、边缘化，核膜裂解、染色质分割成块状和凋亡小体等典型的凋亡形态。

【注意事项与常见问题】

1. 严格执行 H.E.染色流程，用显微镜控制细胞核的苏木素染色质量。H.E.染片应着色鲜艳，红、蓝分明，对比清晰。

2. 载玻片自二甲苯中取出后，应立即用洁净、光亮的盖玻片和稠度适宜的中性树胶湿封载玻片。封盖处内无气泡，外无溢胶。封片时必须进行操作人员和局部环境的二甲苯污染防护。不应将制片烤干或风干后再行封片。

3. 必须在载玻片的一端牢贴标签。标签上应清楚显示相关的检测信息。

4. Giemsa 染色前的玻片干燥特别重要。否则将影响染液的 pH，进而影响染色效果。

5. Giemsa 染液应现用现配，保存时间最好不超过 48h。

6. 缓冲液的 pH 要准确，否则将影响染色的效果。

7. 如果用染色缸染色，则应先用小片滤纸刮除液面的氧化薄层，再进行染色。

【作业与思考题】

1. 掌握凋亡细胞的形态特征。

2. 学会根据染色质的凝集程度、是否形成凋亡小体和细胞膜通透性变化，鉴别凋亡细胞、坏死细胞及正常细胞。

3. 根据你的观察，填表 14-1，细胞形态一栏要求画出你所观察到的典型细胞图像。

表 14-1　典型细胞图像

	正常细胞	凋亡细胞
细胞形态		
所占百分比		

附：试剂配制

1. 苏木素染色染液

（1）Harri 苏木素染液。

苏木素	1g
无水乙醇	10ml
硫酸铝钾	20g
蒸馏水	200ml
氧化汞	0.5g
冰醋酸	8ml

先用无水乙醇溶解苏木素，用蒸馏水加热溶解硫酸铝钾；然后将上述两液合并煮沸，加入氧化汞，继续加热和搅拌溶液至深紫色，随即用冰水冷却，恢复至室温后过滤备用。使用前加入冰醋酸并混匀、过滤。

（2）Gill 改良苏木素液

苏木素	2g
无水乙醇	250ml
硫酸铝钾	17g
蒸馏水	750ml
碘酸钠	0.2g
冰醋酸	20ml

先用无水乙醇溶解苏木素，用蒸馏水溶解硫酸铝钾；然后将上述两液混合，再依次加入碘酸钠和冰醋酸。

使用前过滤。

（3）Mayer 改良苏木素液

A 液：	苏木素	2g
	无水乙醇	40ml
B 液：	硫酸铝钾	100g
	蒸馏水	600ml

将苏木素溶于无水乙醇中（A 液）；稍加热，使硫酸铝钾溶于蒸馏水中（B 液）。将 A 液与 B 液混合后煮沸 2min，再用蒸馏水补足至 600ml，加入 400mg 碘化钠充分混匀。染液呈紫红色。

2. 伊红染液

（1）0.25%～0.5%伊红 Y 水溶液

伊红 Y	0.25 ~ 0.5g
蒸馏水	100ml
冰醋酸	1 滴

（2）0.5%伊红 Y-氯化钙水溶液

伊红 Y	0.5g
蒸馏水	100ml
无水氯化钙	0.5g

（3）0.25%～0.5%伊红 Y-乙醇溶液。

伊红 Y	0.25～0.5g
80%乙醇	100ml

3. 4%多聚甲醛 在通风橱中称取 4g 多聚甲醛加入 PBS 至 100ml，拧紧瓶口，在 65℃水浴箱加热 2h，储存于 4℃冰箱中至少可保存两周。

4. 10% Giemsa 染液 见实验 9-4。

实验 14-4 IL-6 剥夺诱导 7TD1 细胞凋亡的 DNA 提取及凋亡梯状带检测

【实验目的】

1. 了解凋亡细胞的生化特征。
2. 学会通过 DNA ladder 检测细胞凋亡的方法。

【实验原理】

随着对凋亡机制研究的深入，更多凋亡细胞的生化特征被发现。但凋亡细胞的生化特征中发现最早、最明显的为 DNA ladder（即梯状电泳带）。由于大多数凋亡的细胞中（也发现少量凋亡细胞中，这个生化特征不明显），内源性的核酸内切酶呈活化状态，核内的 DNA 在核小体的连接部位被随机切断，形成寡聚核小体。因此若对这样的核 DNA 提取后，进行琼脂糖凝胶电泳，可显示相差 180～200bp 的 DNA ladder；而正常细胞的 DNA 则不被降解，电泳条带呈现为一大分子片段；坏死细胞的 DNA 的降解则完全随机，因此其核 DNA 存在各种长度的片段，电泳呈现为连续分布的弥散的条带。

提取细胞中的 DNA，可用传统的蛋白酶 K 消化和酚、氯仿、异戊醇抽提的方法，也可以用其他方法。常规酚/氯仿抽提法提取基因组 DNA 的原理在于用蛋白裂解液和蛋白酶将组织充分消化后，再应用酚/氯仿将蛋白质变性，而核酸则溶于水相，再在一定浓度的盐和无水乙醇的作用下将核酸从水相中析出。

利用上述方法提取正常、凋亡和坏死细胞核中的 DNA，进行 DNA 琼脂糖凝胶电泳，在紫外光下可观察和拍照 3 种细胞的 DNA 电泳条带。

加样缓冲液含有甘油以及溴酚蓝和二甲苯青指示剂，其中甘油可以增大 DNA 样品的密度，确保其均匀沉入加样孔内；而溴酚蓝和二甲苯青有两点，一是可以使样品呈现颜色，加样时便于操作，二是两者在电场中可以向阳极泳动，并与一定大小的 DNA 泳动速率接近，有利于电泳效果的观察及时间的掌握。

【实验准备】

1. 实验对象 小鼠 B 细胞杂交瘤细胞系 7TD1。

2. 实验试剂 1×PBS，1×TE（pH8.0），1×TBE，10%SDS，蛋白酶 K，饱和酚，氯仿，NaAc（3mol/L pH5.2），无水乙醇，75%乙醇，6×DNA 加样缓冲液，1%琼脂糖，溴化乙锭溶液（EB）。

3. 实验器材及仪器 EP 管，台式离心机，电泳仪，电泳槽，凝胶成像仪，微量离心管，吸头。

【实验内容与方法】

1. 提取细胞 DNA

（1）将收集到的细胞转移至 1.5ml EP 管中，1000r/min 离心 8～10min。

（2）吸弃上清液，用 1×PBS 洗一次，1000r/min 离心 10min。

（3）吸弃上清液，留下 100μl，加入 180μl 1×TE（pH8.0），混匀，然后加入 20μl 10%SDS 和 3μl 蛋白酶 K（10μg/μl），混匀，50℃ 2h 或 37℃过夜。

（4）加入等体积酚（300μl），轻轻混匀，10000r/min 离心 10min。

（5）将上层水相移入新的 EP 管中（可将 tip 头尖端剪去利于吸取上清）。

（6）重复步骤（4）和（5）。

（7）加入 150μl 酚和 150μl 氯仿，轻轻混匀，10000r/min 离心 10min。

（8）将上层水相移入新管中，加 1/10 V 的 NaAc（3mol/L pH5.2）和 2 倍体积 4℃预冷的无水乙醇。

（9）4℃静置 5min。

（10）10000r/min 离心 10min（或用特殊的小棒挑出 DNA）。

（11）吸弃上清液，加入 1ml 75%乙醇溶液，将沉淀弹起。

（12）7500r/min 离心 5min，吸弃上清液。

（13）风干，加入适量 1×TE（pH8.0），4℃保存。

2. 琼脂糖凝胶电泳

（1）配制凝胶和胶板制备

1）配制所需的电泳缓冲液（通常为 1×TBE）。

2）电泳凝胶床中插好梳子后平放于实验台上。

3）在锥形瓶中根据需要加入所需体积的 1×TBE 电泳缓冲液，加入琼脂糖，终浓度为 1.5%，瓶口盖上锡箔纸，水浴或微波炉加热至琼脂糖完全溶解。

4）溶液温度降至 60℃时，加入 EB 至终浓度为 0.5μg/ml，轻轻并充分混匀（注意戴手套操作，勿摇起气泡！）。

5）将琼脂糖溶液缓缓倒入电泳凝胶床中，以凝胶的厚度在 3～5 mm 之间为宜。检查凝胶上是否有气泡飘浮，若有气泡可用吸管小心吸弃。

6）凝胶在室温中静置 20～45min，待完全凝固后（应为透明胶冻状），移去梳子，即可见形成的加样孔，用电泳缓冲液反复冲洗加样孔，以防存有气泡（如果需要，也可同时制作多块凝胶，凝固后用保鲜膜包裹，以防水分挥发，置于 4℃保存待用，通常可保存数日）。

7）将装有凝胶的电泳凝胶床放入电泳槽中，加入 1×TBE 电泳缓冲液，液面应没过胶面 1～2mm。

（2）上样：10μl DNA 加入 2μl 6×加样缓冲液，每孔点样 10μl，记录点样顺序。

（3）电泳：采用 40～60mA 电流在室温下电泳，电泳过程中 DNA 向阳极移动（而 EB 向阴极移动）。若气温太高，需在电泳槽周围放置冰块，电泳至溴酚蓝（凝胶中呈蓝紫色）和二甲苯青（凝胶中呈蓝色）迁移到距凝胶前沿 1～2cm 处停止电泳（30～45min）。

（4）观察和照相：关掉电源，取出凝胶，将凝胶置于成像仪中观察电泳结果，IL-6 剥夺组 7TD1 细胞 DNA 琼脂糖凝胶电泳呈典型的梯状降解带纹，而对照组则无此种带纹（图 14-2）。如有必要可进行拍照。

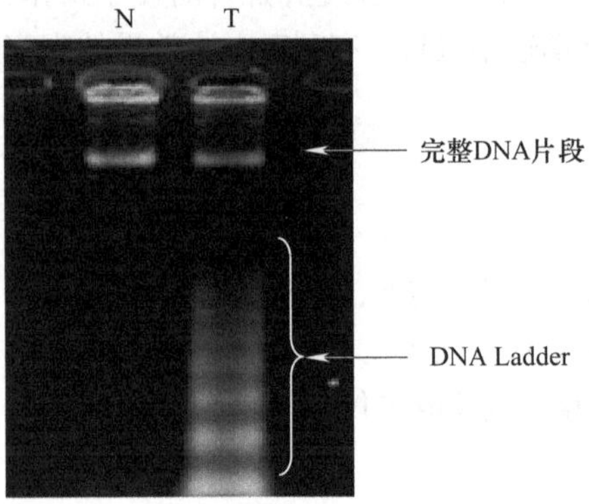

图 14-2　7TD1 细胞 DNA 琼脂糖凝胶电泳结果展示

N：正常培养组；T：IL6 剥夺组

【注意事项与常见问题】

1. 操作要温和，防止大分子 DNA 被打断，影响实验结果。

2. 根据实验的具体情况，对琼脂糖浓度、梳子类型、上样量、电泳条件如电泳所加电压和电泳时间等要进行预实验，使能明显区分出 3 种细胞的条带，特别是凋亡细胞的梯状电泳带。本实验给出了参考值，可根据实际条件进行调整。

3. 酚、氯仿和异丙醇均具有腐蚀性，对皮肤、呼吸道有刺激性，故操作时应戴好手套和口罩。

4. EB 可嵌入双链核酸中，是一种诱变剂，具致癌性，操作时要戴手套，如果粘到手上，要及时用大量清水冲洗，废弃物不要随便丢弃。

【作业与思考题】

1. 画出你观察到的凋亡及正常细胞的 DNA 琼脂糖凝胶电泳图谱。

2. 列出你实验中所用的电泳条件。

3. 试述凋亡细胞的生化特征。

附：试剂配制

1. 1×TE（pH8.0）　10mmol/L Tris-HCl，1mmol/L EDTA，pH 8.0，高压灭菌。

2. 5×TBE 缓冲液　将 54g Tris 碱，27.5g 硼酸和 0.5mol/L EDTA（pH 8.0）20ml 加到 800ml 双蒸水中，定容至 1L。

3. 0.5mol/L EDTA　186.1g EDTA 溶于 800ml 双蒸水中，用 NaOH 调 pH 至 8.0，定容至 1000ml，高压灭菌。

4. 20% SDS　在1L热水中缓慢加 200g SDS，边加边搅拌。

5. 蛋白酶K溶液的配制　用 20mmol/L Tris-HCl，pH8，2mmol/L $CaCl_2$ 的缓冲液配制浓度为 10μg/μl 的蛋白酶K溶液；或用超纯水配制成相同的浓度。

6. 3mol/L NaAc（pH5.2）　600ml H_2O 中加入 408.24g NaAc · $3H_2O$，溶解后，用冰醋酸调 pH 至 5.2，然后定溶 1L，灭菌。

7. 溴化乙锭（EB）**溶液**　在 100ml 双蒸水中加入 1g 溴化乙锭，磁力搅拌数小时以确保其完全溶解，然后置棕色瓶中保存备用。注：溴化乙锭是一种强诱变剂，必须小心操作。

（孙　媛）

第十五章　观察白藜芦醇对髓母细胞瘤细胞分化、运动、凋亡的影响及相关基因的检测

【相关背景】

髓母细胞瘤（MB）是好发于儿童和成人的原发性恶性脑肿瘤。肿瘤细胞在颅内呈侵袭性生长，手术难以根除，术后极易复发，故其死亡率高居癌症的前列。MB 对常规放、化疗不敏感，而大剂量的冲击疗法又使患儿难以忍受。目前尚无针对这两种肿瘤的可靠辅助性治疗手段，因此寻求更为有效且无明显毒副作用的抗肿瘤新药及其有效用药途径，充分发挥其抗肿瘤效应具有重要的临床价值和社会意义。

天然植物中的多酚类次生代谢产物白藜芦醇（resveratrol，Res）具有防治肿瘤的功效。白藜芦醇能通过血脑屏障且对机体无毒副作用，故在治疗颅内恶性肿瘤方面具有独特的药用价值。

课题组利用 MB 细胞系，在国内外率先开展了 Res 抗 MB 效应的研究，系统地分析了 Res 对脑肿瘤的作用特点及分子机制；同时应用大鼠肿瘤细胞原位移植模型，通过介入给药方式，对体外研究结果和 Res 的实际应用价值加以验证，经十多年持之以恒的专研，首次提出：白藜芦醇以剂量相关性的方式抑制 MB 细胞的生长，并可促进 MB 细胞发生神经元样分化，为肿瘤化疗方案开辟新途径；阐明白藜芦醇在引发细胞周期阻滞和诱导细胞凋亡等方面的作用，发现白藜芦醇抗癌作用的广谱性；首次阐明白藜芦醇的代谢活性和生物利用度与药物敏感性的关系，发现肿瘤细胞内单硫酸酯转移酶的含量可作为判定白藜芦醇敏感性的生物指标，为指导临床用药及个体化治疗提供理论和实验依据；通过对多种肿瘤相关信号通路的系统研究，明确了白藜芦醇的关键分子作用靶点，为肿瘤的靶向治疗提供了研究平台。在此基础上，我们对部分研究成果进行合理整合，建立了这个综合实验。

【实验内容】

1. 体会实验设计者是如何设计一个实验的。
2. 细胞传代培养、细胞收集和细胞爬片制备。
3. 白藜芦醇处理细胞后，细胞生长、运动与死亡情况的观察。
4. 分化相关基因——突触素（synaptophysin）免疫细胞化学染色和 RT-PCR 检测。

【目的要求】

1. 熟悉实验设计的总体思路。
2. 掌握细胞传代培养、细胞收集和细胞片制备方法。
3. 掌握倒置显微镜下观察白藜芦醇处理前后细胞分化及凋亡形态特征的方法。
4. 掌握台盼蓝计数，免疫细胞化学染色等细胞生物学常用技术。
5. 掌握划痕法测定细胞侵袭和转移能力的原理及操作步骤。
6. 掌握 RNA 提取以及 RT-PCR 的原理及操作步骤。

实验 15-1　细胞的培养与传代

细胞培养是指细胞在体外无菌条件下，从机体中取出组织或细胞，模拟机体生理状态下的基本

条件，在培养器皿中继续生存、生长和繁殖的技术方法。细胞培养技术广泛应用于许多研究领域，为科研工作者提供了极有价值的研究手段和工具，是生物技术中，最核心、最基础的技术。

【实验目的】

1. 掌握细胞培养的基本操作过程，了解培养细胞的形态及生长状况。

2. 熟练掌握贴壁细胞的传代方法。

【实验原理】

体外培养的细胞在其特定的营养环境（培养液）中，可以进入旺盛的生长分裂期。当细胞增殖达到一定数量后，为了避免生存空间不足或密度过大所造成的细胞营养障碍，需要对细胞加以及时的分离和稀释。将一瓶中的细胞消化悬浮后分至两到三瓶继续培养，这一过程即为传代。二倍体细胞一般只能传几十代，而转化细胞系或细胞株则可无限地传代下去。

【实验准备】

1. 实验对象　UW228-3 细胞（人髓母细胞瘤细胞系）。

2. 实验试剂　含有 10%胎牛血清的 DMEM 培养液，0.01mol/L PBS，0.25%胰蛋白酶-0.02% EDTA 混合消化液。

3. 实验器材及仪器　超净工作台，二氧化碳培养箱，离心机，倒置显微镜，培养皿，移液管（灭菌后备用），离心管（灭菌后备用）。

【实验内容与方法】

1. 将一定数量的UW228-3细胞加入培养皿并补足培养液，混匀细胞并尽快放入培养箱中，使细胞进入生长期。

2. 培养中的细胞应每天观察一次，每隔 2 天更换培养液。换液时，可以更换 2/3 或 1/2 新鲜培养液。

3. 在倒置显微镜下观察 UW228-3 细胞的生长情况，当覆盖培养皿的 80%以上时，可进行细胞传代。

4. 在超净工作台中吸弃皿内的培养液，加入适量胰酶，以液面盖住细胞为宜，于 37℃、二氧化碳培养箱中孵育 5min。

5. 将细胞从培养箱中小心取出，在倒置镜下观察被消化的细胞，如果细胞变圆，部分细胞从培养皿底部脱落下来，即可加入含血清培养液以终止消化过程。

6. 用培养液按一定顺序吹打瓶底壁，制备细胞悬液，吹打时不宜过猛，尽量不要出现气泡。

7. 倒置显微镜下观察，如细胞均已悬浮于培养液中，且分散成小的细胞团块或单个细胞，即可收集细胞于 10ml 离心管，1000r/min 离心 5min。

8. 吸弃上清液，加入适量新鲜培养液，吹打混匀，制成细胞悬液。将细胞悬液分装至两个培养皿中，盖好皿盖，送回二氧化碳培养箱中，继续培养。

【注意事项与常见问题】

1. 每天观察细胞形态，健康细胞的形态饱满，折光性好。同时注意细胞的生长密度，当达到 80%汇合时，即要传代。

2. 注意无菌操作并防止细胞之间的交叉污染，每次最好只进行一种细胞的操作。

3. 控制酶消化的时间，胰酶消化时间过长会影响传代后细胞的生长状态。消化后要尽量除尽胰酶，残留的胰酶会影响细胞的生长状态。

4. 吹散细胞时要注意吹打充分，使细胞分散成单个细胞。但要注意控制力度，尽量减少对细胞的损伤。

【作业与思考题】

1. 比较原代培养和传代培养的异同。

2. 总结一下你自己的经验，怎样才能既迅速，又保证无菌操作。

实验 15-2 白藜芦醇处理前后细胞数量和形态的观察以及免疫细胞化学染色

【实验目的】

1. 观察白藜芦醇对 UW228-3 细胞数量和形态的影响。

2. 观察白藜芦醇对分化相关蛋白-突触素（synaptophysin）在 UW228-3 细胞表达的影响。

3. 掌握台盼蓝计数，免疫细胞化学染色等细胞生物学常用技术。

【实验原理】

白藜芦醇是某些天然植物中的多酚类成分，具有抑制髓母细胞瘤细胞的增殖，并诱导其分化的作用。突触素是神经元的分化标记物之一，可以作为检测白藜芦醇诱导髓母细胞瘤细胞分化的指标。

【实验准备】

1. 实验对象 UW228-3 细胞（人髓母细胞瘤细胞）。

2. 实验试剂 含有 10%胎牛血清的 DMEM 培养液，白藜芦醇，二甲基亚砜，0.01mol/L PBS，0.25%胰蛋白酶-0.02%EDTA 混合消化液，丙酮，免疫细胞化学染色试剂盒。

3. 实验器材及仪器 培养皿，移液管（灭菌后备用），离心管（灭菌后备用），乳头吸管，酒精灯，超净工作台，二氧化碳培养箱，细胞计数板，倒置显微镜，普通光学显微镜。

【实验内容与方法】

1. 白藜芦醇处理前后细胞形态的观察

（1）将 UW228-3 细胞从 37℃二氧化碳培养箱中取出，注意细胞培养液的颜色和清澈度。将细胞培养皿放在倒置显微镜下，观察细胞的轮廓、形状和内部结构。

（2）在倒置显微镜下，UW228-3 细胞胞体呈梭形或不规则三角形，中央有圆核，胞质向外伸出 2～3 个长短不同的突起，细胞群常借原生质突连接成网。

（3）将汇合程度达 70%～80%的传代培养细胞从二氧化碳培养箱中取出，在超净工作台中吸掉瓶内的培养液，加入已稀释并混匀的含有 100μmol/L 白藜芦醇的新鲜培养液，培养 48h 后于倒置显微镜下观察细胞形态变化。

（4）100μmol/L 白藜芦醇处理 UW228-3 细胞 30h 后，可见细胞形态开始改变，48h 后，形态变化更加显著（图 15-1）。细胞变细长、呈细线样改变。细胞逐渐脱离皿底。

2. 白藜芦醇处理前后细胞数量的变化

（1）将培养皿中的培养液移入离心管中，向培养皿中加入 0.25%胰蛋白酶-0.02%EDTA 混合消化液，37℃二氧化碳培养箱静置 5min，见到细胞变圆，彼此不连接即可停止。

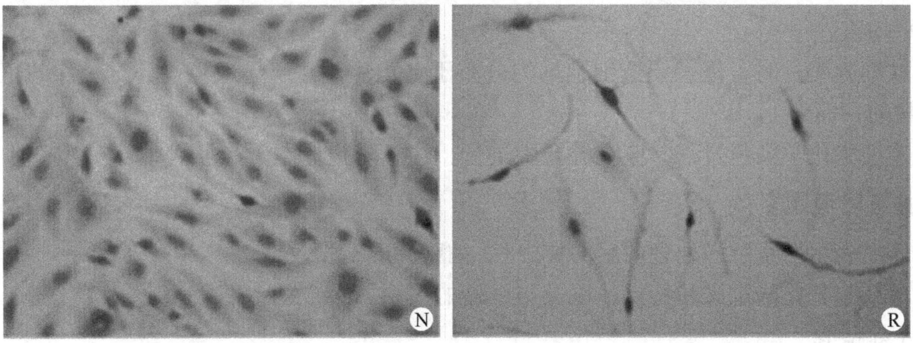

图 15-1　UW228-3 细胞 H.E.染色（×20）

N：正常培养；R：100μmol/L 白藜芦醇处理 48h

（2）将离心管中的培养液移回培养皿中以终止胰酶反应，并轻轻进行吹打，制成细胞悬液，离心，弃去上清，加入 1ml 培养液，重悬细胞。

（3）取细胞悬液 40μl，加入 0.2%台盼蓝染液 40μl，充分混匀，进行培养细胞的计数。在物镜（10×）下计数四个大格内的细胞数，染成蓝色的细胞的为死细胞，不计在内。压线者数上不数下，数左不数右。按下式进行细胞浓度的计数：

$$4\text{ 大格中细胞总数}/4 \times 10^4 \times \text{稀释倍数} = \text{细胞数/ml 悬液}$$

①4 大格中的每一大格体积为 0.1mm^3。1ml＝10000 大格，因此，1 大格细胞数×10^4＝ 细胞数/ml。②染色标本在 15min 内检查计数，因为台盼蓝染液可以迅速地使死细胞染上蓝色，延长时间活细胞也将着色，用此方法可分辨死活细胞。

3. 免疫细胞化学染色的方法，检测 UW228-3 细胞中，分化相关蛋白-突触素在白藜芦醇处理前后的表达情况

（1）细胞传代前，预先在培养皿底部铺好已灭菌的细胞片，分别收集正常培养和白藜芦醇处理 48h 后的细胞爬片，冷丙酮固定后放于−20℃冰箱中备用。

（2）取正常培养和白藜芦醇处理 48h 后的细胞爬片各一张，有细胞生长的一面向上放置于小皿中，PBS 冲洗细胞爬片，3min×3 次；3%H_2O_2 室温孵育 5～10min 以消除内源性过氧化物酶活性。

（3）PBS 冲洗，3min×3 次；滴加封闭用二抗来源非免疫动物血清工作液室温孵育 10～15min 后倾去，勿洗。

（4）直接加入适当浓度抗突触素抗体，4℃孵育过夜。

（5）次日取出检测样本，恢复室温后，PBS 冲洗，3min×3 次；滴加相应的生物素标记的二抗工作液，37℃孵育 30min。

（6）PBS 冲洗，3min×3 次。滴加辣根过氧化物酶标记链霉卵白素工作液，37℃孵育 10～15min。

（7）PBS 冲洗，3min×3 次，DAB 显色 20s 至 1min 后置于纯水中终止反应，自来水冲洗，苏木精复染，脱水，透明，中性树胶封片。

（8）以 PBS 代替一抗染色作为阴性对照，用阳性切片在同一条件下染色作为阳性对照，结果的判定标准是：无着色的为阴性（−），较背景着色略深的为弱阳性（+），明显加深的则为强阳性（≥++）。

【注意事项与常见问题】

1. 进行细胞计数时应力求准确，可同时滴加几块计数板（或反复滴加一块计数板几次），最后取结果的平均值。

2. 选取细胞爬片时，注意要选细胞均匀分布于上爬片，并于显微镜下分辨爬片的正反面，将有细胞生长的一面朝上。

3. 免疫细胞化学染色过程，应在湿盒中进行，注意防止标本干燥。

【作业与思考题】

1. 绘简图表示白藜芦醇处理前后 UW228-3 细胞的形态学改变。

2. 思考细胞分化的定义和特点，以及与肿瘤的关系。

附：试剂配制

100mmol/L 白藜芦醇储存液配制　白藜芦醇 0.0228g，溶于 1ml DMSO 溶液中。工作液浓度为 100 μmol/L，稀释 1000 倍。

实验 15-3　白藜芦醇对髓母细胞瘤细胞迁移能力的影响

【实验目的】

1. 掌握划痕法测定细胞侵袭和转移能力的原理及操作步骤。

2. 观察白藜芦醇对髓母细胞瘤 UW228-3 迁移和侵袭能力的影响。

【实验原理】

肿瘤细胞在体外也具有一定得迁移的能力，本实验的理论依据为体外细胞致伤愈合模型，利用细胞划痕法测定白藜芦醇对髓母细胞瘤细胞迁移能力的影响。

【实验准备】

1. 实验对象　髓母细胞瘤 UW228-3 细胞正常培养组及白藜芦醇处理组。

2. 实验材料　6 孔板，marker 笔，直尺，枪头。

3. 实验试剂　无血清培养基，PBS。

【实验内容与方法】

1. 在 6 孔板背后用 marker 笔画均匀的横线，要用直尺画直线，直线之间距离大约 0.5～1cm 并要横穿过孔，每孔至少穿过 5 条直线。

2. 在每个孔中加入约 5×10^5 个髓母细胞瘤 UW228-3。

3. 第 2 天用灭菌枪头（或者无菌牙签）比着直尺，垂至于背后的横线划痕，注意枪头要垂直，不能倾斜。

4. 用 PBS 冲洗细胞 3 次使划痕下的细胞尽量被冲洗掉。

5. 加入无血清培养基。

6. 将六孔板置于 37℃、5% CO_2 恒温细胞培养箱中培养 24h。

7. 倒置显微镜下观察拍照，使用 image J 软件进行统计学分析。

【注意事项与常见问题】

1. 实验时应密切注意细胞的生长状况，对不同的细胞要观察其贴壁率，确定实验时细胞的接种数量和培养时间，保证终止培养时细胞的密度适当。

2. 划痕前不要倒掉培养基，划痕后倒掉培养基，用 PBS 清洗细胞后再加入无血清的培养基。

【作业与思考题】

1. 简述划痕实验测定细胞迁移能力的原理。

2. 记录分析实验结果，得出实验结论，根据结果分析白藜芦醇对髓母细胞瘤 UW228-3 细胞的迁移能力是否有影响。

3. 查阅资料思考还有什么其他的检测细胞侵袭和转移能力的实验方法。

实验 15-4　总 RNA 提取和分化相关基因突触素（synaptophysin）的 RT-PCR 检测

【实验目的】

1. 观察白藜芦醇处理细胞后，分化相关基因的表达情况。

2. 掌握 RNA 提取的常规方法。

3. 掌握 RT-PCR 的原理及操作步骤。

【实验用品】

1. 实验对象　白藜芦醇处理前后的 UW228-3 细胞。

2. 实验试剂　Trizol，氯仿，异丙醇，DEPC 水，TaKaRa RNA LA PCR™Kit 试剂盒。

3. 实验器材及仪器　离心机，PCR 仪，水平电泳仪，凝胶电泳成像分析仪。

【实验内容与方法】

1. 总 RNA 提取

（1）将正常培养和 100μmol/L 白藜芦醇处理 48h 后的 UW228-3 细胞分别收集于 Eppendorf 管中，加入 1ml Trizol 溶液。摇匀至细胞完全裂解，也可用 1ml 移液器进行吹打。如有必要，可补加少许 Trizol 溶液。当细胞完全裂解后，液体应为澄清状态。

（2）将样品于 4℃静置 5～10min，加入 200μl 氯仿（0.2ml/ml Trizol，即 1/5 Trizol 体积），充分振荡混匀 30s，于室温下静置 10min。

（3）将样本于 4℃，12000*g* 离心 15min。

（4）仔细吸取上层水相，置于无 RNA 酶的新 Eppendorf 管中，加入 500μl 预冷异丙醇（1/2 Trizol 体积），充分混匀，冰浴 10min。

（5）4℃，12000*g* 离心 10min，弃去上清，用 75%乙醇（与 Trizol 等体积）洗涤沉淀两次，每次洗涤后于 4℃，8000*g* 离心 5min，尽量去除上清。

（6）将沉淀的 RNA 于室温下自然干燥，至乙醇完全挥发后，加 DEPC 水溶解总 RNA，–80℃保存备用。

（7）RNA 的纯度和浓度检测。取 1μl 总 RNA，按 1∶2000 稀释，用核酸蛋白检测仪测定其 OD_{260} 值和 OD_{280} 值。最后将总 RNA 的终浓度调节为 0.2μg/μl，–80℃冰箱保存。浓度按下列公式计算：

$$\text{RNA 浓度}(\mu g/\mu l) = OD_{260}\text{值} \times \text{稀释倍数} \times 40/1000$$

2. 反转录聚合酶链式反应（reverse transcription-polymerase chain reaction，RT-PCR）

（1）RT-PCR 反应使用 TaKaRa RNA LA PCR™Kit 试剂盒进行。

（2）反转录总反应体系为 10μl，包括 $MgCl_2$ 2μl，10×RNA buffer 1μl，dNTP 1μl，反转录酶

0.5μl，RNA 酶抑制剂 0.25μl，水 2.75μl，随机引物 0.5μl，样本 2μl。反转录条件为 55℃，30min；99℃，5min；5℃，5min。反应产物即为 cDNA，可以继续进行 PCR 反应或–80℃冰箱保存备用。

（3）PCR 总反应体系为 20μl，包括 Mg^{2+} 1.2μl，10×buffer 1.6μl，Taq DNA 合成酶 0.1μl，上下游引物各 0.4μl，水 12.3μl，cDNA 样品 4μl。反应条件：94℃，5min 预变性。94℃ 45s；59℃ 45s；72℃ 45s；循环数为 40 个。最后 72℃延伸 5min。β-actin 作为反应体系的内参。

3. 琼脂糖凝胶电泳及结果分析

（1）取 PCR 产物 10μl，加入相应体积的上样缓冲液，充分混合后，进行琼脂糖凝胶电泳。电流为 40mA，电泳时间大约 1h。

（2）电泳结束后，用 uvp-GDS-800 USA 凝胶成像系统进行半定量检测，结果可在 SPSS10.0 软件进行分析。

（3）白藜芦醇可以诱导 UW228-3 细胞表达突触素，因此，可观察到白藜芦醇处理组细胞突触素表达升高（图 15-2）

图 15-2　白藜芦醇处理后，UW228-3 细胞突触素基因转录升高

N：对照组；R：100μmol/L 白藜芦醇处理组

【注意事项与常见问题】

1. RT-PCR 的关键步骤是反转录，要求 RNA 模板完整，不含 NDA 或蛋白质杂质。因此，操作过程中，避免剧烈震荡。

2. RNA 提取过程中一定要戴手套，口罩，并避免一切外源性 RNA 酶的污染。

【作业与思考题】

1. 绘制 RT-PCR 的结果图。

2. 根据自己的试验结果，总结经验，思考在 RNA 提取和 RT-PCR 过程中的注意事项。

3. 思考 RT-PCR 检测的目的是什么？可应用于哪些领域？

（程晓馨　刘晓宇）

第十六章　小鼠表皮细胞原代培养及免疫荧光检测

【相关背景】

原代培养是从供体取得组织或细胞后在体外进行的首次培养，是建立各种细胞系的第一步。原代培养的细胞由于刚刚离体，生物学特性与在体细胞接近，故在各种细胞生物学实验中有广泛应用。

原代培养是获取细胞的主要手段，但原代培养的组织由多种细胞成分组成，比较复杂，因而原代培养细胞部分生物学特征尚不稳定，如要做较为严格的对比性实验研究，还需对细胞进行鉴定并纯化。

免疫荧光染色（fluorescence immunostaining）是利用抗原-抗体特异性结合的原理，用经荧光染料标记的抗体对细胞或组织内的蛋白质进行定性或定量研究的方法。该技术与荧光显微镜观察相结合，可对特定的蛋白质进行细胞或组织内的精确定位。近年来随着各种新基因和新蛋白的发现，免疫荧光染色技术也得到越来越广泛的应用，免疫荧光技术本身也不断得到改进。

E-cadherin 特异表达在上皮细胞质膜，参与细胞与细胞间黏附，在维持细胞的极性和完整性等方面起重要的作用。皮肤由外到里的结构为表皮、真皮和皮下组织。表皮中含有大量的角质形成细胞，角质形成细胞之间可以通过 E-cadherin 形成牢固的细胞连接。表皮细胞在炎症、紫外线照射、化学物质等刺激下，细胞中相关基因表达会发生改变，如 E-cadherin 的破坏引起细胞连接的松散，表皮防御功能下降。免疫荧光染色可以对 E-cadherin 以及实验者所需检测的目的基因定位、分布及表达情况进行直观的检测。

【实验内容】

1. 体会实验设计者如何设计一个实验。

2. 细胞原代培养与传代培养。

3. 细胞片制备。

4. 目的基因表达及定位检测。

5. 显微摄影。

【目的要求】

1. 熟悉设计实验的总体思考。

2. 掌握细胞原代、传代培养、细胞收集和细胞片制备。

3. 学习荧光显微镜下观察细胞形态特征及细胞显微摄影。

4. 掌握免疫荧光染色法。

5. 熟悉如何安排综合性实验的时间及如何保证综合性实验的成功。

实验 16-1　细胞原代培养（消化法）

【实验目的】

1. 掌握消化法对动物细胞进行原代培养的原理及方法。

2. 了解动物细胞培养的基本操作过程。

3. 观察体外培养细胞的形态及生长状况。

【实验原理】

原代培养的方法很多，最基本和常用的方法有两种，即组织块法和消化法。刚刚离体的组织细胞有旺盛的生长活力，组织块法是将组织剪成小块接种在培养瓶后，细胞可以从贴壁的组织块四周游出生长。消化法是结合生化和化学手段把已剪切成较小体积的组织进一步分散，将妨碍细胞生长的细胞间质包括基质、纤维等去除，使细胞分散，形成悬液，易于从外界吸收养分和排出代谢产物，可以得到大量活细胞，细胞也可在短时间内生长成片。

【实验准备】

1. 实验对象 新生小鼠。

2. 实验试剂 75%乙醇溶液，RPMI-1640 培养基（含 10%小牛血清、青霉素 100U/ml、链霉素 100U/ml），0.25%胰蛋白酶（37℃预热），PBS（青霉素 100U/ml、链霉素 100U/ml）。

3. 实验器材及仪器 倒置显微镜，二氧化碳培养箱，超净工作台，离心机，水浴锅，电子天平，冰箱，pH 计（或 pH 试纸），抽滤泵 1 套，过滤器 1 套，高压灭菌锅，磁力搅拌器，烧杯，量筒，容量瓶，洗瓶，滴管，1ml 移液器及枪头，200μl 移液器及枪头，0.22μm 的无菌过滤器，100ml 无菌血清瓶，25ml 无菌血清瓶等。

【实验内容与方法】

1. 处死新生小鼠，用 75%乙醇溶液消毒皮肤，在超净工作台中从背部脊柱两侧纵行取皮肤，用含双抗 PBS 反复洗涤 3～4 遍，剪成 0.5～1cm^2 的小块。

2. 冷消化 将皮片放入培养瓶中，加入 0.25%胰蛋白酶，置 4℃冰箱过夜。

3. 取出皮肤，放入含有血清的培养基中终止反应，用眼科镊小心分离真表皮。

4. 用含双抗 PBS 洗一遍，将表皮放入盛有培养基的离心管中，吹打，制成细胞悬液，静置 2min。

5. 吸取细胞悬液放入另一离心管中，1500r/min 离心 2min，弃上清。

6. 加入 2～3ml RPMI-1640 培养基，将细胞接种到培养瓶。

7. 在倒置显微镜下观察细胞密度和细胞形态，置于 37℃，5%CO_2 孵箱培养。

8. 24h 后观察细胞贴壁生长情况。

【注意事项与常见问题】

1. 消化液作用的时间常随细胞的种类、消化液的种类、浓度、配制的时间及消化的温度等而变化，需根据不同实验对消化条件进行摸索。

2. 严格消毒，避免细菌、霉菌等的污染。

【作业与思考题】

1. 消化法适合哪些组织细胞的原代培养？

2. 消化法培养注意事项有哪些？

实验 16-2 细 胞 传 代

【实验目的】

1. 掌握细胞传代培养的方法。

2. 掌握每代细胞的生长过程及生长特点。

3. 掌握体外培养细胞的常规检查内容及方法。

4. 掌握无菌操作技术，熟练各实验器材的使用。

【实验原理】

细胞在培养瓶长成致密单层后，已基本上饱和，为使细胞能继续生长，同时也将细胞数量扩大，就必须进行传代（再培养）。传代培养也是一种将细胞种保存下去的方法。同时也是利用培养细胞进行各种实验的必经过程。悬浮型细胞直接分瓶就可以，而贴壁细胞需经消化后才能分瓶。

传代过程：对于贴壁细胞而言，要使其脱离生长表面，并且使其分散，这一过程称为消化。

【实验准备】

1. 实验对象 原代培养的小鼠表皮细胞。

2. 实验试剂 0.25%胰蛋白酶（37℃预热），RPMI-1640 培养基（含胎牛血清 FBS），PBS。

3. 实验器材及仪器 血球计数板，倒置显微镜，二氧化碳培养箱，超净工作台，10mm×10mm 盖玻片，3.5cm 培养皿，50ml 培养瓶，吸管，离心管等。

【实验内容与方法】

1. 弃去原培养瓶中的旧培养基。

2. 加入适量的 PBS，轻轻摇动，清洗残留的培养基并倒掉。

3. 加入适量的 0.25%胰蛋白酶，使其覆盖整个细胞培养面，摇动培养瓶，将培养瓶放在倒置显微镜下观察，当细胞胞质回缩，胞间间隙增大后，吸出消化液。

4. 加入培养基终止消化。

5. 用吸管取培养瓶中的培养基，反复吹打瓶壁制备细胞悬液，吹打时不能用力过猛，尽量不出现气泡，以免损伤细胞。

6. 接种 对上述细胞计数，按照 1×10^5～1×10^6/ml 接种细胞于 50ml 培养瓶中，或在直径 3.5cm 培养皿中事先放置 2～3 片 10mm×10mm 盖玻片，将细胞接种在盖玻片上。

【注意事项与常见问题】

1. 细胞培养用盖玻片需洁净并经紫外线或高压灭菌。

2. 若消化液为胰蛋白酶液，在消化前用 PBS 液清洗细胞，从而去除残留培养基中的血清，将有利于胰蛋白酶活性的发挥。

3. 消化液作用的时间常随细胞的种类、消化液配制的时间及消化液加入的量的多少而发生变化，消化过程中应密切注意培养细胞形态的变化，发现胞质回缩。细胞间的连接变松散时，应立刻终止消化。

4. 传代后每天观察细胞生长情况，包括培养基颜色变化，细胞形态改变，是否污染，细胞是否健康生长：健康细胞的形态饱满，折光性好。

5. 掌握好传代时机：健康生长的细胞生长致密，70%～80%铺满瓶底时，即可传代。

【作业与思考题】

1. 传代培养过程中，如何从细胞的形态变化控制消化的时间？

2. 进行细胞传代时，若选择胰蛋白酶液来消化细胞，可通过哪些过程来促进胰蛋白酶活性的发挥？

实验 16-3　细胞的处理及免疫荧光法检测 E-cadherin

【实验目的】

1. 掌握免疫荧光技术的基本原理。

2. 掌握用免疫荧光染色法观察细胞内蛋白质分布、定位及表达情况。

3. 了解免疫荧光技术在生命科学中的广泛应用。

【实验原理】

E-cadherin 特异表达在上皮细胞质膜，参与细胞与细胞间黏附。表皮细胞在炎症细胞因子 IFN-γ 的刺激下，E-cadherin 表达、分布发生改变。本实验先用一抗（兔抗鼠 E-cadherin）与体外细胞一起温育，该抗体与细胞内 E-cadherin 结合，然后用 Alexa-568 标记的羊抗兔血清（二抗）与一抗温育结合，从而使细胞内 E-cadherin 间接地标记上红色荧光素，再利用 DAPI 对核酸进行染色（呈蓝色荧光），然后在荧光显微镜下观察。免疫荧光染色还可用于对实验者所需检测的其他目的基因定位、分布及表达情况进行直观的检测。

免疫荧光法分为直接法和间接法：

1. 直接法 将荧光素标记在特异性抗体上，使其直接与细胞上相应抗原结合，在荧光显微镜下观察即可鉴定未知抗原。

2. 间接法 将荧光素标记在第二抗体上，待一抗与细胞抗原结合后，再用标记了的二抗与一抗相接，从而显示未知抗原。间接免疫荧光法中具有 2 对抗原、抗体系统。

常用于抗原、抗体标记的荧光染料有以下几种：

显示绿色荧光：Fluorescein isothocyancie（FITC），Alexa-488。

显示红色荧光：Rhodamine B，Texas Red，Alexa-546、568、594。

显示蓝色荧光：Alexa-350。

【实验准备】

1. 实验对象 原代培养的小鼠表皮细胞。

2. 实验试剂 PBS，0.1%Triton X-100（用 PBS 配制），4%多聚甲醛，10%羊血清封闭液，E-cadherin（一抗），FITC-羊抗兔抗体（二抗），封片液（甘油比 PBS 9∶1，pH 8.5～9.0），DAPI 染液。

3. 实验器材及仪器 荧光显微镜，冰箱，小型振荡器，温箱，细胞培养设备，3.5cm 培养皿，载玻片，盖玻片，铝盒等。

【实验内容与方法】

1. 细胞培养在盖玻片上，长到 60%～80%时，移除旧培养基，加入不含血清的 RPMI-1640 培养基进行细胞同步化，6～12h。

2. 将细胞爬片分为两组：对照组，不做任何处理；处理组，加入终浓度 10ng/ml IFN-γ 处理 48h。

3. 移除旧培养基，用 37℃预热的 PBS 轻轻漂洗细胞。

4. 用 4%多聚甲醛溶液室温下固定细胞 10min，PBS 洗两次，用滤纸吸干多余的液体。

5. 0.1%Triton X-100/ PBS 溶液预温到 37℃，处理细胞 5～10min。

6. 用 PBS 洗细胞 3 次，每次 3min。

7. 用 10%羊血清（市售）封闭液温育封闭 30min。

8. 弃封闭液，直接滴加约 20μl 按 1∶200 稀释的一抗 E-cadherin 到生长有细胞的盖玻片上，放入铺有湿纱布的湿盒内，37℃孵育 1～2h 或 4℃孵育过夜。

9. 取出样品，PBS 洗涤 3 次，每次洗 3min，可以放在小型振荡器上轻轻振荡洗涤。然后取出样品，用滤纸吸去水分。

10. 在盖玻片上滴加约 20μl 左右 1∶300 稀释的 FITC-羊抗鼠抗体（二抗），37℃温育 30～45min，注意避光。

11. 用 PBS 洗细胞 3 次，每次 5min。

12. 滴加 DAPI 染核酸 3min。

13. 用 PBS 洗细胞 3 次，每次 5min。

14. 用滤纸吸去水分后，滴 10μl 封片液于载玻片上，将生长有细胞的盖玻片（细胞面朝下）盖在载玻片上，使细胞面接触封片液，尽量避免气泡，置荧光显微镜下观察（图 16-1）。

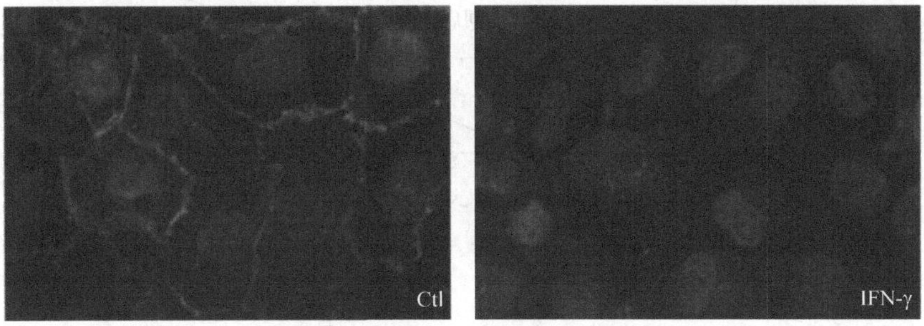

图 16-1 小鼠表皮细胞免疫荧光检测 E-cadherin（×100）

Ctl：对照；IFN-γ：10ng/ml IFN- γ 处理 48h

【注意事项与常见问题】

1. 洗涤要充分，并吸去水分（但不要干透），以免稀释下一步的抗体或试剂，这样才能得到清晰地荧光图像。

2. 合适的抗体稀释度。一抗、二抗在使用前应试验最佳稀释度，以特异性染色反应荧光最强，而非特异性染色阴性为佳。

3. 抗体孵育时间：4℃，过夜或 37℃，60～120min。抗体孵育应在湿盒中进行，防止标本干燥导致失败。

4. 标本染色后应立即观察并拍照记录，时间过长荧光会逐渐减弱。

【作业与思考题】

1. 试述免疫荧光技术的基本原理，并描述实验中所观察的实验现象。

2. 试比较免疫荧光技术与免疫细胞化学技术的异同。

3. 思考处理前后 E-cadherin 表达、细胞形态变化的原因。

实验 16-4 细胞的显微摄影

【实验目的】

1. 掌握在荧光显微镜下直接观察细胞蛋白质分布、定位及表达的方法及分布特点。

2. 了解荧光显微镜的工作原理。

3. 熟练掌握显微摄影的操作方法和图像处理的基本方法和用途。

【实验原理】

显微摄影是把显微镜的物镜和目镜所组成的光学成像系统作为照相机的镜头去拍摄一般用肉眼无法看清的标本。这种对微小物体“放大录像”，可直接为教学，科研提供方便。根据显微镜的结构可知：当被观察的标本（AB）放在物镜前焦点稍外一点的位置时，将在目镜前焦点内侧且靠近焦点的位置处形成一个放大倒立的实像（A_1B_1），这时再通过目镜（这时的作用像普通放大镜）就可看到一个放大倒立的虚像（A_2B_2）。如图 16-2 所示。这就是一般显微镜的成像原理。

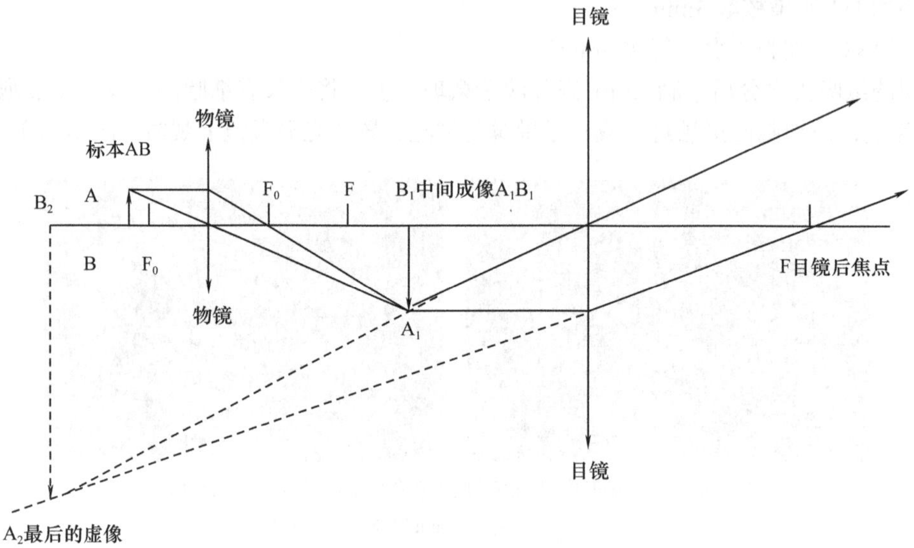

图 16-2　显微镜成像系统原理图

如果调节物镜成像的位置（可使标本适当远离物镜或升高目镜，即增大目镜与物镜间的距离，使中间成像介于目镜的一倍焦距与两倍焦距之间），使物镜所成的像位于目镜前焦点的外侧，此像再经过目镜放大，即可在目镜的另一侧得到一个经二次放大的正立实像，如图 16-3 所示。当光源足够强时，此像可使底片或相纸感光，或者使数码相机、摄像机的 CCD 光电元件感光成像，这就是显微摄影的原理。

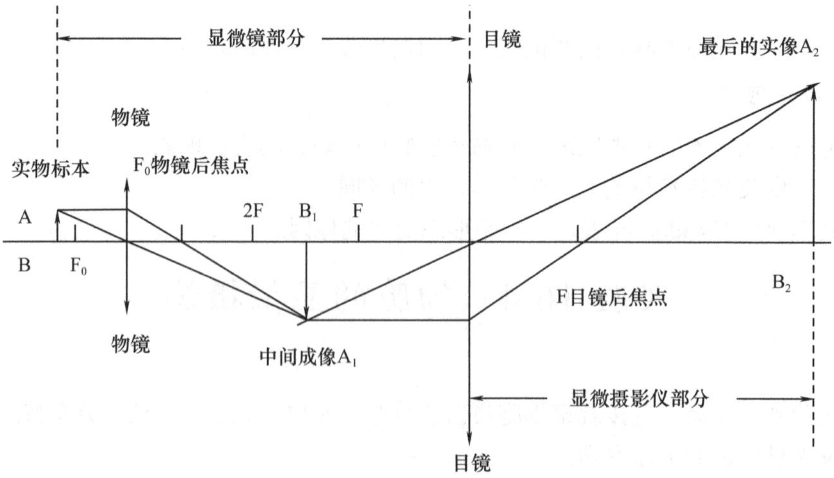

图 16-3　显微摄影成像系统原理图

【实验准备】

1. 实验对象　免疫荧光染色后的小鼠表皮细胞。

2. 实验器材及仪器　荧光显微镜（laica german），电脑，CCD 及显微摄影软件。

【实验内容与方法】

1. 相机摄影

（1）双击打开显微摄影软件。

（2）设置图像的分辨率（1600×1200），格式（jpg），压缩程度（75），保存路径，名称。

（3）在目镜上找到需要摄影的视野后，打开取景窗口，旋转转换开关，将视野转换到电脑。

（4）自动曝光：点“自动曝光”进行自动曝光。

（5）微调焦距使图像清晰，点“快照”采集图像。

2. 图像处理

（1）双击打开显微摄影软件，打开刚才所照图片。

（2）定标。图像上点右键→图像属性→定标，选择相应的物镜，点击应用。

（3）用长度测量工具测定细胞直径。

（4）用文字注释工具进行注释（注释内容：放大倍数）。

（5）保存：编辑→创建全部快照→另存为→jpg 格式。

（6）修改文件名：细胞类型。

（7）图像合并：文件→合并图像→选择荧光通道→选择相应图片→确定→保存。

【注意事项与常见问题】

1. 当换用不同倍数的物镜时，要选用一致的光栅。

2. 载玻片要干净，避免沾染其他荧光物质。

3. 标本要在有水的环境中（如培养基、水、甘油封片），成像效果才明显。

【作业与思考题】

显微摄影中要注意哪些问题？

附：试剂配制

1. 0.01mol/L 磷酸盐缓冲液（PBS） 称取 8g NaCl、0.2g KCl、1.44g Na_2HPO_4 和 0.24g KH_2PO_4，溶于 800ml 蒸馏水中，用 HCl 调节溶液的 pH 至 7.4，最后加蒸馏水定容至 1L。在 15 lbf/in^2（1.034×10^5Pa）高压下蒸汽灭菌（至少 20min），保存存于室温或 4℃冰箱。

2. 青链霉素双抗 青霉素为 160 万单位（0.96g）/瓶，链霉素为 100 万单位（1g）/瓶，取青霉素 0.06g，链霉素 0.1g，加 10ml 灭菌双蒸水，配制成青链霉素 10000 U/ml 的母液，过滤后按 1ml 分装在 1.5ml EP 管中，储存于−20℃。使用时，取 1ml 母液放入 100ml 的培养液中，使青链霉素的最终工作浓度为 100U/ml。

3. 4%多聚甲醛 在通风橱中称取 4g 多聚甲醛加入 PBS 至 100ml，拧紧瓶口，在 65℃水浴加热 2h，储存于 4℃冰箱中至少可保存 2 周。

4. 30%Triton X-100/PBS 称取 30g Triton X-100，加入 PBS，在 37～40℃水浴 2～3h 溶解，定容到 100ml。使用前取适量稀释到所需浓度。

5. DAPI 储存液用蒸馏水配成 1mg/ml 的浓度，使用终浓度一般为 0.5～10μg/ml。

6. IFN-γ 储存液用蒸馏水配制浓度为 10μg/ml，过滤除菌，小份分装保存在−20℃，避免反复冻融。使用时，取 1μl 母液放入 1ml 的培养液中，使最终工作浓度为 10ng/ml。

（王 韵）

第十七章　应用基因重组技术在真核细胞中表达和检测 *p*53 基因

【相关背景】

基因是细胞内 DNA 分子上具有遗传效应的特定核苷酸序列的总称，是具有遗传效应的 DNA 分子片段。基因通过 DNA 复制及细胞分裂把遗传信息传递给下一代，并通过控制蛋白质的合成使遗传信息得到表达。基因克隆技术是分子生物学的核心技术，其目的是获得特定目的基因或目的 DNA 片段的大量拷贝，用于深入分析基因的结构和功能，是人为改造细胞和物种遗传性状的基础，是基因工程技术的两个最基本操作之一。

基因重组技术具体可分为“分”“切”“接”“转”“筛”几个过程，是利用工具酶对 DNA 分子进行“外科手术”。“分”是分离和制备合格的目的片段；“切”是指用序列特异的限制性内切酶切开载体 DNA 和目的片段；“接”是指用 DNA 连接酶将目的片段与载体 DNA 连接起来，形成重组的 DNA 分子；“转”是指通过特殊的方法将重组的 DNA 分子送入宿主细胞中进行复制和扩增；“筛”是从宿主群体中挑选出携带有重组 DNA 分子的个体。

细胞转染是指将外源分子如 DNA，RNA 等导入真核细胞的技术。随着基因与蛋白功能研究的深入，细胞转染已经成为实验室工作中经常涉及的基本方法。细胞转染可大致分为物理介导、化学介导和生物介导三类途径。脂质体转染方法是经典的化学介导方法之一。理想细胞转染方法应具有转染效率高、细胞毒性小等优点，同时不同细胞类型、细胞培养条件和细胞生长状态都是影响转染效率的因素。

*p*53 基因是人体抑癌基因，该基因编码一种分子量为 53kDa 的蛋白质，命名为 *p*53。*p*53 基因的失活对肿瘤形成起重要作用。本实验以 *p*53 基因为目的基因进行实验设计，应用基因重组技术构建 *p*53 基因真核表达载体，转染至真核细胞中检测其过表达情况。

【实验内容】

1. 体会实验设计者是如何设计一个实验。
2. 目的基因 PCR 扩增及琼脂糖凝胶电泳检测。
3. 目的基因纯化回收与基因重组表达载体连接、转化和筛选。
4. 培养细胞转染目的基因表达载体。
5. Western blot 方法检测外源目的基因过表达。

【目的要求】

1. 熟悉设计实验的总体思考。
2. 掌握 PCR 反应原理和实验方法。
3. 学习琼脂糖凝胶电泳分离技术。
4. 掌握从琼脂糖凝胶中纯化目的片段的方法。
5. 掌握含有目的基因载体的构建过程。
6. 熟悉筛选含有目的基因的候选阳性重组克隆的方法。
7. 掌握蛋白质电泳的基本过程，了解蛋白质免疫印迹的方法及过程。

实验 17-1　目的基因 *p*53 PCR 扩增及琼脂糖凝胶电泳检测

【实验目的】

1. 掌握 PCR 反应原理和实验方法。
2. 掌握琼脂糖凝胶电泳分离技术，检查 PCR 扩增结果。
3. 学习从琼脂糖凝胶中回收纯化目的 DNA 片段的方法。

【实验原理】

聚合酶链反应（polymerase chain reaction，PCR）是 1985 年 Kary Mullis 创立的一种体外扩增特定 DNA 片段的方法。以人工合成的一对寡核苷酸为引物，待扩增 DNA 为模板，在耐热 DNA 聚合酶作用下，扩增位于两端引物之间的 DNA 片段。PCR 反应过程由高温变性，低温复性（退火）和适度延伸组成一个周期，经过多次循环大量扩增目的基因片段。

琼脂糖凝胶电泳是用琼脂糖作支持介质的一种电泳方法。琼脂糖是从琼脂中分离出来的，由 *D*-半乳糖和 *L*-半乳糖连接构成不带电荷的多糖链，这种多糖链在 100℃左右时呈液态，当温度下降到 45℃以下时，它们之间以氢键方式相互连接成线性的双链单环的琼脂糖，经凝聚即呈束状的琼脂糖凝胶。pH 8.0～8.3 时核酸分子带负电荷，在电场的作用下可向正极移动，在惰性支持介质琼脂糖凝胶中，凝胶发挥分子筛作用，使核酸片段按大小分开。不同浓度的凝胶适合分离不同分子量大小的 DNA 片段。

【实验准备】

1. 实验试剂　Taq DNA 聚合酶，PCR 反应缓冲液，引物，脱氧核苷三磷酸（dNTP），模板（基因组 DNA/cDNA 或质粒），琼脂糖，TAE buffer，溴化乙锭，载样缓冲液，DNA 分子量标准品，灭菌水。

2. 实验器材及仪器　PCR 扩增仪，微波炉，微量进样器，水平电泳槽和电泳仪，凝胶自动成像分析系统或紫外灯箱。

【实验内容与方法】

1. PCR 扩增获取目的基因 *p*53 基因

（1）PCR 反应体系

1）取 0.5ml Eppendorf 管一支，按以下配方及加样顺序准备 PCR 反应体系，总体积 20μl。

Primer 1：CGGGATCCCGATGGAGGAGCCGCAGTC（含有 *Bam*H Ⅰ 酶切位点及保护碱基）

Primer 2：GCTCTAGAGCTCAGTCTGAGTCAGGCC（含有 *Xba* Ⅰ 酶切位点及保护碱基）

10×Probest PCR buffer	2μl
四种 dNTP 混合液（2.5mmol/L each）	1.6μl
Primer 1（10pmol/μl）	1μl
Primer 2（10pmol/μl）	1μl
ddH_2O	13.3μl
模板（gDNA/cDNA/质粒 DNA）	1μl
Probest 酶	0.1μl
Total volume	20μl

2）待加完全部试剂后轻轻混匀，短暂离心使管壁的液体沉至管底。

3）将样品管置于 PCR 扩增仪中，按设定条件开始反应。

（2）PCR 反应条件

94℃ 1min；

94℃ 30s，57℃ 30s，72℃ 2min，30 个循环；

72℃ 10min。

2. 琼脂糖凝胶电泳检测 PCR 扩增结果

（1）准备电泳槽。

（2）制备琼脂糖凝胶：按照被分离 DNA 的大小，决定凝胶中琼脂糖的百分含量，称取所需琼脂糖，用 1×TAE 缓冲液溶解，置微波炉加热至完全熔化，取出摇匀，稍冷却后加 4～10μl EB 染色液，摇匀。

（3）灌胶：取洁净的电泳内槽，置于一水平台面，并插好所需齿数和厚度的样品梳子，将冷却至 60℃左右的琼脂糖凝胶液，缓慢倒入内槽，直至所需厚度，待胶凝固后，小心取出梳子，将电泳内槽放入电泳槽中，加入 1×TAE 缓冲液至电泳槽，缓冲液刚没过凝胶表面即可。

（4）加样：取 5μl PCR 产物与载样缓冲液混匀，加入凝胶的点样孔。右侧加入 DNA 分子量标准品。

（5）电泳：接通电源，以 8～10V/cm 的电压电泳。

（6）观察结果：电泳完毕，在紫外投射灯下观察结果，DNA 存在处应显出橘红色荧光条带。

【注意事项与常见问题】

1. 防止污染 由于 PCR 反应极强的扩增能力和检测的灵敏性，微量样品的污染便有可能导致假阳性结果的出现，加样时要注意更换 Tip 头。

2. 阴性对照 阴性样品要与每组样品同时做，以分析是否存在样品与样品之间的污染以及是否存在 PCR 产物的污染，阴性对照应该包括除核酸以外的所有试剂。

3. 加样最好在冰上进行。

4. EB 是 DNA 的诱变剂，有致癌作用，配制和使用过程中要小心，操作时一定要戴手套，有 EB 的废液和器皿要分别处理好。

5. 灌胶时注意不要形成气泡，特别是梳子下方，如果有气泡要去除，将带凝胶的内槽放入电泳槽时，注意凝胶点样端要靠近负极，加样时，记录点样顺序及点样量。

6. UV 光源能损伤眼睛，不要直接眼视光源，要带防护眼镜工作。

【作业与思考题】

PCR 反应的原理和应用有哪些？

附：试剂配制

TAE buffer 配制 50×TAE，取 242g Tris 碱，57.1ml 冰乙酸，100ml 0.5mol/L EDTA 加蒸馏水混匀，将 pH 调至 8.0，定容到 1L；使用液为 1×TAE。

实验 17-2 目的基因 *p53* 片段纯化回收与重组表达载体连接、转化、筛选及重组质粒提取

【实验目的】

1. 掌握从琼脂糖凝胶中回收纯化目的 DNA 片段的方法。

2. 熟悉含有目的基因载体的构建过程。

3. 了解从细菌中提取质粒的实验方法。

【实验原理】

1. 在 NaI 存在的条件下，融化含有 DNA 片段的凝胶块，使 DNA 片段附于硅胶树脂上，最后用 TE 缓冲液溶解 DNA。

2. 限制性内切酶能够特异性识别并切割 DNA 序列，利用经过限制性内切酶消化的线性载体与目的基因两端暴露出来的平末端或相同的黏性末端，使用 T_4 DNA 连接酶将二者连接起来，能够形成基因重组载体。

3. 转化　感受态细胞为温度敏感性细胞，在特定温度条件下摄入重组载体，并在含有抗生素的 LB 琼脂平板培养基上进行表达及扩增形成单一克隆。然后以长出的单一菌落为模板进行 PCR 扩增，可以筛选出含有目的基因的候选阳性重组克隆。

【实验准备】

1. 实验试剂　PCR Fragment Recovery Kit，硅胶树脂，NaI 溶液，浓缩缓冲液（使用时与 100% 乙醇等体积混合，此混合液称为洗净用缓冲液），TE 缓冲液，限制性内切酶及对应 buffer，琼脂糖，TAE buffer，溴化乙锭，载样缓冲液，DNA 分子量标准品，T4 DNA 连接酶及 buffer，灭菌水。

2. 实验器材及仪器　台式高速离心机，水浴锅，电泳仪及水平电泳槽，凝胶自动成像分析系统或紫外灯箱。

【实验内容与方法】

1. 目的基因片段纯化及回收

（1）制作琼脂糖凝胶，对 PCR 扩增的目的基因进行琼脂糖凝胶电泳。

（2）在紫外灯下切出含有目的基因片段的琼脂糖凝胶块。

（3）将切下的含有目的基因片段的凝胶块置于 1.5ml Eppendorf 管中。

（4）加入 600μl NaI 溶液，55℃温浴 10min。

（5）加入 20μl 硅胶树脂，混匀后室温静置 20min。

（6）10000r/min 离心 1min，弃上清。

（7）加入 500μl 洗净用缓冲液，振荡混匀后 10000r/min 离心 1min，弃上清。此过程重复一次。

（8）加入 30μl TE 缓冲液，55℃温浴 5min。

（9）10000r/min 离心 1min，回收上清液，4℃保存备用。

2. 限制性内切酶消化目的基因和载体

（1）取 0.5ml Eppendorf 管一支，按以下配方及加样顺序准备目的基因限制性内切酶消化反应体系，总体积 20μl。

限制性内切酶 *Bam*H Ⅰ（NEB）	1μl
限制性内切酶 *Xba* Ⅰ（NEB）	1μl
10×限制性内切酶 K buffer	1μl
PCR 产物	8μl（<1μg）
ddH_2O	9μl
Total volume	20μl

（2）取 0.5ml Eppendorf 管一支，按以下配方及加样顺序准备目的载体[真核表达载体 pcDNA3.1（+）]限制性内切酶消化反应体系，总体积 20μl。

限制性内切酶 *Bam*H Ⅰ（NEB）	1μl
限制性内切酶 *Xba* Ⅰ（NEB）	1μl
10×限制性内切酶 K buffer	1μl
目的载体	2μl（＜1μg）
ddH_2O	15μl
Total volume	20μl

（3）用封口膜将管口密封后置于浮漂上，37℃（不同限制性内切酶最适温度可能不同）切割 4～6h 或过夜。

3. 目的基因和载体连接和转化和筛选

（1）将限制性内切酶消化后的目的基因和目的载体分别进行琼脂糖凝胶电泳后纯化和回收。

（2）取 0.5ml Eppendorf 管一支，按以下配方及加样顺序准备目的载体和目的基因连接反应体系，总体积 10μl。

10×Ligase buffer	1μl
目的基因	1.5μl
载体	5μl（＜1μg）
T4 DNA Ligase（350 U/μl）	0.5μl
ddH_2O	2μl
Total volume	10μl

（3）37℃水浴孵育 2h 或 16℃连接过夜。

（4）含有目的基因的重组载体的转化

1）取感受态细胞 *E.coli* JM109 60μl 于灭菌的 1.5ml Eppendorf 管中，加入 5μl 连接产物，轻轻旋转混合内容物，于冰中放置 30min。

2）42℃水浴中放置 45s 后立即放入冰中。

3）3min 后加入 37℃预热的 SOC 培养 940μl，37℃ 225rpm 振荡培养 1h。

4）取 50μl 转化物涂布于含抗生素的 LB 琼脂平板培养基中，37℃培养过夜。

（5）菌落 PCR 鉴定重组阳性克隆：在生长的菌落中，随机挑取 5～10 个独立圆滑的菌落加入 PCR 反应管中，通过 PCR 的方法对重组载体进行初步筛选。反应体系如下：

10×PCR buffer	1μl
四种 dNTP 混合液（2.5mmol/L each）	0.8μl
Primer 1（10pmol/μl）	1μl
Primer 2（10pmol/μl）	1μl
ddH_2O	6.1μl
Taq 酶	0.1μl
Total volume	10μl

反应条件：94℃ 1min，

94℃ 30s，68℃ 3min，25 个循环，

68℃ 5min。

（6）琼脂糖凝胶电泳检测：PCR 产物经 1%琼脂糖凝胶电泳检测确定阳性克隆并记录。

4. 柱式过滤法小量提取重组质粒 DNA

（1）将鉴定好的阳性克隆挑入 5ml LB 培养基中，加入 Amp 抗生素，37℃摇床中过夜培养。

（2）使用 SanPrep 柱式质粒 DNA 小量提取试剂盒进行重组质粒 DNA 提取。取 1.5～5ml 过夜培养的菌液，8000*g* 离心 2min 收集菌体，弃尽培养基。

（3）在沉淀中加入 250μl buffer P1，彻底悬浮菌体。

（4）加入 250μl buffer P2，立即温和颠倒离心管 5～10 次混匀。室温静置 2～4min。

（5）加入 350μl buffer P3，立即温和颠倒离心管 5～10 次混匀。

（6）12000*g* 离心 5～10min，将上清液移入吸附柱，8000*g* 离心 30s，倒掉收集管中液体。

（7）加入 500μl buffer DW1，9000*g* 离心 30s，倒掉收集管中液体。

（8）加入 500μl wash solution，9000*g* 离心 30s，倒掉收集管中液体。重复一次本步骤。

（9）空吸附柱于 9000*g* 离心 1min。

（10）将吸附柱放入一个干净的 1.5ml 离心管中，在吸附膜中央加入 50～100μl ddH$_2$O，室温静置 1min 后离心 1min。保存管中 DNA 溶液，并用分光光度计检测质粒 DNA 浓度。

【注意事项与常见问题】

1. 保持低温操作以防止酶失活。

2. 如酶切较小的片段（100bp 以下），应选用聚丙烯酰胺凝胶电泳检测。

3. 连接体系中使用目的基因与线形载体摩尔浓度比达到 3∶1，为理想连接反应比例。

4. 连接反应时间，如为黏性末端连接则连接反应条件为 37℃水浴孵育 3h 即可，如为平末端连接则 16℃过夜为宜。

【作业与思考题】

限制性内切酶消化后可能会产生哪两种末端?哪种更利于连接?

实验 17-3　培养细胞转染目的基因表达载体

【实验目的】

1. 掌握细胞转染的方法。

2. 熟悉脂质体转染的方法和应用。

3. 了解常用工具细胞的种类。

【实验原理】

细胞转染是将外源性基因导入细胞内的一种专门技术。大致可分为物理介导、化学介导和生物介导三类途径。

脂质体转染法：阳离子脂质体表面带正电荷，能与核酸的磷酸根通过静电作用，将 DNA 分子包裹入内，形成 DNA 脂复合物，也能被表面带负电的细胞膜吸附，再通过融合或细胞内吞进入细胞。脂质体转染适用于把 DNA 转染入悬浮或贴壁培养细胞中，是目前实验室最方便的转染方法之一，其转染率较高，优于磷酸钙法。由于脂质体对细胞有一定的毒性，所以转染时间一般不超过 24h。

HEK293 细胞极少表达细胞外配体所需的内生受体，且比较容易转染，是一个很常用的表达研究外源基因的细胞株。来源于人体肾脏，为上皮细胞形态，贴壁生长。

【实验准备】

1. 实验对象 HEK293 细胞。

2. 实验试剂 PBS，DMEM 培养基，胰酶，转染试剂。

3. 实验器材及仪器 显微镜，CO_2 培养箱，超净工作台，酒精灯，微量加样器（1μl～1ml），0.5ml 和 1.5ml 的 Eppendorf 管（微量离心管），吸头（20μl、200μl 和 1ml），35mm 培养皿等。

【实验内容与方法】

1. 转染前一天，胰酶消化细胞并计数，细胞铺板，使其在转染日密度为 80%～90%。细胞铺板在含血清，不含抗生素的 DMEM 培养基中。

2. 对于每孔细胞，分别使用 50μl 无血清 DMEM 培养基稀释 0.8～1.0μg 含有目的基因的重组载体（实验组）及 pcDNA3.1 空载体（对照组）。多孔操作可以批量制备。

3. 对于每孔细胞，使用 50μl 无血清 DMEM 培养基稀释 1～3μl 转染试剂。稀释后 5min 内同稀释的 DNA 混合。

4. 混合的表达载体和稀释的转染试剂室温孵育 5min 后加入到每个孔中，摇动培养板，轻轻混匀。

5. 转染 4～6h 后换成正常培养液继续培养细胞，24～48h 后收集转染目的基因的实验组及转染空载体的对照组的细胞进行后续实验。

【注意事项与常见问题】

1. 控制转染试剂用量及收取细胞的时间，避免转染试剂毒性。

2. 转染前铺细胞时根据细胞生长速度选择接种量，避免转染时细胞量过少或过多。

【作业与思考题】

细胞转染的应用有哪些，有哪几种方法？

实验 17-4 Western blot 方法检测外源目的基因 *p53* 表达

【实验目的】

1. 掌握 Western blot 的方法及过程。

2. 熟悉蛋白质免疫印迹的原理。

3. 了解外源基因过表达的检测方法。

【实验原理】

经过 PAGE 分离的蛋白质样品，转移到固相载体（如硝酸纤维素膜）上，固相载体以非共价键形式吸附蛋白质，且能保持电泳分离的多肽类型及其生物学活性不变。以固相载体上的蛋白质或多肽作为抗原，与对应的抗体起免疫反应，再与酶或同位素标记的第二抗体起反应，经过底物显色或放射自显影以检测电泳分离的特异性目的基因表达的蛋白成分，用以比较实验组和空白对照组中目的基因的表达差异。

【实验准备】

1. 实验试剂 蛋白裂解缓冲液，分离胶，浓缩胶，样品缓冲液，电泳缓冲液，封闭缓冲液，洗膜溶液，转印缓冲液，特异性抗体，显色底物。

2. 实验器材及仪器　电泳仪及垂直板电泳槽，水平振荡摇床，Bio-Rad 半干转印系统，EP 管，台式离心机，微量离心管，吸头。

【实验内容与方法】

1. 样品制备

（1）将蛋白裂解缓冲液（预冷至 0℃）加入经过漂洗的细胞中，然后置于装满碎冰的铝制平托盘上静置 20min。

（2）用细胞刮棒收集细胞，连同裂解缓冲液一起转移至经过冷却的微量离心管中。

（3）于 4℃以 12000r/min 离心 2min。

（4）将上清液转移至另一个微量离心管中，保存于冰浴或–70℃待用。

（5）蛋白定量。

（6）取适量蛋白样品与 2×样品缓冲液混合。

（7）煮沸 5min。

（8）在冰中冷却 5min。

（9）短暂离心，准备上样。

2. 聚丙烯酰胺凝胶电泳

（1）凝胶制备

1）准备玻璃板和衬垫（1.5mm 厚）并固定好。

2）用吸管吸取分离胶溶液，缓慢灌入玻璃板夹缝中，至梳子孔大约 1cm 处，用 1ml 去离子水或异丁醇封闭，待分离胶凝固后，倒出去离子水或异丁醇。

3）注入浓缩胶，立即插入梳子。

4）当浓缩胶凝固后，拔出梳子，将玻璃板放入垂直板电泳槽中，加入 1×甘氨酸-Tris 电泳缓冲液。

（2）电泳

1）用微量进样器逐个加样，同时加预染蛋白分子量标准品。

2）将电泳装置与电源相接，凝胶上所加电压为 8V/cm。进入分离胶后，把电压提高到 15V/cm，继续电泳直至溴酚蓝达到分离胶底部，终止电泳。

3. 转膜

（1）将电泳后的胶取出放入转印缓冲液中，与在预冷的转印缓冲液中预湿过的膜、滤纸，按阴极-滤纸-凝胶-膜-滤纸-阳极顺序组装。

（2）使用半干转系统于 4℃ 15V 转移 30min。

（3）结束后，将膜进入封闭缓冲液，室温放置 1h。

（4）抗体孵育和检测

1）取出膜，用洗膜缓冲液略洗一下，在室温下按一定比例将一抗稀释于封闭缓冲液中，与膜孵育 60min 或 4℃过夜。

2）用洗膜缓冲液洗 5 次，每次 10min。

3）室温下将二抗按一定比例稀释于封闭缓冲液与膜孵育 60min。

4）用洗膜液洗膜 5 次，每次 10min。

5）将显色底物加在膜上，作用 5min。

6）显色。

【注意事项与常见问题】

1. 使用预染的分子量标准品作为成功转膜的指示物。
2. 在电泳凝胶上做标记。
3. 将胶置于膜上，尽量避免在膜与胶之间产生气泡。
4. 转膜完毕后，注意关掉电源，移开阴极，移开膜。
5. 注意设置对照组。

【作业与思考题】

Western blot 方法分离蛋白质的原理是什么？

附：试剂配制

1. 分离胶 配置 5ml 12%的分离胶时，各成分所需体积（根据目的蛋白分子量选择胶的浓度）：

30%丙烯酰胺/亚甲双丙烯酰胺（29∶1 混合）	2ml
1.5mol/L Tris-HCl（pH 8.8）	1.3ml
dH_2O	1.6ml
10% SDS	0.05ml
10%过硫酸铵	0.05ml
TEMED	2μl
Total volume	5ml

2. 浓缩胶 配置 3ml 5%的浓缩胶时，各成分所需体积：

30%丙烯酰胺/亚甲双丙烯酰胺（29∶1 混合）	0.5ml
1.5mol/L Tris-HCl（pH 6.8）	0.38ml
dH_2O	2.04ml
10% SDS	0.03ml
10% 过硫酸铵	0.03ml
TEMED	3μl
Total volume	3ml

3. 封闭缓冲液 在 PBS 液或 TBST 中加入牛血清白蛋白(BSA)和 Tween 20，使 BSA 终浓度为 5%，Tween 20 终浓度为 0.05%，在 4℃保存。

4. 10×甘氨酸-Tris 电泳缓冲液 30.3g Tris base，144g 甘氨酸，10g SDS，在蒸馏水中混匀，定容至 1L。

（罗 阳）

附　　录

附录一　试剂浓度的表示方法及其计算

溶液浓度是指在一定质量或一定体积的溶液中所含溶质的量，根据量的表示方法不同，溶液浓度可以有不同的表示方法。如溶质的量可以用摩尔、克表示。溶液的量可以用升、克、摩尔表示，或用溶剂的质量来表示。

细胞生物学和医学遗传学实验中需要配置各种溶液，正确理解溶液浓度表示的含义是正确配置试剂以及保证实验的成功的非常重要的一个环节。本部分将就浓度常用的表示方法、计算以及表示方法间换算做一简单阐述。

（一）浓度的表示方法

1. 物质的量浓度　指 1L 溶液中含有的溶质的物质的量，常用 C 表示，单位为 mol/L（以往缩写为 M）。用公式表示为：

$$C=\frac{\text{溶质物质的量（mol）}}{\text{溶液的体积（L）}}\times 100\%$$

例如：配制 2mol/L 的氢氧化钠溶液 1000ml，计算所需氢氧化钠的量。已知氢氧化钠的分子量为 40，即摩尔质量为 $M = 40\text{g/mol}$，而溶质的量 ＝ 溶质的质量/M，所以 $M = 40 \times 2 = 80\text{g}$。取 80 克氢氧化钠，先溶于 900ml 蒸馏水中，最后以蒸馏水稀释至 1000ml 即可。

2. 当量浓度　现在此浓度已经基本不用，但在某些教材中会出现，在此简要介绍。溶液的浓度用 1L 溶液中所含溶质的克当量数来表示的叫当量浓度，用符号 N 表示。克当量实际上是指物质的基本摩尔单元的摩尔质量用公式表示为：

$$\text{当量浓度}=\frac{\text{溶质的克当量数}}{\text{溶液的体积（L）}}$$

例如：1 克当量硫酸（49.04g）溶解在水中成 1L 溶液时，其当量浓度为 1N。

3. 质量分数　指一定质量的溶液中溶质所占有的百分数，即 100g 溶液中，所含溶质的克数，也称为质量百分浓度，无单位。通常用符号“%（*m*/*m*）”或“%（质量）”来表示。

用公式表示为：

$$\text{溶质的质量百分浓度}=\frac{\text{溶质的质量}}{\text{溶质的质量}+\text{溶剂的质量}}\times 100\%$$

试剂厂出产的各种溶液大多采用这种浓度表示方法，实验室中也经常使用。例如：98% H_2SO_4 指的是 100 g 的 H_2SO_4 溶液中含有 98 g 的 H_2SO_4，2g 水。

4. 体积分数　指一定体积的溶液中溶质所占有的百分数，即一般指 100ml 溶液中所含溶质的毫升数，也称为体积百分浓度。体积百分浓度无单位。通常用符号“%（*v*/*v*）”表示。用公式表示为：

$$\text{溶质的体积百分浓度}=\frac{\text{溶质的体积}}{\text{溶液的体积}}\times 100\%$$

例如："75%乙醇"应理解为100ml溶液中含有75ml乙醇。配制75%的乙醇溶液1000ml时，可取无水乙醇750ml，加蒸馏水至1000ml即可。

5. 体积比浓度 是指用溶质与溶剂的体积比表示的浓度。体积比浓度无单位。如甲醇：冰醋酸（3∶1），即表示3体积量的甲醇和1体积量的冰醋酸混合的溶液。

6. 质量浓度 是指每升（或每毫升）溶液中所含溶质的质量克（或毫克）数，也称质量体积浓度。单位为克每升（g/L）或毫克每毫升（mg/ml）。用公式表示为：

$$\text{质量体积浓度}=\frac{\text{溶质质量}}{\text{溶液体积}}$$

例如：我国国家标准（GB 603—88）中，甲基橙指示液浓度为1g/L。配制的方法是：0.10g甲基橙溶于20℃水中，冷却，稀释至100ml，其浓度为1g/L，即1L甲基橙溶液中含1g甲基橙。

（二）浓度表示方法间的换算

同一种溶液采用了不同浓度表示法，所得的浓度数值也是不同的，以下为几种浓度表示方法间的换算。

1. 质量-质量百分浓度与物质的量浓度的换算 市售的硫酸、盐酸、硝酸等都采用%（*g/g*）表示物质的含量。若换算成物质的量浓度时，可用下列公式计算：

$$C=\frac{1000\times\rho\times\%\,(g/g)}{M}$$

ρ 表示密度，%（*g/g*）表示质量百分浓度，*M* 表示溶质的摩尔质量。例如：计算37%（*g/g*）的浓盐酸（密度为1.19）的物质的量浓度。

计算方法：

已知：*M*（HCl）= 36.5g/mol，%（*g/g*）= 37 %，ρ = 1.19

则 $C = 1000\times1.19\times37\%/36.5 = 12.0$（mol/L）

所以：浓盐酸的物质的量浓度是12.0mol/L。

2. 质量-体积浓度与物质的量浓度的换算

公式为：

$$C=\frac{\text{质量体积浓度}}{M}$$

求40g/L的氢氧化钠溶液的物质的量浓度。

计算方法：

已知：*M*（NaOH）= 40g/mol，质量体积浓度 = 40 g/L

则 $C = 40/40 = 1.0$（mol/L）

所以：氢氧化钠溶液的物质的量浓度是1.0mol/L。

3. 当量浓度与物质的量浓度的换算 对于酸碱试剂，主要看每个分子中氢离子或氢氧根离子的数量，1mol/L的盐酸就是1N的盐酸，1mol/L的硫酸就是2N的硫酸，同理1mol/L的氢氧化钠就是1N。

（孙　媛）

附录二 常用人工合成细胞培养基的种类、化学组成及适用细胞

详见附表1和附表2。

附表1 常用人工合成培养基的基本组成（mg/L）

成分		MEM	DMEM	IMDM	RPMI-1640	F10	F12	McCoys5A	199
氨基酸类	甘氨酸	7.5	30	30	10	7.5	7.5	7.5	50
	丙氨酸	8.9		25		9	8.9	13.9	25
	精氨酸	126	84	84	200	211	211	42.1	70
	天冬酰胺	15		25	50	15	15.01	45	
	天冬氨酸	13.3		30	20	13	13.3	19.97	30
	胱氨酸	31.28	63	91.4				31.5	26
	半胱氨酸				65	25	35.12		0.1
	谷氨酸	14.7		75	20	14.7	14.7	22.1	75
	谷氨酰胺	292	584	584	300	146	146	219.2	100
	组氨酸	42	42	42	15	23	21	20.96	21.88
	羟脯氨酸				20			19.7	10
	异亮氨酸	52	105	105	50	2.6	4	39.36	4
	亮氨酸	52	105	105	50	13	13.1	39.36	
	赖氨酸	72.5	146	146	40	29	36.5	36.5	60
	蛋氨酸	15	30	30	15	4.5	4.5	14.9	70
	苯丙氨酸	32	66	66	15	5	5	16.5	15
	脯氨酸	11.5		40	20	11.5	34.5	17.3	25
	丝氨酸	10.5	42	42	30	10.5	10.5	26.3	40
	苏氨酸	48	95	95	20	3.6	11.9	17.9	25
	色氨酸	10	16	16	5	0.6	2.04	3.1	30
	酪氨酸	51.9	104	104	29	2.62	7.81	18.1	58
	缬氨酸	46	94	94	20	3.5	11.7	17.6	25
维生素类	维生素 E								0.01
	抗坏血酸							0.5	0.05
	生物素			0.013	0.2	0.024	0.0073	0.5	0.01
	氯化胆碱	1	4	4	3	0.7	14	5	0.5
	偏多酸钙	1	4	4	0.25	0.7	0.5	0.2	0.01
	叶酸	1	4	4	1	1.3	1.3	10	0.01
	维生素 K_3								0.01
	烟酰胺	1	4	4	1	0.6	0.036	0.5	0.025
	烟酸							0.5	0.025
	氨苯甲酸				1			1	0.05
	吡哆醛	1		4				0.5	0.025
	吡哆醇		4		1	0.2	0.06	0.5	0.025
	核黄素	0.1	0.4	0.4	0.2	0.4	0.037	0.2	0.01

续表

成分		MEM	DMEM	IMDM	RPMI-1640	F10	F12	McCoys5A	199
维生素类	硫胺素	1	4	4	1	1	0.3	0.2	0.01
	维生素 A								0.1
	维生素 B_{12}			0.013	0.005	1.4	1.4	2	
	维生素 D_2								0.1
	肌醇	2	7.2	7.2	36	0.5	18	36	0.05
无机盐类	$CaCl_2$	200	200	165		33.3	33.22	100	200
	$Ca(NO_3)_2$				100				
	$CuSO_4$				48.84	0.0025	0.0025		
	$FeSO_4$					0.834	0.834		
	$Fe(NO_3)_3$		0.1						0.7
	$MgCl_2$						57.22		
	$MgSO_4$	97.67	97.67	97.67		74.62		200	97.67
	KCl	400	400	330	400	285	223.6	400	400
	KH_2PO_4					83			
	KNO_3			0.076					
	$NaHCO_3$				2000	1200		2200	
	NaCl	6800	6400	4500	5850	7400	7599	5100	6800
	Na_2HPO_4					153.7	142		
	NaH_2PO_4	140	125	125	800			580	140
	Na_2SeO_3			0.0173					
	$ZnSO_4$					0.03	0.863		
其他化合物	葡萄糖	1000	4500	4500	2000	1100	1802	3000	1000
	硫代腺嘌呤								10
	单磷酸腺苷								0.2
	三磷酸腺苷								1
	胆固醇								0.2
	苯唑蛋白胨							600	
	脱氧核糖								0.5
	次黄嘌呤					4.7	4.77		0.4
	亚油酸						0.084		
	硫辛酸					0.2	0.21		
	谷胱甘肽				1			0.5	0.05
	鸟嘌呤								0.3
	HEPES			5958	5958			5958	
	酚红	10	15	15	5	1.2	1.2	10	20
	腐胺						0.161		
	核糖								0.5

续表

成分		MEM	DMEM	IMDM	RPMI1640	F10	F12	McCoys5A	199
其他化合物	丙酮酸钠			110		110	110		
	乙酸钠								50
	胸苷					0.7	0.7		
	胸腺嘧啶								0.3
	Tween 80								20
	尿嘧啶								0.3
	黄嘌呤								0.3

附表 2　各种合成培养基化学组成的特点及适用细胞类型

培养基	化学组成特点	适用细胞类型
MEM	成分简单，仅含有 12 种必需氨基酸、8 种维生素及必要的无机盐	Med-3，CHO-K1，HaCaT，VACO-330，MCF-7，Y79，293，SHSY5Y，Caco-2， Du145，Hela，HepG2，BHK-21，BT，NK-92MI 等
DMEM	在 MEM 基础上增加了 L-谷氨酰胺、甘氨酸、丝氨酸，提高了原有各成分的用量。同时根据葡萄糖的含量分为高糖型和低糖型	NIH3T3，Rat2，HCN-1A，293T/17，A-431，COS-7，K-562，RAW 264.7，VCaP，UW228-1，-2，-3，BALB/3T3，NRK，RD，U251，WPMY-1 等
IMDM	在 DMEM 基础上增加了一些非必需氨基酸、维生素（B12）和 HEPES，非常适合于高密度快速增殖的细胞系培养	HL-60，C17.2，BT325，HCT8，LB373，CFPAC-1，CHO/dhFr-，K562，OKT 11，SUP-B15，KG-1 等
RPMI-1640	组分较为简单，适合于许多种类细胞的生长。是目前应用最为广泛的培养基之一	EB-3，Hep-2，HL-60，Jurkat，K-562，LnCap，Raji，U937，HCC1937，Daudi，NCI-N87，NCI-H1299，HCT-15，YAC-1，THP-1 等
Ham F-10	广泛适用于小鼠和人类的二倍体细胞的培养	AtT-20，GH1，GH3，I-10，Y-1，T3M-1-T2，AG 1523，U-343 MGa C1 2，H4-IIE-C3（H4），K22，K-562 等
Ham，F-12	在配方中加入了一些微量元素和无机离子，可以在加入很少血清的情况下应用，特别适合于进行单细胞分离培养	A549，CHO-K1，Hela，S3，PC12，PC3，DU 145，AR42J 等
EMEM		RBL-2H3，BT-20，HeLa，Caco-2，293，HT-1080，T98G，U-87，MG，HepG2/C3A，Hep G2，SK-MEL-28，Neuro-2a，SK-N-SH，DU 14，HEC-1-B，WISH，WI38 等
McCoy's 5A	专为肉瘤细胞设计的培养基，也适合原代培养	BHL-100，Saos-2，SK-BR-3，HT-29，HCT 116，Caki-1，U-2 OS，SK-OV-3，Calu-1，ES-2，HCT-116，HEC-1-A，T24，SK-NEP-1 等
199	几乎含有所有氨基酸、维生素、生长激素及核酸衍生物等	LLC-MK2，LIC-WRC256，Vero，SHEEC1，JEG-3，ECV-304，249TK，HEF，EPC，HK 等

（马景昕）

附录三 实验室常用细胞系（株）

详见附表 3。

附表 3 实验室常用细胞系（株）

名称	种属来源	细胞种类	生长特点	推荐使用的培养基
293 [HEK-293]	人	胚肾	贴壁	EMEM+10% FBS
WSS-1 [WS-1]	人	肾	贴壁	DMEM+10%FBS
293/CHE-Fc	人	肾	贴壁	DMEM+10%FBS
Hep-2	人	喉癌	贴壁	MEM+10%FBS 或 RPMI-1640+10% FBS
Eca109	人	食管癌	贴壁	DMEM+10%BCS
TE-1	人	食管癌	贴壁	DMEM+10%BCS
Daoy	人	髓母细胞瘤	贴壁	EMEM+10%FBS
UW228-3	人	髓母细胞瘤	贴壁	DMEM+10%FBS
UW228-2	人	髓母细胞瘤	贴壁	DMEM+10%FBS
UW228-1	人	髓母细胞瘤	贴壁	DMEM+10%FBS
Med-3	人	髓母细胞瘤	贴壁	MEM+10%FBS
LN229	人	胶质瘤	贴壁	DMEM+10%FBS
LN308	人	胶质瘤	贴壁	DMEM+10%FBS
LN428	人	胶质瘤	贴壁	DMEM+10%FBS
ZÜ308/P31	人	胶质瘤	贴壁	DMEM+10%FBS
ZÜ308/95	人	胶质瘤	贴壁	DMEM+10%FBS
C18	人	胶质瘤	贴壁	DMEM+10%FBS
U251	人	胶质瘤	贴壁	DMEM+10%FBS
Saos-2	人	骨肉瘤	贴壁	McCoy'5A+15% FBS
Chang	人	正常肝脏	贴壁	BME+10%FCS
LO2	人	正常肝脏	贴壁	DMEM+15%FBS
Hep 3B2.1-7 [Hep 3B，Hep-3B，Hep3B]	人	肝癌	贴壁	EMEM+10%FBS
HepG2	人	肝癌	贴壁	MEM/NEAA+10%FBS
bel7402	人	肝癌	贴壁	RPMI-1640+15%FBS
SMMC7721	人	肝癌	贴壁	RPMI-1640+15%FBS
2215	人	肝癌	贴壁	DMEM+15%FBS
MHCC97	人	肝癌	贴壁	DMEM+15%FBS
Hepacytosis	人	肝癌	贴壁	DMEM+10%FBS
AGS	人	胃癌	贴壁	F-12K+10%FBS
BGC-823	人	胃癌	贴壁	DMEM+10% BCS
MGC-803	人	胃癌	贴壁	DMEM+10% BCS
HGC-27	人	胃癌（未分化）	贴壁	DMEM+10%FBS
WS1	人	皮肤	贴壁	EMEM+10%FBS
HaCaT	人	永生化皮肤角质细胞	贴壁	DMEM+10%FBS
Colo16	人	皮肤鳞状细胞癌	贴壁	RPMI-1640+10%FBS
SCC-12	人	鳞状上皮细胞癌	贴壁	DMEM+10%FBS
SCC-1	人	鳞状上皮细胞癌	贴壁	DMEM+10%FBS
SCC-13	人	鳞状上皮细胞癌	贴壁	DMEM+10%FBS

续表

名称	种属来源	细胞种类	生长特点	推荐使用的培养基
A-431	人	表皮细胞癌	贴壁	DMEM+10%FBS
WI-38	人	胚肺	贴壁	EMEM+10%FBS
IMR-90	人	正常肺	贴壁	EMEM+10%FBS
A-549	人	肺癌	贴壁	F-12K+10%FBS
BeWo	人	胚盘绒毛膜上皮癌	贴壁	F-12K+10%FBS
JEG-3	人	胚盘绒毛膜上皮癌	贴壁	EMEM+10%FBS
Hela	人	宫颈癌	贴壁	EMEM +10%FBS
Hela S3	人	宫颈癌	贴壁	F-12K+10%FBS
KB	人	宫颈癌	贴壁	EMEM +10%FBS
WISH	人	宫颈癌	贴壁	MEM/NEAA+10%FBS
C-33A	人	宫颈癌	贴壁	MEM+10%FBS
Siha	人	宫颈鳞状细胞癌	贴壁	EMEM+10%FBS
Caov-3	人	卵巢癌	贴壁	DMEM+10%FBS
OVCAR-3	人	卵巢癌	贴壁	DMEM+10%FBS
BHL-100	人	乳房	贴壁	McCoy'5A+10%FBS
MCF7	人	乳腺癌	贴壁	EMEM+10%FBS+10ug/ml 牛胰岛素
PANC-1	人	胰腺上皮癌导管	贴壁	DMEM+10%FBS
Caco-2	人	结肠腺癌	贴壁	EMEM +10%FBS
HT-29	人	结肠腺癌	贴壁	McCoy's 5A+5%FBS
SW480	人	结肠腺癌	贴壁	L15+10%FBS
SW620	人	结肠腺癌	贴壁	L15+10%FBS
DLD-1	人	结直肠腺癌 C 期	贴壁	RPMI-1640+10%FBS
HCT-15	人	结直肠腺癌 C 期	贴壁	RPMI-1640+10%FBS
Du145	人	前列腺癌	贴壁	MEM/NEAA+10%FBS
PC-3	人	前列腺癌Ⅳ期骨转移灶	贴壁	F-12K+10%FBS
LNCaP clone FGC	人	前列腺癌左锁骨上淋巴结转移灶	贴壁	RPMI-1640+10%FBS
BIU	人	膀胱癌	贴壁	DMEM+10%FBS
EJ	人	膀胱癌	贴壁	DMEM+10%FBS
EB-3 [EB3]	人	伯基特淋巴瘤	悬浮	RPMI-1640+10%FBS
Raji	人	伯基特淋巴瘤	悬浮	RPMI-1640+10%FBS
HK-2	人	肾皮质近曲小管	贴壁	K-SFM+0.05 mg/ml BPE+5ng/ml EGF
HUVEC	人	人脐静脉血管	贴壁	F-12K+10%FBS+100ug/ml 肝素盐
H9/HTLV-IIIB	人	T 淋巴细胞	悬浮	RPMI-1640+10%FBS
H9 [derivative of HuT 78]	人	T 细胞淋巴瘤	悬浮	RPMI-1640+10%FBS
Daudi	人	淋巴瘤病人外周血	悬浮	RPMI-1640+10%FBS
NK-92	人	恶性非霍奇金淋巴瘤	悬浮、细胞聚集成团	α-MEM+12.5% HS+12.5%FBS
NK-92MI	人	恶性非霍奇金淋巴瘤	悬浮、细胞聚集成团	α-MEM+12.5% HS+12.5%FBS
U937	人	组织细胞性淋巴瘤	悬浮	RPMI-1640+10%FBS
IM-9	人	多发性骨髓瘤外周血	悬浮	RPMI-1640+10% FBS

续表

名称	种属来源	细胞种类	生长特点	推荐使用的培养基
HL-60	人	急性早幼粒细胞性白血病	悬浮	RPMI-1640+20%FBS
K-562	人	慢性粒细胞性白血病骨髓	悬浮	IMDM +10%FBS
KG-1	人	急性粒细胞性白血病骨髓	悬浮	IMDM+20%FBS
KG-1a	人	急性粒细胞性白血病骨髓	悬浮	IMDM+20%FBS
THP-1	人	急性单核细胞性白血病外周血	悬浮	RPMI-1640+10%FBS
MOLT-3	人	急性淋巴细胞白血病外周血	悬浮	RPMI-1640+10%FBS
MOLT-4	人	急性淋巴细胞白血病	悬浮	RPMI-1640+10%FBS
RS4；11	人	急性淋巴细胞白血病骨髓	悬浮	RPMI-1640+10% FBS
Jurkat	人	急性 T 淋巴细胞白血病	悬浮	RPMI-1640+10%FBS
HT-1080	人	纤维肉瘤结缔组织	贴壁	EMEM+10%FBS
HX [HT1080 xeno]	人	纤维肉瘤	贴壁	DMEM+10% FBS+NEAA
HP [HT1080 poly]	人	纤维肉瘤	贴壁	DMEM+10%FBS+NEAA
HuT 78	人	塞扎里综合征	悬浮	IMDM+20%FBS
A-9	小鼠	结缔组织	贴壁	DMEM+10%FBS
M. dunni（Clone III8C）	小鼠	皮肤	贴壁	McCoy's 5a+10%FBS
3T6-Swiss albino	小鼠	胚胎	贴壁	DMEM+10%FBS
BALB/3T3 clone A31	小鼠	胚胎	贴壁	DMEM+10%BCS
NIH/3T3	小鼠	胚胎	贴壁	DMEM+10%BCS
3T3-L1	小鼠	胚胎	贴壁	DMEM+10%BCS
127TAg	小鼠	胚胎	贴壁	DMEM+10%FBS
ES-D3 [D3]	小鼠	多能胚胎干细胞	贴壁	DMEM+15%FBS
CL2	小鼠	B 细胞	悬浮	RPMI-1640+10%FBS
CL3	小鼠	B 细胞	悬浮	RPMI-1640+10%FBS
MARC S5	小鼠	B 细胞	悬浮	DMEM+20%FBS
RAW264.7	小鼠	腹水	贴壁	DMEM+10%FBS
JAA-F11	小鼠	杂交瘤	悬浮	DMEM+10%FBS
7TD1	小鼠	杂交瘤	悬浮	IMDM+10%FBS
SP2/0-Ag14	小鼠	杂交瘤	悬浮	DMEM+10%FBS
I-10	小鼠	睾丸莱迪希细胞瘤	贴壁	F-12K+15%HS+2.5%FBS
F9	小鼠	睾丸畸胎瘤	贴壁	DMEM+10% FBS
AtT-20	小鼠	脑垂体肿瘤	贴壁	F-12K+15% HS+2.5%FBS
Clone M-3	小鼠	皮肤黑色素瘤	贴壁	F-12K+15%HS+2.5%FBS
B16-F1	小鼠	皮肤黑色素瘤	贴壁	DMEM+10%FBS
WEHI-3	小鼠	白血病外周血	悬浮（部分贴壁）	IMDM+10%FBS
Y-1	小鼠	肾上腺皮质瘤	贴壁	F-12K+15%HS+2.5%FBS
IEC-6	大鼠	正常小肠	贴壁	DMEM+10% FBS+0.1U/ml 牛胰岛素
L6	大鼠	骨骼肌	贴壁	DMEM+10%FBS
L8	大鼠	骨骼肌	贴壁	DMEM+M199+10%HS
BRL 3A	大鼠	肝脏	贴壁	MEM/NEAA+10%FBS
Clone 9	大鼠	肝脏	贴壁	F-12K+10%FBS
HTC	大鼠	肝脏	贴壁	EMEM+10%FBS

续表

名称	种属来源	细胞种类	生长特点	推荐使用的培养基
L2	大鼠	肺	贴壁	F-12K+10%FBS
AR42J	大鼠	胰腺肿瘤	贴壁	F-12K+20%FBS
GH1	大鼠	脑垂体瘤	贴壁	F-12+15% HS+2.5%FBS
GH3	大鼠	脑垂体瘤	松散贴壁、团状悬浮	F-12+15% HS+2.5%FBS
Jensen Sarcoma	大鼠	詹森肉瘤	贴壁	McCoy's 5A+5%FBS
XC	大鼠	鲁斯肉瘤	贴壁	EMEM+10%FBS
LLC-WRC 256	大鼠	沃克乳腺癌	贴壁	M199 +5%HS
PC-12	大鼠	肾上腺嗜铬细胞瘤	松散贴壁、易结团生长	RPMI-1640+10% HS+5%FBS
Rat2	大鼠	Rat1 细胞系	贴壁	DMEM+10%FBS
RG2 [D74]	大鼠	胶质瘤	贴壁	DMEM+10%FBS
BHK-21	仓鼠	正常肾脏	贴壁	EMEM+10%FBS
HaK	仓鼠	正常肾脏	贴壁	EMEM+10%FBS
CHO-K1	仓鼠	卵巢	贴壁	F-12+10%FBS
Vero	非洲绿猴	肾	贴壁	EMEM+10%FBS
VERO C1008 [Vero 76，clone E6，Vero E6]	非洲绿猴	肾	贴壁	EMEM+10%FBS
COS-1	非洲绿猴	肾	贴壁	DMEM+10%FBS
COS-7	非洲绿猴	肾	贴壁	DMEM+10%FBS
CV-1	非洲绿猴	肾	贴壁	EMEM+10%FBS
COS-3	猴	肾	贴壁	MEM+10% FBS
CRFK	猫	肾	贴壁	MEM/NEAA+10% FBS
BT	牛	鼻甲骨细胞	贴壁	DMEM+10%FBS
D-17	狗	骨肉瘤肺转移灶	贴壁	EMEM+10%FBS
DAN	狗	骨肉瘤	贴壁	MEM/EBSS+8%FBS
DSDh	狗	骨肉瘤	贴壁	MEM/EBSS+8%FBS
DSN	狗	骨肉瘤	贴壁	MEM/NEAA+10%FBS

注：表格中部分缩写词

FBS：fetal bovine serum；BCS：bovine calf serum；EMEM：Eagle's minimum essential medium；DMEM：Dulbecco's modified Eagle's medium；IMDM：Iscove's modified Dulbecco's medium；HS：horse serum；α-MEM：alphaminimum essential medium；NEAA：non-essential amino acids；K-SFM：keratinocyte serum free medium；BPE：bovine pituitary extract；EGF：human recombinant epidermal growth factor；MEM：minimum essential medium；EBSS：Earle's BSS

（程晓馨）

附录四　离心机转数与离心力的换算表

r 为离心机转轴中心与离心套管底部内壁的距离；rpm（revolution perminute）为离心机每分钟的转数；RCF（relative eentrifugal force）为相对离心力，以地心引力，即重力加速度的倍数来表示，一般用 g 表示。

利用附表 4，已知离心机 r 和 g 就可求出 rpm；反之，r 和 rpm 已知，也可求出 g。例如，在 r

标尺上取已知的 r 半径值和在 g 标尺上取已知相对离心力值,这两点间线的沿长线在 rpm 标尺的交叉点即为 rpm。

注意，若已知的 g 值处于 g 标尺的右边，则应读取 rpm 标尺的右边数值，否则反之。g 和 rpm 也可通过下边公式来换算：

$$RCF = 1.119 \times 10^{-5} \times r \times (rpm)^2$$

附表 4　离心机转数与离心力的换算表

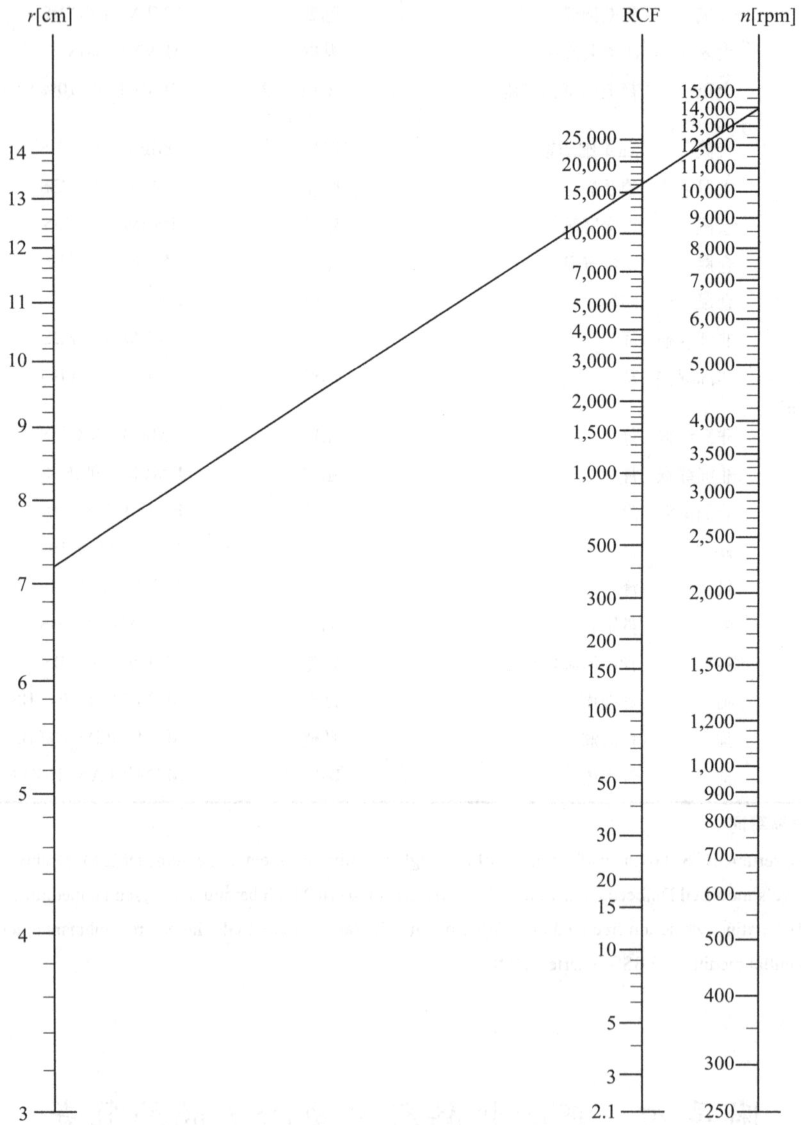

（王　茜）